Συνεκδοχές

IV

Zum Inhalt des Buches: Die historische Spannbreite der hier edierten Vorträge reicht von der Theorie der politischen Revolution bei Aristoteles bis hin zur Frage, unter welcher Perspektive man die G20-Krawalle 2017 in Hamburg als revolutionär betrachten kann. Die Autorinnen gehen keineswegs von einer gemeinsamen theoretischen Linie oder einem gemeinsamen politischen Standpunkt aus. Gemeinsam ist den Vorträgen aber die Neugier danach zu suchen, welche Rolle die Idee der Revolution heute noch spielt, die bis in die 1960er Jahre hinein viele faszinierte und beseelte, sei es bei revolutionär Engagierten oder anderweitig Aktiven. Dabei werden auch unterschiedliche Blickwinkel auf einige historische Ereignisse geworfen, die bis heute das Denken über Revolution prägen. Sowenig dürfen Überlegungen zu den neuesten technologischen Entwicklungen fehlen, die z.B. die Arabellion beflügelten. Und natürlich stellt sich immer wieder die Frage, wohin die revolutionäre Reise geht oder ob die Epoche der Revolution beendet ist.

Zur Entstehung des Buches: Die Texte sind die ausgearbeiteten Vorträge, die auf dem ersten wissenschaftlichen Symposion gehalten wurden, das im Anschluss an den Philosophischen Rau(s)chsalon (dazu siehe http://schönherr-mann.de/) unter derselben Themenstellung wie der vorliegende Buchtitel am 4. und 5. November 2017 im Geschwister-Scholl-Institut stattfand. Der Salon beschäftigte sich bereits in den Jahren 2013–2015 mit dem Thema *Vergesst nicht . . . die Revolution!* (unter demselben Titel erschienen die Texte hrsg. v. Schönherr-Mann/Jain/Beilhack, Edition fatal, München 2017). Das Symposion fand aus Anlass des 100. Jahrestages der Oktoberrevolution statt.
Der Herausgeber Hans-Martin Schönherr-Mann ist Professor für Politische Philosophie am Geschwister-Scholl-Institut der Universität München.

Hans-Martin Schönherr-Mann
(Hrsg.)

Revolution 100 Years After

*System, Geschichte, Struktur und
Performanz einer politisch
ökonomischen Theorie*

Συνεκδοχές
IV

© 2018 Hans-Martin Schönherr-Mann
Herstellung und Verlag:
BoD – Books on Demand, Norderstedt

ISBN 978-3-7460-7478-8

Dem Andenken an

Georges Danton

(in Georg Büchners Drama)

Inhalt

DANTON <vor der Guillotine>. Wenn einmal die Geschichte ihre Grüfte öffnet, kann der Despotismus noch immer an dem Duft unserer Leichen ersticken. HÉRAULT. Wir stanken bei Lebzeiten schon hinlänglich. – Das sind Phrasen für die Nachwelt, nicht wahr, Danton; uns gehen sie eigentlich nichts an.

(Georg Büchner, *Dantons Tod*)

Vorwort des Herausgebers

Das Symposion war nach gängiger Tagungserfahrung ein Experiment. Für die Referenten gab es keine zeitlichen Vorgaben, sowenig wie einen Zeitplan. Auch für die an jeden Vortrag anschließende Diskussion war kein Zeitraum festgelegt. Natürlich wurde nach jedem Vortrag eine Zigarettenpause eingelegt, die die in der israelischen Armee dafür üblichen sieben Minuten überschreiten durfte. Der Spielraum erstreckte sich zwischen Samstag 14–23h und Sonntag 12–22h. Das wurde am Ende nicht mal ausgeschöpft. Verglichen mit anderen Tagungen, bei denen ein Vortrag den nächsten jagen muss, weil so viele Vorträge untergebracht werden wollen, hatten wir eine großzügigen Zeitrahmen, der nicht nur den üblichen Tagungsstress verhinderte, sondern den Diskussionen genügend Raum bot, um Fragen auszudiskutieren. Jedenfalls in dieser Hinsicht darf man das Symposion als gelungen bezeichnen. Weitere Urteile sollte man als Veranstalter vermeiden.

Diese Form versuchte eine theoretische Einstellung widerzuspiegeln, die vielleicht von einigen der Beteiligten geteilt wird. So schreibt Paul Feyerabend: „Die Wissenschaft ist wesentlich ein anarchistisches Unternehmen: der theoretische Anarchismus ist menschenfreundlicher und eher geeignet, zum Fortschritt anzuregen als ‚Gesetz-und-Ordnungs'-Konzeptionen."[1] Dann erschöpft sich der Sinn von Wissenschaft nicht darin, eine bestimmte Ausbildung von Studenten durchzuführen und sozialen Institutionen nützliche Dienste zu leisten. Vielmehr werden neue Ideen erfunden, die vor allem den Zeitgenossinnen helfen, über sich selbst unabhängig von Herkunft und Tradition nachzudenken, um ihr eigenes Leben auch davon abweichend gestalten zu können. Gleichzeitig tangiert und scheidet sich hier das Thema Revolution vom Tagungsgeschehen: Soll die Sozialwissenschaft der Menschheit helfen, dann darf sie das Individuum nicht auslassen – jedenfalls wenn die abendländische Menschheit dabei eine Rolle spielt!

So geht es im Rahmen der politischen Philosophie immer um theoretische Blickwinkel und Fragen. Diese dürfen aber den theoretischen Horizont durchaus hintergehen und sich empirisch aufladen. Beim Thema Revolution lässt sich das schon vom Ansatz her schwerlich vermeiden, ist aber gemäß meinem Verständnis immer schon ein Anliegen der politischen Philosophie: Das Politische an der Philosophie stellt den Bezug zwischen Theorie und Erfahrung her, weitet den Blick der Philosophie in den Raum der Erfahrungen hinein und leistet der Empirie Reflexionshilfen, die man gemäß eines berühmten Wortes von Kant im anderen Fall als blind bezeichnen könnte. Doch das wäre nicht mal so sehr das Problem, sondern vielleicht sogar ein Vorteil. Nur gibt es keine reine Empirie. Wer dergleichen versucht, der weiß in vielfältiger Hinsicht nicht, was er tut.

---

[1] Paul Feyerabend, Wider den Methodenzwang – Skizze einer anarchistischen Erkenntnistheorie (1975), Frankfurt/M. 1976, 28

GRUNDLAGEN

Anil K. Jain

WIDERSPRUCH, WIDERSTREIT, WIDERSTAND – FUNDAMENTE REVOLUTIONÄRER PRAXIS

Die Praktik der Revolution strebt die radikale Umwälzung an. Sie will eine neue »Ordnung der Dinge« etablieren. Nicht jede dieser neuen Ordnungen erweist sich als erstrebenswert. Und viele fürchten (zurecht) die Unordnung, die im Zuge er Revolution (zunächst) »mit aller Gewalt« hereinbricht. Die Revolution ist nämlich der Zeitpunkt, an der dem Konflikt zwischen der alten Ordnung und der neuen Ordnung offen ausbricht. Um die Voraussetzung für das Zustandekommen der revolutionären Dynamik zu klären, ist es hilfreich allgemein nach den »Gründen« des Konflikts zu fragen. Ich möchte dies unternehmen, indem ich im folgenden drei für den Konflikt zentrale Begriffe näher in den Blick nehme: Widerspruch, Widerstreit und Widerstand. Eines haben diese drei Begriffe gemein: das »Wider«. In diesem Präfix kommt eine Gegen-Stellung zum Ausdruck, die auch den Kern des Konflikts ausmacht. Aber das althochdeutsche »wiedar«, von dem es sich ableitet, hatte noch eine andere, durchaus vielsagende Bedeutung: »weit(er) weg«. Und so führt uns die Spur der Sprache direkt zur eigentümlichen Bewegung des Konflikts. Denn der Konflikt meint seiner ursprünglichen Wortbedeutung nach ein (gewaltvolles) »Zusammentreffen« von entgegengesetzten Kräften. Führt man weit auseinander liegende Positionen zusammen, so entsteht daraus ein Konflikt. Oder anders ausgedrückt: wird die Physik der Abstoßung missachtet, wird Differenz eliminiert, so wird eine Dynamik entfaltet, die sowohl das Potential der Zerstörung in sich trägt, wie auch schlummernde positive Energien freisetzen kann.

1. Widersprüche

Am Beginn jedes Konflikts steht der Widerspruch. Der Widerspruch soll hier allerdings – anders als der Begriff es eigentlich nahe legen würde – nicht diskursiv aufgefasst werden. Dies mag einen Widerspruch in sich darstellen. Aber Widersprüchlichkeit ist die »Natur« des Widerspruchs. Es macht keinen Sinn, dieser »Natur« zu widersprechen, den Widerspruch glatt zu bügeln, indem man ihn gemäß der »reinen« Begrifflichkeit auffasst. Im Gegenteil kann es überaus produktiv sein, den Widerspruch »materiell« zu entfalten und von seiner diskursiven »Anmutung« zu befreien.

Als Begriff aus dem Antiquariat der Philosophie ist der Widerspruch beziehungsweise sein Ausschluss eine der zentralen Grundlagen der klassischen Logik. Aristoteles nahm in seiner »Metaphysik« (1005b) wie selbstverständlich an, »es sei unmöglich, dass etwas zugleich sei und nicht sei«, und formulierte daraus ein Grundgesetz der Logik: den Satz vom Widerspruch. Man muss als Logiker an dieses Dogma glauben. Der Widerspruch bringt jedes logische Gebäude zum Einsturz. Er ist der Treibsand des Denkens.

Die großen Dialektiker der Neuzeit – Hegel und Marx – kapitulierten insofern noch bedingungsloser vor der drohenden Gefahr des Widerspruchs als die klassischen Logiker, als sie – dem Widerspruch anders nicht Herr werdend –, danach trachteten, ihn im Fortlauf der Geschichte zu eliminieren: In Hegels (1988 [1807] »synthetischer« Dialektik sollte der Widerspruch im Begriff »aufgehoben« werden. Marx wendet sich zwar vom Idealismus Hegels ab, doch auch im Dialektischen Materialismus heben sich die sozio-ökonomischen Widersprüche im historischen Endzustand des Kommunismus letztlich auf. Entscheidend jedoch ist, dass der Widerspruch im Marxismus eine klare materialistische Umdeutung erfährt. Der Widerspruch wird dem unklaren, dunklen Bereich des spekulativen Denkens entzogen und zur objektiven Tatsache erklärt. Diese Umdeutung hat einen großen heuristischen Vorteil: er kann nicht mehr nicht nur gedacht und demaskiert werden, sondern er wird in der Realität des Kapitalismus und in der Geschichte – als Klassenkampf – konkret erfahrbar und damit bekämpfbar. Wenn Marx (1956ff. [1859]: S. 9) bemerkt: »Es ist nicht das Bewusstsein der Menschen, das ihr Sein, sondern umgekehrt ihr gesellschaftliches Sein, das ihr Bewusstsein bestimmt«, so meint er damit, dass die Erfahrung des Widerspruchs keine andere Wahl lässt, als der Realität des Widerspruchs den Kampf anzusagen: Aus der Kontradiktion ist ein Konflikt entstanden.

Wenn ich allerdings (mit Marx) auf die materielle Ebene des Widerspruchs verweise und mich auf sie konzentriere, so will ich damit nicht den Widerspruch auf die sozio-ökonomische Ebene reduzieren. Vielmehr will ich herausstellen, dass der Widerspruch, wenn man das Feld formaler Logik verlässt, am besten als eine *erfahrbare* Realität verstanden werden kann. Eine Realität, die nicht eindeutig, glatt und ungetrübt ist, sondern geprägt durch Spannungen und Risse. In diese Realität »geworfen« zu sein, bedeutet eine Auslieferung an den Widerspruch. Und es bedeutet die Aufgabe, sich mit dieser Realität auseinanderzusetzen.

Die erfahrbaren Widersprüche dieser Realität betreffen die Ökonomie, die Politik, die Gesellschaft und ihre Diskurse, das Ich – und alle möglichen weiteren Felder des »In-der-Welt-seins«. Und es handelt sich bei den erfahrbaren, »materiellen« Widersprüchen um Gegensätze, die nicht bloße Konstruktion sind (obwohl sie natürlich in ihrer Wahrnehmung immer sozial überformt sind), sondern auf eine »tatsächliche«, im Sein verankerte, Gegenstellung verweisen. Auch die Ambivalenz, d.h. ein Widerspruch, der nicht durch den Ausschluss der Gegensätze, sondern durch ihre Gleichzeitigkeit geprägt ist (und damit die klassische Definition sprengt), zählt zu dieser materiellen Form des Widerspruchs, der im Kontext des Konflikts als »Trigger« fungiert.

2. Die Dynamik des Widerspruch: Die Dialektik von Reflexion und Deflexion

Nicht jeder Widerspruch entfaltet jedoch eine konfliktvolle oder verändernde Dynamik. Fragen wir uns also: Wann wird der Widerspruch entfaltet? Und ist – im Sinne des produktiven Umgangs mit dem Konflikts, der aus dem Widerspruch entsteht – seine Entfaltung das Problem oder vielleicht im Gegenteil seine Überdeckung?

Als materielle Kategorie stellt der Widerspruch einen »gegenständlichen« Zwang dar: Der Widerspruch kann nicht einfach ignoriert werden. Es verhält sich ähnlich wie bei belastenden psychischen Ereignissen: seine Ausblendung und Verdrängung ist eine überaus anstrengende Arbeit und erfordert immense Kraftanstrengungen. Trotzdem ist die Ausblendung des Widerspruch in vielen Fällen eine überaus verführerische Option, denn sie erlaubt es scheinbar, so weiter zu machen, wie man es gewohnt ist. Widersprüche haben allerdings die unangenehme Eigenschaft sich zu steigern, wenn man versucht, sich ihnen zu entziehen, anstatt sich ihnen zu stellen. Und irgendwann ist ein Punkt erreicht, an dem es unmöglich wird, den Widerspruch auszublenden. Ob man es will oder nicht: er ruft sich – verschärft – ins Bewusstsein. Deshalb wäre es klüger, dem Widerspruch von Beginn an seinen Raum zu geben und sich mit ihm auseinanderzusetzen.

Die »Wahr«-nehmung des Widerspruchs ist eine »reflexive« Haltung. Reflexiv nicht etwa im Sinn einer bloß kognitiven Spiegelung, sondern durchaus praktisch verstanden als eine Anerkennung der Widersprüchlichkeit des Seins, die auf eine Synthese der Widersprüche verzichtet, sich auf diese einlässt und zugleich auf die Entfaltung seiner Potentiale hinwirkend, in das Sein »involviert« ist. Derartige reflexive Impulse lösen allerdings immer – zumindest in einem dialektischen Denkmodell – auch deflexive, d.h. ablenkende und verdrängende Gegenimpulse aus, weshalb wir sowohl theoretisch wie in der Realität zumeist eine Dialektik von Reflexion und Deflexion denken und beobachten können (vgl. Jain 2000a). Die Unsicherheit, die mit der reflexiven »Öffnung« zum Widerspruch entsteht, wirkt bedrohlich und wird abzuwehren versucht. Zudem stehen dem reflexiven Wandel die Interessen der vermeintlichen oder tatsächlichen Nutznießer *des status quo* gegenüber. Deflexion erfolgt aber zugleich niemals losgelöst von Reflexion, sie setzt vielmehr gerade (dialektisch) auf ihr auf, hat sie zur Voraussetzung. Eine Definition des Begriffs der Deflexion muss deshalb notwendig mit Bezug auf den Reflexionsbegriff erfolgen: Bedeutet Reflexion die gedankliche und praktische Spiegelung von Reflexivität, die Entfaltung und »Stellung« der Ambivalenz und Widersprüchlichkeit des Seins, so meint Deflexion als dialektischer Gegenbegriff hierzu *die Verspiegelung des Widersprüchlichen, die Abwehr, Verdrängung und Ablenkung (innerer wie äußerer) reflexiver Impulse und Ambivalenzen.*

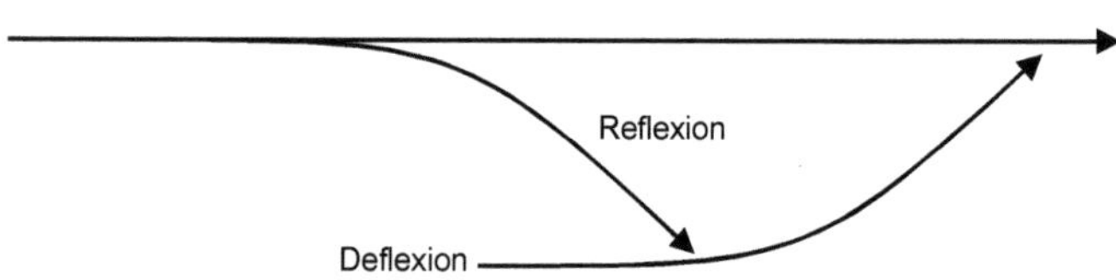

Dieses dialektische Wechselspiel ist, wie dargelegt, allerdings keineswegs unproblematisch. Insbesondere die (Teil-)Systeme der modernen Gesellschaft besitzen wirksame Deflexionsressourcen zur Abwehr reflexiven Hinterfragungen. Die systemisch bewirkte Überdeckung der Widersprüche steigert diese allerdings untergründig und ruft somit neue reflexive Herausforderungen auf den Plan – etwa in der Form der »Multitude«. Die Effekte sind nicht nur ein gesteigertes Konfliktpotential und hohe Kosten der Deflexion (die ihren Nutzen bei weitem übersteigen können), sondern auch eine Steigerung der Gefahr, im »katastrophalen« Abgrund des Widerspruchs – der Revolution – unterzugehen.

3. Widerstreite

Die Gefahren der Überdeckung des Widerspruchs sind offensichtlich. Aber auch die Lösung des Widerspruchs birgt nicht nur Risiken (des Misslingens), sondern bewirkt zwangsläufig auch eine Eliminierung der Differenz, die den Widerspruch ausmacht. Der Widerspruch bedarf darum der Artikulation, der Repräsentation und er muss – in einem gewissen Sinn – gewahrt werden. Die Artikulation und Repräsentation des Widerspruchs nenne ich Widerstreit. Ich bediene mich dabei also eines Begriffs, der mit der Übersetzung von Lyotards »Le Différend« eine gewisse Prominenz im Diskurs erlangt hat.

Lyotard (1989 [1983]) bemerkt zu seinem Begriff des Widerstreits: »*Widerstreit [différend]* möchte ich den Fall nennen, in dem der Kläger seiner Beweismittel beraubt ist und dadurch zum Opfer wird [...] Zwischen zwei Parteien entspinnt sich ein Widerstreit, wenn sich die ›Beilegung‹ des Konflikts, der sie miteinander konfrontiert, im Idiom der einen vollzieht, während das Unrecht, das die andere Seite erleidet, in diesem Idiom nicht figuriert.« (S. 27) Die Situation des Widerstreits ist für Lyotard ein moralisches Problem, denn da keine Diskursart (mit ihren Regelsystemen) per se eine übergeordnete Wahrheit oder Richtigkeit für sich beanspruchen kann, bedeutet dies, dass jede Praxis zwangsläufig zu Ungerechtigkeiten führt.

Ich aber möchte den Widerstreit anders als Lyotard verstanden wissen. Der Widerstreit ist ein Streit, ein artikulierter Dissens, in dem der Widerspruch aufscheint und damit repräsentiert wird. Man könnte auch sagen: Der Widerstreit macht das Wider »spruchreif«. Er ist die diskursive Manifestation des Widerspruchs. Der Widerstreit ist aber noch nicht zwangsläufig ein tatsächlicher Konflikt. Er holt den Widerspruch nur aus dem Unbewussten des Objekthaften in die Sphäre des Diskursiven. Dabei kann er in einer Personen oder in Gruppen von Personen repräsentiert sein. Entscheidend ist, dass er eine Stimme gefunden hat. Was geschieht, wenn ein Widerstreit sich entfacht, kann man dabei vielleicht eine Krise nennen (was nichts anders bedeutet als: Scheidepunkt). Was scheinbar eine Einheit bildete, trennt sich in widersprüchliche Positionen auf. Der Widerspruch kann nun nicht mehr im Verborgenen bleiben. Er wird zum Objekt der diskursiven Auseinandersetzung, wobei die unterschiedlichen Positionen, die den Widerspruch darstellen, aufeinander treffen. Insoweit ist der Widerstreit ein Element der (artikulierten) Reflexion. Er manifestiert den Widerspruch. Allerdings ist der Widerspruch auf der Stufe des Widerstreits noch nicht voll entfaltet. Er ist bewusst. Aber er ist noch nicht auf der Ebene des Handels verwirklicht.

4. Die Schlichtung der Widerstreite: (Deflektorische) Übersetzung

Die Reflexion, die der Widerstreits darstellt, ruft nämlich deflexive Gegenbewegungen hervor, um zu verhindern, dass der Widerspruch in der Praxis manifest wird. Dem System stehen zahlreiche Methoden zur Verfügung, den Widerstreit zu »schlichten«, das bedeutet: ihn nicht (in Handlung) ausgreifen zu lasen. Das wichtigste Instrument der Schlichtung ist die »Praxologie« der Übersetzung von (widerstreitenden) Diskurse. Mit dem Mittel der Übersetzung wird auf die (freilich nur in der »Theorie« gegebene) Trennung der Subsysteme zurückgegriffen, um gleichzeitig eine deflektorische Verbindung zwischen den einzelnen Systemen zu schaffen. Tatsächlich handelt es sich, ganz im Sinne Lyotards (1989 [1983]: Nr. 78), nur um eine »Verkettung«. Reflexiv erzeugte »Spannungen«, die in der einen Diskursart – oder um mit Niklas Luhmann zu sprechen: im »binären Code« des einen (Teil-)Systems – nicht befriedigend »gelöst« werden können, werden durch die Übertragung in eine »fremde« Diskursart entschärft. Der reflexive und semantische Übersetzungsverlust, der hierdurch zwangsläufig entsteht, wird ausgeglichen durch deflektorische Gewinne, wie etwa der Absorption von politischem Protest durch Übersetzung etwa einer politischen Streitfrage in den juristischen Diskurs: das Verfassungsgericht hat entschieden, der politische Streit wird für beendet erklärt!

Die systemische Politik, als Steuerungsinstanz, kann jedoch im Zusammenspiel mit anderen Subsystemen noch auf eine Reihe weiterer (jeweils für diese Systeme spezifische) Deflexionsmodi zurückgreifen (siehe Tabelle): *Ökonomische Deflexion* beruht zum einen auf der integrativen Macht des Konsums in der umverteilenden Gesellschaft des (post-)industriellen Wohlfahrtsstaats. Zum anderen fußt sie auf der liberalistischen Ideologie der freien Marktwirtschaft und der aus ihr abgeleiteten These vom Zwang zur Anpassung an die Marktgesetze der Konkurrenz, welche durch die stattfindenden Globalisierungsprozesse zusätzlichen Auftrieb erhält. Die ideologische »Grundlage« der *wissenschaftlichen Deflexion* besteht in der Annahme wissenschaftlicher Unabhängigkeit und Objektivität. Sie wird in der Praxologie wissenschaftlicher Expertisen von der Politik deflektorisch genutzt. Im Rahmen der *dramaturgischen Deflexion* versucht die Politik sich durch expressive Inszenierungen in der Öffentlichkeit darzustellen. Diese politischen »Rituale« (wie z.B. Vereidigungszeremonien) und die Permanenz der politischen Präsenz in den Medien erzeugen Vertrautheit und Vertrauen. *Symbolische Deflexion*, die eng mit der dramaturgischen Deflexion verknüpft ist, erfolgt primär mit dem Mittel der (historischen) Erzählung und der Herrschaft über die Sprache sowie die kulturellen Symbolwelten. Ihr liegt die Ideologie der nationalen Einheit und der sozial-kulturellen Wertegemeinschaft zugrunde. Alle diese Mechanismen der Deflexion tragen dazu bei, die Widerstreite zu schlichten und (revolutionären) Widerstand zu verhindern.

Das deflektorische System der Politik

	zentrale Ideologie(n):	zentrale Praxologie(n):
Translatorische Deflexion: (systemübergreifend)	Autonomie der Subsysteme	Übersetzung
Ökonomische Deflexion: (Politik/Wirtschaftssystem)	Freie Marktwirtschaft, »invisible hand«	Konsum
Rechtliche Deflexion: (Politik–Rechtssystem)	Gewaltenteilung, unabhängige Judikative	Rechtsverfahren
Wissenschaftlich Deflexion: (Politik–Wissenschaftssystem)	Wissenschaftliche Objektivität	Expertise
Dramaturgische Deflexion: (Politik–Öffentlichkeitssystem)	Neutrale Medienberichterstattung, »Augenschein«	Medieninszenierung, politische Rituale
Symbolische Deflexion: (Politik–Kultursystem)	Nationale Einheit/ Wertegemeinschaft	Geschichtsschreibung, (National-)Sprache

5. Widerstände

Es steht darum (leider) nicht gut um die Kräfte des Widerstands. Denn der Widerstand ist, was schon der Name sagt, eine Gegenmacht. Und wo die Macht der Anpassung, der Unterdrückung und Unterwerfung sich deflexiv verschleiert und der Wahrnehmung entzieht, bleibt Widerstand folglich aus oder wird abgelenkt und läuft ins Leere. Wir befinden uns aktuell in einer globalen Konstellation, in der die Haltung des Widerstands zu einer belächelten Position verkommen ist – nicht nur weil die Kräfte der Anpassung und Unterdrückung übermächtig wirken, sondern weil sie größtenteils unerkannt bleiben (weil sie unkenntlich gemacht wurden und somit unerkennbar sind).

Aber auch wenn der Widerstand ein immer seltener anzutreffendes Phänomen ist, sollten wir uns fragen: Was ist und was bedeutet der Widerstand? Denn nur in diesem Wissen kann der Widerstand wiederbelebt werden. Und deshalb möchte ich vorschlagen, den Widerstand als die Manifestation des Widerstreits (und damit auch des Widerspruchs) im Handeln zu verstehen. Grundsätzlich lassen sich dabei zwei Formen des Widerstands unterscheiden. Die eine erscheint »aktiver«. Ihr Widerstand ist stürmisch. Es kommt zum Zusammenprall, zum offenen Konflikt und schließlich (vielleicht: zur Revolution. Die andere Form ist »passiver« und kann mit dem elektrischen Widerstand verglichen werden: Sie bremst nur den Fluss der Ereignisse. Aber auch sie ist gekennzeichnet durch den Willen, nicht das Feld zu räumen, sich vom Fluss des »Mainstream« nicht mitreißen zu lassen. Auch dieser Widerstand führt – durch seine Be-Ständigkeit – zur Konfrontation. Nur: Im »Space of Flows« der Netzwerkgesellschaft ist solche Beständigkeit selten anzutreffen – weil die Kräfte gegen die man sich stellen könnte, immer mehr im verborgenen bleiben. Schon immer versuchte Unterdrückung sich (als Befreiung) zu tarnen: Der repräsentative Parlamentarismus feierte die Entmündigung der politischen Subjekte als endgültigen Sieg der Demokratie, und der Konsumterror der Marktwirtschaft verkleidet sich als »Freiheit der Wahl«. Diese Ideologien waren und sind mächtig. Aber sie sind Ideologien im klassischen Sinn, d.h. sie weisen ungewollt den Weg zu ihrer Enttarnung und Transzendierung, indem sie in einem immerhin prinzipiell erkennbaren Kontrast zur sozialen, politischen und ökonomischen Wirklichkeit stehen. Doch heute sind die Mechanismen der Unterdrückung weitgehend unkenntlich. Die Wirklichkeit selbst zu einem einzigen Verschleierungszusammenhang geworden.

Dieser Einsicht in die verschleiernde und politisch deaktivierende Struktur aktueller Wirklichkeit muss man sich stellen, um sich ihr entgegenstellen zu können, und die alten Muster, etwa des historischen Materialismus, zur Identifizierung der Kräfte der Unterdrückung greifen nicht länger. Wir leben nicht mehr im Zeitalter der Ideologien. Wir leben im Zeitalter der Praxologie: Die Ideologie ist zur totalitären praktischen Wirklichkeit geworden, hat sich in einem globalen System der Deflexion verselbständigt – die widerständigen Impulse werden abgelenkt und zurechtgebogen und dienen zuletzt noch als Stütze des Systems.

Ganz zu recht haben darum Hardt und Negri (2000: S. XXII) das Herrschaftssystem im globalen Kapitalismus als einen dezentrierten und deterritorialisierten Regelungsapparat beschrieben, »der fortschreitend die ganze Welt seinen offenen, sich ausdehnenden Machtbereichen einverleibt«. Die Macht ist in diesem System nicht mehr lokalisierbar und damit auch kaum mehr angreifbar. Eher hilflos erscheinen die Versuche, die globale Macht nach alten Mustern zu verorten und ihr ein Gesicht zu geben. Weder ist z.B. Donald der reale Repräsentant westlicher Macht, noch ist etwa Kim Jong-un ihr tatsächlicher Herausforderer. Viel eher sind beide medial vermittelte symbolische Erscheinungsformen, Avatare, einer diffusen Macht, die sich gerade in ihren scheinbaren Verkörperungen unkenntlich macht (indem sie mögliche Widerstände in falsche Richtungen ablenkt). In diesem Sinne hat die aktuelle Erscheinung der Macht tatsächlich etwas gespenstisches: sie ist unklar, verschwommen, und vor allem nicht greifbar.

Auch die Klarheit der alten Klassenstrukturen hat sich aufgelöst – und mit ihr der Widerstand generierende Antagonismus der Klassen der Unterdrücker und der

Unterdrückten. Zwar gibt es Begünstigte und Benachtei-
ligte des Systems, aber die herrschende Klasse des globalen Zeitalters ist tatsächlich eine wahre »Gespensterklas-
se«. Sie entzieht sich durch ihre Vielgestaltigkeit und
Globalität dem identifizierenden Zugriff und bleibt damit
gerade in ihrer Diffusität »übermächtig« (vgl. Jain
2000b). Ihre Grenzen verschwimmen, und allzu oft ist
die »Dialektik von Herr und Knecht« sogar in ein und
derselben Person verwirklicht – und damit in ihr aufgehoben: d.h. verwahrt und unkenntlich gemacht. Die Unterscheidung von Freud und Feind, die für Carl Schmitt
(1927) das Wesen des Politischen ausmachte, lässt sich
nicht mehr treffen. Wir sind zugleich unsere eigenen
Freunde und Feinde – und kämpfen, so wir kämpfen,
darum in erster Linie gegen uns selbst.

6. Ankerpunkte

Gibt es aus diesem globalen System, das alles, selbst noch
seine Gegenkräfte, absorbiert, kein Entkommen? Wo
wäre der mögliche Ort des Widerstands? Wo liegen seine
Ankerpunkte? Ich möchte eine etwas antiquiert klingen-
de Antwort wagen: Der Kern des Widerstands ist die ver-
härtete Form – der Wille. Unbeugsam. Störrisch. Störend. Irritierend. Unbequem. Das unverbesserliche, obs-
zöne Subjekt, das sein »Nein!« herausschreit.
　　Doch wie um den Widerstand, so steht es auch um
dieses verneinende Subjekt schlecht bestellt. Von allen
Seiten her wird es bedrängt, und die kurze Geschichte des
(neuzeitlichen) Subjekts scheint beendet, bevor sie noch
richtig begonnen hat. Erst in der Renaissance »erhebt
sich mit voller Macht das Subjektive, der Mensch wird
geistiges Individuum und erkennt sich als solches«, weiß

Jacob Burckhardt (1952 [1860]: S. 123). Und wenn Descartes (1870 [1644]: Kap. 1, Nr. 7) schließlich in der Selbsterkenntnis des denkenden Subjekts den einzig sicheren Grund der Philosophie zu finden meint, dann sorgt die »Dialektik der Aufklärung« nach dem beschwerlichen Aufstieg sogleich für den schnellen und bodenlosen Fall des Individuums (vgl. Horkheimer 1947: Kap. 4). Nachdem Nietzsche (1954 [1883]: S. 279) den Tod Gottes verkünden durfte, wird heute das Subjekt für tot erklärt (vgl. z.B. Derrida 1972).

Die so betriebene Entäußerung des Selbst macht nicht im Innenbereich halt. Der (erzwungene) Drang nach permanenter Umformung und Optimierung ergreift auch die Ebene des Köpers. Seine Materialität bedeutet Herausforderung. Der eigene Körper soll dem oktroyierten Selbstbild, das in Lifestyle-Magazinen und Werbebildern kreiert wird, entsprechen. Zudem ist die Oberfläche des Körper gut geeignet, die Defizite der inneren Selbststeigerung zu kaschieren und zu kompensieren. So ist dem (post-)modernen Selbst sein Körper zum Fetisch geworden. Aber auch dieser Körper darf nicht in seiner Form verharren. Er wird neu modelliert mittels Workouts und Fitness-Training. Alles, was störend wirkt, wird umgefärbt und umgeformt oder (operativ) entfernt. Alles, was als mangelhaft erscheint, wird ergänzt oder ausgetauscht. Der eigene Körper gerät zur frei formbaren Masse, und Cyborg-Phantasien beflügeln analog die Vorstellung der intellektuellen Avant-Garde (siehe als Beispiel Haraway 1985).

Wo also wären noch Ankerpunkte des Widerstands vorzufinden, wenn selbst die materielle Widerständigkeit der Körper überwunden scheint? – Aber die Körper wehren sich. Wir müssen ihre Widerstände nur wahrnehmen. Sie reagieren mit Schmerz und Abstoßung. Der Körper ist geduldig, aber er kennt Grenzen. Begrenztheit ist geradezu das Charakteristikum des Körperlichen. Materie ist

formbar, aber nicht beliebig verformbar. Und auch das
Fühlen, die Sprache und das Denken stellen Grenzen dar.
Es gilt auf die Artikulation dieser Grenzen zu hören, um
den Widerstand am Leben zu erhalten.

7. Schlusswendung

Der Widerstand bringt die materiellen Gegebenheiten
Ausdruck. Er manifestiert die Widersprüche und Widerstreite, gibt ihnen eine reale Form in den sozialen Kämpfen – und ist damit der eigentliche Kern jedes Konflikt.
Ohne Widerstand läuft der Konflikt ins Leere.

Und das im wahrsten Sinn des Wortes: wo es keine
(starke) Gegenposition gibt, ist der Konflikt »substanz-
los« und kann auch keine positive Wendung nehmen.
Wir haben es in solchen Fällen mit flachen Scheinkonflik-
ten zu tun, die entweder mit Kapitulation der einen Seite
oder im Kompromiss enden. Soll der Konflikt in die Zukunft weisen, soll er den Widerspruch transzendieren,
dann muss der Widerspruch im Widerstand entfaltet
werden!

Literatur

Burckhardt, Jacob (1952 [1860]): *Die Kultur der Renaissance in Italien*. Reutlingen: Kröner.

Derrida, Jacques (1972*): Marges de la philosophie*. Paris: Minuit.

Descarets, René (1870 [1644]): *Prinzipien der Philosophie*. In: Kirchmann, Julius H. (Hg.): *René Descartes' philosophische Werke*. Berlin: L. Heimann Verlag, Abteilung III.

Haraway, Donna J. (1985*): A Manifesto for Cyborgs – Science, Technology, and Socialist Feminism in the 1980s*. In*: The Socialist Review*. Vol. 80, S. 65–106.

Hardt, Michael/Negri, Antonio (2000*): Empire*. Cambridge: Harvard University Press.

Hegel, Georg W. F. (1988 [1807]): *Phänomenologie des Geistes*. Hamburg: Verlag Felix Meiner.

Horkheimer, Max (1947): *Eclipse of Reason*. New York: Columbia Press.

Jain, Anil K. (2000a*): Politik in der (Post-)Moderne – Reflexiv-deflexive Modernisierung und die Diffusion des Politischen*. München: edition fatal.

Jain, Anil K. (2000b): *Die »Globale Klasse« – Die Verfügungsgewalt über den globalen Raum als neue Dimension der Klassenstrukturierung*. In: Angermüller, Johannes/Bunzmann, Katharina/Rauch, Christina (Hg.): *Reale Fiktionen, fiktive Realitäten*. Hamburg: Lit Verlag, S. 51–68.

Lyotard, Jean-François (1989 [1983*]): Der Widerstreit*.

München: Wilhelm Fink Verlag.

Marx, Karl (1956ff. [1859]): *Zur Kritik der politischen Ökonomie*. In: Institut für Marxismus-Leninismus beim ZK der SED (1956ff.) (Hg.*): Karl Marx, Friedrich Engels – Werke*. Berlin: Dietz Verlag, Band 13.

Nietzsche; Friedrich (1954 [1883]): *Also sprach Zarathustra*. In: Schlechta, Karl (Hg.): *Friedrich Nietzsche – Werke in drei Bänden*. München: Hanser, Band 2.

Schmitt, Carl (1927): *Der Begriff des Politischen*. In: *Archiv für Sozialwissenschaft und Sozialpolitik*. Vol. 58, S. 1–33.

Manuel Knoll

ARISTOTELES ALS BEGRÜNDER DER THEORIE POLITISCHER REVOLUTIONEN

I. Thesen zu Aristoteles' *Politik* und zu seiner Theorie politischer Revolutionen

Als politischer Philosoph ist Aristoteles vor allem für sein normatives politisches Denken bekannt, das mit seiner Tugendethik und mit seiner Theorie der Glückseligkeit (*eudaimonia*) verknüpft ist. Wenig wahrgenommen wurde dagegen, dass er in Buch V seiner *Politik* eine Theorie politischer Rebellionen und Revolutionen begründet.[1] Zusammen mit den Büchern IV und VI bildet das Buch eine Gruppe von Büchern, die die geschichtliche und zeitgenössische politische Wirklichkeit untersuchen. In Buch V zielt Aristoteles darauf ab zu erkennen, wie Verfassungen bzw. politische Systeme (*politeiai*) entstehen und untergehen, und durch welche Maßnahmen sie stabil bewahrt werden können. In Buch V analysiert er anhand zahlreicher historischer Einzelfälle, wie es in Demokratien und Oligarchien sowie in anderen Verfassungen zu

---

[1] Das bedeutet jedoch nicht, dass sich in der Forschungsliteratur keine Arbeiten zu diesem Thema finden. Vgl. *Gehrke* 1985, 2001; *Polansky* 1991; *Saxonhouse* 2015; *Skultety* 2009; *Weed* 2007; *Wheeler* 1951.

revolutionären Umwälzungen und zu einem Verfassungswandel kommt und wie dies verhindert werden kann. Aristoteles' empirischen Untersuchungen über Wandel und Veränderung (*metabole*) von politischen Systemen liegt sein normatives Interesse an der Beständigkeit und Stabilität der politischen Wirklichkeit zugrunde. Von besonderem Nutzen für die politische Praxis erachtet Aristoteles dabei die Frage, wie eine existierende Demokratie oder Oligarchie verbessert und zu einer Politie reformiert werden kann. Denn er begreift die Politie als eine Verfassungsform, die aus demokratischen und oligarchischen Verfassungsbestandteilen gemischt ist und durch die Mischung ihren Zweck, politische Stabilität und Dauerhaftigkeit, erreichen kann.

Aristoteles' auf Empirie basierende Revolutionstheorie richtet sich gegen Platons konstruierte Darstellung des Verfassungswandels, die dieser in den Büchern VIII und IX der *Politeia* entwirft.[1] In seiner *Politeia* bezeichnet Platon die Verfassungsform der guten Polis als Königtum oder als Aristokratie im Sinne einer Herrschaft der moralisch und intellektuell Tüchtigsten.[2] In Buch VIII und dem ersten Teil von Buch IX legt er eine Theorie des Verfalls der guten Verfassung dar, der sich über die Timokratie und die Oligarchie hin zur Demokratie und zur Tyrannis vollzieht. Diese Verfassungen verknüpft er mit den ihnen jeweils entsprechenden Seelenverfassungen, die sich von der wohlgeordneten Seele bis hin zur tyrannischen graduell verschlechtern. Platons Verfallstheorie wurde als Verfassungsgeschichte Athens, als Kreislauftheorie der Verfassungen und von Popper als Historismus, d.h. als Geschichtsphilosophie, die das Ziel oder die Gesetzmäßigkeit der Geschichte zu kennen be-

---

[1] *Aristoteles* 1973, S. 220f., 1316 a 1–b 27.
[2] *Platon* 1988a, S. 174, 312f.; 445 d, 544 e, 545 c.

ansprucht, missverstanden.[1] Sie kann jedoch keinesfalls als eine auf Empirie basierende Revolutionstheorie aufgefasst werden, die – so die zentrale These dieses Aufsatzes – erstmals von Aristoteles entwickelt wurde.

In der klassischen Philologie haben sich zwei gegensätzliche Interpretationsmuster der *Politik* herausgebildet. Die genetisch-analytische Betrachtungsweise geht davon aus, dass die Methode und der Inhalt des Werks gravierende Unvereinbarkeiten und Widersprüche aufweisen. Ihr zufolge lassen sich diese durch die Annahme verschiedener chronologischer Entstehungsschichten erklären, wobei insbesondere die Buchgruppe IV–VI später datiert wird als die anderen Bücher. Die unitarische Betrachtungsweise dagegen kann in dem Werk keine schwerwiegenden Unvereinbarkeiten und Widersprüche erkennen und begreift es daher als eine kohärente Einheit.[2] Zwar lässt sich die starke unitarische These, nach der Aristoteles' *Politik* ein unvollständiges, aber konsistentes und einheitliches Werk ist, nicht beweisen. Dennoch sprechen viele Argumente für eine schwache unitarische These, der zufolge Aristoteles in den erhaltenen acht Büchern der *Politik* eine konsistente und einheitliche Verfassungslehre formuliert.[3]

Zu Beginn von Buch IV der *Politik* unterscheidet Aristoteles vier Aufgabe der Verfassungslehre. Diese Unterscheidung von vier verschiedenen Perspektiven, unter denen sich politische Systeme wissenschaftlich untersuchen lassen, kann als *Klammer der acht Bücher*[4] der

---

[1] Vgl. *Ottmann* 2001, S. 57f.

[2] Einen guten Überblick über die Kontroverse zwischen genetisch-analytischer und unitarischer Betrachtungsweise der *Politik* geben *Rowe* 1991 und *Schütrumpf* 1980, S. 287–326.

[3] *Knoll* 2011a, *Knoll* 2011b.

[4] Genau genommen müsste es heißen „als Klammer von Buch II–VII", weil die Verfassungslehre im engeren Sinne in Buch I und VIII kein zentrales Thema ist. Buch I hat die politische Anthropologie und

Politik verstanden werden. In Buch V widmet sich Aristoteles der dritten Aufgabe der Verfassungslehre. Sie sieht die wissenschaftliche Untersuchung existierender politischer Systeme hinsichtlich der Fragen vor, wie eine Verfassung „entstanden sein wird und wie sie, einmal entstanden, am längsten zu dauern vermag".[1] Diese Untersuchungen stützen sich auf die geschichtliche Erfahrung und sind eng an den Problemen der zeitgenössischen Verfassungswirklichkeit orientiert. Um dieser an der Empirie orientierten Aufgabe gerecht werden zu können, ließ Aristoteles 158 Verfassungen sammeln und wertete sie wissenschaftlich aus. Durch die Untersuchung von bestehenden Verfassungen sollen Erkenntnisse gewonnen werden, die für die Bürger dieser oder ähnlicher Verfassungen brauchbar und nützlich sind und zur Politikberatung angewendet werden können.

---

vor allem die kleinsten Teile des Hauses zum Gegenstand. Im Zentrum des Buches steht eine Analyse der Polis, die sich aus Häusern zusammensetzt, deren kleinste Teile „Herr und Sklave, Gatte und Gattin, Vater und Kinder" sind (*Aristoteles* 1973, S. 50, 1253 b 6 f.). Buch I kann als ausführliche Einleitung, in der wesentliche Grundlagen für die Verfassungslehre erarbeitet werden, begriffen werden. Buch VIII hat die beste Erziehung zum Thema und ist als Ergänzung zu den Untersuchungen über die Verfassung der besten Polis in Buch VII zu verstehen. Vgl. zu den vier Aufgaben der Verfassungslehre Knoll 2009, S. 181–190.

[1] *Aristoteles* 1973, S. 136, 1288 b 28–30.

II. Die allgemeinen Ursachen von politischen Revolutionen und die distributive Gerechtigkeit

Zu Beginn des fünften Buches der *Politik* erklärt Aristoteles, dass die Demokratie und die Oligarchie die zu seiner Zeit vorherrschenden Verfassungen sind. Beide Verfassungsformen haben sich in den 150 Jahren, die seinem politischen Denken vorangingen, als äußerst instabil erwiesen. In Folge der vielen Bürgerkriege, in denen Athen die demokratischen und Sparta die oligarchischen Kräfte unterstützte, wurden zahlreiche Demokratien und Oligarchien gestürzt und in ihren jeweiligen Gegensatz umgewandelt.[1] Im zentralen ersten Kapitel des fünften Buches der *Politik* untersucht Aristoteles die Entstehung der Demokratie und der Oligarchie und erläutert an ihnen die allgemeinen Ursachen von politischem Aufruhr oder Aufstand (*stasis*) und die Arten von Veränderung (*metabole*).[2] Bei der ersten Art von Veränderung wird eine bestehende Verfassung in eine andere umgewandelt, etwa eine Demokratie in eine Oligarchie oder umgekehrt. Bei der zweiten Art bleibt die Verfassungsform zwar beste-

---

[1] Vgl. hierzu *ebenda*, S. 181, 1307 b 22 ff. und *Thukydides* 2002, S. 206, III. 82 sowie *Bleicken* 1994, S. 58 f. Auch nach dem Peloponnesischen Krieg, im 4. Jahrhundert v. Chr., gab es eine Reihe von blutigen Umstürzen in Griechenland, etwa in Theben und Thessalien (vgl. dazu *Gehrke* 1985).

[2] *Aristoteles* 1973, S. 167, 1301 b 39 f. Treffend erklärt Ronald Polansky, Verfassungen könnten allgemein als eine Art von Mischung aus Demokratie und Oligarchie vorgestellt werden. Daher seien diese beiden Verfassungen „paradigmatic for all the changes that arise in any of the constitutions", und „in a sense the models of the other constitutions" (*Polansky* 1991, S. 328 f., 332).

hen, aber ein Bürger oder eine Gruppe von Bürgern versucht, sich in ihr die politische Macht anzueignen oder die Verfassung teilweise zu ändern, etwa in einer Oligarchie den Kreis der Regierenden zu erweitern oder zu verringern.[1]

Weil wir Aristoteles zufolge etwas wissenschaftlich erklären können, wenn wir dessen Ursprünge (*archai*) und Ursachen (*aitiai*) kennen, steht die Frage nach den verschiedenen Ursachen des Verfassungswandels im Zentrum der Untersuchungen von Buch V. Seine grundlegenden Ausführungen über die allgemeinen Ursachen und Motive von Aufruhr und politischen Erhebungen im ersten Kapitel basieren auf seiner Lehre von der distributiven Gerechtigkeit.[2] Zu Beginn des Kapitels führt Aristoteles die Entstehung der Demokratie und der Oligarchie auf die gegensätzlichen Gerechtigkeitsauffassungen ihrer Anhänger zurück. Während die Demokraten auf Grund ihrer gleichen Freiheit eine gleiche politische Partizipation und damit eine demokratische Verfassung als gerecht erachten, halten die Reichen wegen ihres ungleichen Vermögens eine ungleiche Beteiligung an der Regierung der Polis und damit eine oligarchische Verfassung für angemessen.[3] Auch wenn Aristoteles den beiden gegensätzlichen Gerechtigkeitsauffassungen ein gewisses Recht einräumt, sind sie für ihn letztlich verfehlt. Als Ursprünge und Ursachen der ihnen entsprechenden Verfassungen sind sie vor allem deshalb verfehlt, weil sie der Grund dafür sind, dass die Demokratie und die Oligarchie nicht

---

[1] *Aristoteles* 1973, S. 166 f., 1301 b 6 ff.; vgl. dazu die vier Arten von Veränderung (*metabole, kinesis*), die Aristoteles in der *Physik* unterscheidet (*Aristoteles* 1987, S. 100–103, 200 b 20–201 a 15).

[2] Vgl. zu Aristoteles' Lehre von der distributiven Gerechtigkeit *Keyt* 1991; *Knoll* 2009, Kap. III–VIII; *Knoll* 2016; *Miller* 1991, 1995; *Mulgan* 1991, S. 310.

[3] *Aristoteles* 1973, S. 166, 1301 a 25 ff.

stabil und dauerhaft erhalten werden können.[1] So streben
die reichen Bürger in der Demokratie danach, diese zu
stürzen, weil sie eine Verteilung der politischen Macht,
bei der jeder Bürger prinzipiell einen gleich großen Anspruch hat, für ungerecht halten. In der Oligarchie dagegen kommt es zu Aufruhr, weil die armen Bürger vom
politischen Leben ausgeschlossen sind und gemäß ihrer
Gerechtigkeitsauffassung gleichberechtigt an der Regierung teilhaben wollen.[2] Streben die Reichen nach einer
politischen Partizipation, die im proportionalen Sinne
gleich zu ihrem Reichtum ist, wollen die Armen im nu-
merischen Sinne gleich am politischen Leben teilhaben.
Daher kommt Aristoteles zu dem allgemeinen Schluss,
dass politischer Aufruhr oder Aufstand (*stasis*) immer
deshalb entsteht, „weil man nach dem Gleichen strebt".[3]
Politische Ungleichheiten motivieren jedoch nur dann
Erhebungen und Bürgerkriege, wenn sie nicht im Verhältnis zu den Ungleichheiten der Bürger stehen. Das ist
etwa dann der Fall, wenn ein lebenslängliches Königtum
„unter Gleichen besteht", das heißt wenn der König nicht
durch außerordentliche moralische und politische Tüch-
tigkeit unter den Bürgern hervorragt.[4]

Dem fünften Buch der *Politik* und dessen Konzeption
liegt die zentrale Einsicht zugrunde, dass „wir zu erkennen vermögen, wie die Verfassungen erhalten bleiben,

---

[1] *Ebenda*, S. 166, 168; 1301 a 35 f., 1302 a 4 ff.

[2] Aristoteles erklärt in Buch V wiederholt, dass in Oligarchien und
Demokratien die Ursache von politischen Umstürzen darin besteht,
dass die Verteilung der politischen Rechte nach Auffassung des Volks
oder der Reichen ungerecht ist (*ebenda*, S. 168, 171, 201; 1302 a 22
ff., 1303 b 3 ff., 1316 a 39 ff.).

[3] *Ebenda*, S. 167, 1301 b 28 f.

[4] *Ebenda*, 167, 1301 b 26 ff. Nach der Interpretation von Ronald
Polansky müssen Stoff und Form, Bürger und Verfassung zueinander
passen; anderenfalls ist eine Polis für Aufruhr empfänglich (*Polansky*
1991, S. 335, vgl. dazu 326 f. und 330 sowie *Knoll*, 2009, Kap. VI. 5).

wenn wir erkennen, wie sie untergehen".[1] So folgt der Analyse der allgemeinen Ursachen von Verfassungsänderungen und der speziellen Ursachen in einzelnen Verfassungsformen die Untersuchung der Frage, wie Verfassungen erhalten werden können. Die Stabilität und Dauer der verschiedenen existierenden Verfassungen ist der normative und praktische Zweck, dem die Analyse der allgemeinen und speziellen Ursachen von Verfassungsänderungen dient. Bereits im ersten Kapitel des fünften Buches macht Aristoteles deutlich, dass die Fragen von Entstehung, Verfall und Erhaltung von Verfassungen verknüpft sind.[2] So erklärt er nach seinen Darlegungen, wie die Demokratie und die Oligarchie entstanden sind und warum es allgemein zu politischen Erhebungen und Bürgerkriegen kommt, dass die demokratische und die oligarchische Auffassung von Gleichheit und Gerechtigkeit vermischt werden müssen. Denn die dadurch entstehende Verfassungsform der Politie, die auf der Mitte und dem Mittelstand basiert, sei von den angeführten Verfassungen die sicherste, verlässlichste und dauerhafteste.[3] Eine zentrale Maßnahme zur Erhaltung der Verfassungen ist der Versuch, „die Gruppe der Armen mit derjenigen der Reichen zu vermischen oder die Mitte zu stärken;

---

[1] *Aristoteles* 1973, S. 181, 1307 b 26 ff. Der darauf folgende Satz formuliert die Begründung: „Denn Entgegengesetztes bewirkt Entgegengesetztes, und dem Untergang ist die Erhaltung entgegengesetzt."

[2] Diese Verknüpfung entspricht der Verbindung der dritten und die vierten Aufgabe, die der Verfassungslehre nach Aristoteles zukommen. Wie bereits erwähnt, geht es bei der dritten Aufgabe darum, eine bestehende Verfassung wissenschaftlich zu untersuchen, „wie sie entstanden sein wird und wie sie, einmal entstanden, am längsten zu dauern vermag". Im Zentrum der vierten Aufgabe steht für Aristoteles die Erkenntnis der Verfassung, die „der größten Mehrzahl der Staaten passen wird" (*ebenda*, S. 136, 1288 b 33–36). Darunter versteht er die Politie, die er hauptsächlich in der zweiten Hälfte von Buch IV behandelt (vgl. *ebenda*, S. 147 ff., 1293 b 22 ff.).

[3] *Ebenda*, S. 168, 1302 a 7 ff.

denn dies verhindert die aus der Ungleichheit entstehenden Revolutionen".[1]

Aristoteles zufolge ist die allgemeine Ursache beziehungsweise das allgemeine Motiv für Aufruhr und Verfassungswandel, dass sich die Bürger über politische
Herrschaftsverhältnisse, die sie als ungerecht ansehen,
empören und sie daher verändern wollen.[2] Diese Ursache
betrifft die seelische oder innere Verfassung der Um-
stürzler und erklärt ihre Motive durch ihren Gerechtig-
keitssinn, in dem die unterschiedlichen Gerechtigkeitsauffassungen ihr anthropologisches Fundament haben.
Im Zusammenhang mit seiner berühmten Definition des
Menschen als Lebewesen, das Sprache und Vernunft (*lo-
gos*) hat, erklärt Aristoteles, dass der Mensch als einziges
Lebewesen „die Wahrnehmung des Guten und Schlechten, des Gerechten und Ungerechten und so weiter besitzt".[3]

Aristoteles unterscheidet von der angeführten Ursache
noch zwei weitere Arten von Ursachen für Aufstände. Die
zweite Art ist deren Zweck- oder Finalursache. Kennen
wir die Ziele des Aufruhrs, können wir erklären, weswe-
gen es zu ihm kommt.[4] Die beiden allgemeinen Ziele von
politischen Erhebungen sind nach Aristoteles Ehre und

---

[1] *Ebenda*, S. 184, 1308 b 28 ff., vgl. dazu *ebenda*, S. 185, 1309 a 25 f.

[2] Ronald Polansky erklärt treffend: „Since the disposition fostering
change or sedition is ultimately the sense of injustice in distribution in
the community, this must be the most general of all the causes opera-
tive in change" (*Polansky* 1991, S. 335). Im Einklang damit führt
Hans-Joachim Gehrke aus: „In der Tat ist der entscheidende Gesichtspunkt das Empfinden der ungerechten Behandlung durch das Vorherr-
schen differenter Gleichheitsvorstellungen. Man fühlt sich zurückge-
setzt und benachteiligt, in seinem Recht und Anspruch verletzt. Es
unterliegt keinem Zweifel, dass Aristoteles hier ein ganz wesentliches
Movens der ‚Aufsässigkeit' erarbeitet hat" (*Gehrke* 2001, S. 143).

[3] *Aristoteles* 1973, S. 49, 1253 a 14–18.

[4] *Ebenda*, S. 168, 1302 a 16 ff.; vgl. zur Zweck- oder Finalursache
Aristoteles 1987: 62 ff., 194 b 32 ff.

Gewinn. Entweder erstreben die Aufrührer diese Ziele oder sie versuchen ihren Verlust zu verhindern.[1] Das allallgemeine Streben der Bürger nach Ehre in der Polis kommt ihrem Streben nach politischen Ämtern gleich, weil Ehre oder Ansehen vor allem durch deren Ausübung erworben werden kann.[2] Wie das Streben nach Ehre begreift Aristoteles das Gewinnstreben als zentralen Grundtrieb des Menschen. Das Gewinnstreben motiviert etwa in Demokratien die Volksführer dazu, das Volk gegen die reichen Bürger aufzuhetzen und sich an deren Vermögen zu bereichern, wodurch die Reichen zum Sturz der Demokratie bewegt werden.[3] Über das Verhältnis des Strebens nach materiellem Gewinn zu dem Streben nach Ehre erklärt Aristoteles: Die „Mehrzahl der Leute strebt mehr nach Gewinn als nach Ehre".[4]

Die dritte Art von Ursache für Aufstände sind die Bewegungsursachen, die ihren anfänglichen Anstoß oder Auslöser bilden. Dazu zählt Aristoteles die Wahrnehmung, dass andere auf gerechte oder ungerechte Weise ein Übermaß an Gewinn und Ehre erlangen, die Hybris der Regierenden, die Übermacht eines Bürgers, die Furcht von Übeltätern vor Strafe und von Bürgern vor einem ihnen drohenden Unrecht, die Verachtung, die Amtserschleichung und einiges mehr.[5]

---

[1] *Aristoteles* 1973, S. 168, 1302 a 31 ff.; vgl. zu Ehre und Gewinn als Bewegungsursachen von politischen Erhebungen *ebenda*, S. 169, 1302 a 38 ff.

[2] An einer Stelle identifiziert Aristoteles politische Ämter sogar mit Anerkennung und Ansehen: „Solche Ämter nennen wir ja Ehren" (*ebenda*, S. 119, 1281 a 31).

[3] Vgl. zum Sturz der Demokratie durch die bedrängten reichen Bürger *ebenda*, S. 174 f.; 1304 b 20 ff.

[4] *Ebenda*, S. 206, 1318 b 16 f.

[5] *Ebenda*, S. 169 ff., 1302 a 34 ff. Vgl. zur Bewegungsursache *Aristoteles* 1987, S. 62 f., 194 b 29 ff.

III. Die speziellen Ursachen von politischen Revolutionen und die empirische, induktive und komparative Methode

Von Aristoteles' Analysen der speziellen Ursachen, die in einzelnen Verfassungsformen zu Veränderungen führen, und den davon abgeleiteten Maßnahmen zu ihrer Erhaltung können hier nur wenige Beispiele dargelegt werden. Betont werden muss jedoch, dass er diese Ursachen und Maßnahmen auf empirischem und induktivem Wege durch den Vergleich ähnlicher Fälle aus der ihm bekannten Verfassungsgeschichte gewinnt. Bereits im letzten Abschnitt der *Nikomachischen Ethik*, in dem Aristoteles einen ersten Umriss seines Programms für die *Politik* skizziert, erklärt er über das spätere Buch V, er wolle „mit Hilfe der gesammelten Staatsverfassungen prüfen, was die Staaten und die einzelnen Staatsverfassungen bewahrt und zerstört."[1] Wie später Machiavelli[2] greift Aristoteles auf die geschichtlichen Erfahrungen der letzten Jahrhunderte zurück und gewinnt auf der Grundlage von einzelnen verfassungsgeschichtlichen Ereignissen allgemeine Regeln darüber, wie politische Systeme entstehen, und warum sie stabil oder instabil sind. So führt er aus: „Der Tyrann entsteht dagegen aus dem Kampf des Volkes und der Menge gegen die Angesehenen, damit das Volk durch diese nicht weiter unterdrückt werde. Dies zeigt die Geschichte. Denn fast alle Tyrannen sind ursprünglich Volksführer gewesen, denen man sich

---

[1] *Aristoteles* 1991, S. 358, 1181 b 17 ff.
[2] Vgl. dazu *Knoll* 2010.

anvertraute, weil sie die Angesehenen bekämpften".[1] Als geschichtliche Beispiele für diese Art der Entstehung der Tyrannis führt Aristoteles „Panaitios in Leontinoi, Kypselos in Korinth, Peisistratos in Athen, Dionysios in Syrakus" an.[2] Über den Verlust der Stabilität der Demokratie formuliert Aristoteles die allgemeine Regel, dass sie durch die „Zügellosigkeit der Volksführer" entsteht, die sich am Vermögen der Wohlhabenden bereichern wollen, wodurch diese zum Sturz der Demokratie bewegt werden. So führen die Volksführer „einzeln Prozesse gegen die Wohlhabenden und treiben sie zum Zusammenschluss (denn gemeinsame Angst verbindet auch die größten Feinde), oder sie hetzen allgemein das Volk gegen sie auf. Das kann man in vielen Fällen beobachten."[3] Als geschichtliche Beispiele, von denen er seine allgemeine Regel ableitet, führt Aristoteles den Sturz der Demokratie in Kos, in Rhodos, in Herakleia, in Megara und in Kyme an, der jeweils von den angesehenen Bürgern ausging. Kennt man die Gründe für den Sturz einer Verfassungsform, dann lassen sich daraus auch allgemeine Ratschläge zu ihrer Stabilisierung ableiten. So rät Aristoteles in dem Kapitel über die Erhaltung der Demokratie: „In den Demokratien soll man die Wohlhabenden schonen: nicht nur der Besitz, auch der Ertrag soll nicht aufgeteilt werden, was doch in einigen Staaten unter der Hand geschieht".[4]

Die angeführten Beispiele verdeutlichen, dass Aristoteles in Buch V der *Politik* eine empirische, induktive und komparative Methode anwendet, um zu erkennen, wie Verfassungen entstehen und untergehen, und durch welche Maßnahmen sie stabil bewahrt werden können. Eine

---

[1] *Aristoteles* 1973, S. 188, 1310 b 12 ff.
[2] *Ebenda*, S. 188, 1310 b 29 f.
[3] *Ebenda*, S. 174, 1304 b 20 ff.
[4] *Ebenda*, S. 184, 1309 a 14 ff.

derartige Methode lässt sich in Platons politischen Dialogen lediglich ansatzweise aufweisen. Im dritten Buch der *Nomoi* analysiert Platon, warum von den einst gleichzeitig gegründeten und verbündeten Königtümern Argos, Messene und Sparta die ersteren beiden zugrunde gingen, während Sparta überdauerte. Als Ursachen für den Untergang von Argos und Messene führt Platon die Maßlosigkeit, die Uneinigkeit, den Übermut und die Unwissenheit der Könige an. Den Grund für die Stabilität und Dauerhaftigkeit Spartas erkennt er in der spartanischen Mischverfassung, die die königliche Macht beschränkte und mäßigte. Die Mischverfassung, die Platon der Polis gibt, die er in den *Nomoi* in Gedanken gründet, verkörpert etliche Einsichten, die er aus der Analyse der spartanischen Verfassung gewonnen hat. Die bedeutendste dieser Einsichten ist, dass die politische Gewalt geteilt und so beschränkt und gemäßigt werden muss, um eine Verfassung stabil zu bewahren.[1] Es gibt keine Hinweise darauf, dass die empirische, induktive und komparative Methode, mit der Aristoteles politische Ereignisse analysiert, von den Sophisten oder anderen politischen Denkern vor Aristoteles angewandt wurde. Daher muss Aristoteles nicht bloß als der Begründer der Theorie politischer Revolutionen, sondern auch der empirischen Politikwissenschaft verstanden werden.

---

[1] *Platon* 1988b, S. 85–98, 683 c–692 c; vgl. dazu *Knoll* 2017.

Bibliographie

Aristoteles, 1973: Politik, übers. und hg. von Olof Gigon, München.

Aristoteles, 1987: Physik. Vorlesung über Natur, Erster Halbband: Bücher I–IV, übers. von Günther Zekl, Hamburg.

Aristoteles, 1991: Die Nikomachische Ethik, übers. und erl. von Olof Gigon, München.

Bleicken, Joachim, 1994: Die athenische Demokratie, 2. Aufl., Paderborn u.a. 1994.

Gehrke, Hans-Joachim, 1985: Stasis. Untersuchungen zu den inneren Kriegen in den griechischen Staaten des 5. und 4. Jahrhunderts, München.

Gehrke, Hans-Joachim, 2001: Verfassungswandel (V 1–12), in: Otfried Höffe (Hg.): Aristoteles, Politik, Reihe: Klassiker Auslegen, Bd. 23, Berlin, S. 137–150.

Keyt, David, 1991: Aristotle's Theory of Distributive Justice, in: David Keyt/Fred D. Miller, Jr. (Hg.): A Companion to Aristotle's *Politics*, Cambridge/Oxford, S. 238–278.

Knoll, Manuel, 2009: Aristokratische oder demokratische Gerechtigkeit? Die politische Philosophie des Aristoteles und Martha Nussbaums egalitaristische Interpretation, München 2009.

Knoll, Manuel, 2010: Wissenschaft und Methode bei Machiavelli. Die Neubegründung der empirischen Politikwissenschaft nach Aristoteles, in: Knoll, Manuel/Saracino, Stefano (Hg.): Niccolò Machiavelli. Die

Geburt des modernen Staates, Reihe: Staatsdiskurse, hg. von Rüdiger Voigt, Stuttgart (im Erscheinen).

Knoll, Manuel, 2011a: Die *Politik* des Aristoteles – eine unitarische Interpretation. In: *Zeitschrift für Politik* (ZfP), S. 2/2011, S. 123–147.

Knoll, Manuel, 2011b: Die *Politik* des Aristoteles – Aufsatzsammlung oder einheitliches Werk? Replik auf Eckart Schütrumpfs Erwiderung. In: *Zeitschrift für Politik* (ZfP), 4/2011, S. 410–423.

Knoll, Manuel, 2016: The Meaning of Distributive Justice for Aristotle's Theory of Constitutions, in: „ΠΗΓΗ/FONS. Revista electrónica de estudios sobre la civilizatión clásica y su recepción (OJS, www.uc3m.es/pege)", I/2016, S. 57–97.

Knoll, Manuel, 2017: Platons Konzeption der Mischverfassung in den *Nomoi* und ihr aristokratischer Charakter, in: Manuel Knoll/Francisco L. Lisi (Hg.): Platons *Nomoi*. Die politische Herrschaft von Vernunft und Gesetz (Staatsverständnisse 100), Baden Baden 2017, S. 23–48.

Miller, Fred D. Jr., 1991: Aristotle on Natural Law and Justice, in: David Keyt/Fred D. Miller, Jr. (Hg.): A Companion to Aristotle's *Politics*, Cambridge/Oxford, S. 279–306.

Miller, Fred D. Jr., 1995: Nature, Justice, and Rights in Aristotle's *Politics*, Oxford.

Mulgan, Richard, 1991: Aristotle's Analysis of Oligarchy and Democracy, in: David Keyt/Fred D. Miller, Jr. (Hg.): A Companion to Aristotle's *Politics*, Cambridge/Oxford, S. 307–322.

Ottmann, Henning, 2001: Geschichte des politischen Denkens. Die Griechen. Von Platon bis zum Hellenismus, Bd. 1/2, Stuttgart.

Platon, 1988a: Der Staat, übers. und erl. von Otto Apelt, Hamburg.

Platon, 1988b: Gesetze, übers. und erl. von Otto Apelt, Hamburg.

Polansky, Ronald, 1991: Aristotle on Political Change, in: David Keyt/Fred D. Miller, Jr. (Hg.): A Companion to Aristotle's *Politics*, Cambridge/Oxford, S. 323–345.

Rowe, Christopher, 1991: Aims and Methods in Aristotle's *Politics*, in: David Keyt/Fred D. Miller, Jr. (Hg.): A Companion to Aristotle's *Politics*, Cambridge/Oxford, S. 57–74.

Saxonhouse, Arlene W., 2015: Aristotle on the corruption of regimes: Resentment and justice, in: Th. Lockwood/Th. Samaras (Hg.), Aristotle's *Politics*. A Critical Guide, Cambridge, S. 184–203.

Schütrumpf, Eckart, 1980: Die Analyse der Polis durch Aristoteles, Amsterdam.

Skultety, Steven C., 2009: Delimiting Aristotle's Conception of Stasis in the Politics, in: *Phronesis* 54, S. 346–370.

Thukydides, 2002: Der Peloponnesische Krieg, hg. und übers. von Georg Peter Landmann, Düsseldorf/Zürich.

Weed, Ronald, 2007: Aristotle on Stasis: a moral psychology of political conflict, Berlin.

Wheeler, Marcus, 1951: Aristotle's Analysis of the Nature of Political Struggle, in: *The American Journal of Philology*, Vol. 72, No. 2, S. 145–161.

Dominic Lehmann

ZUM URSPRUNG UND DER ENTWICKLUNG DES REVOLUTIONSBEGRIFFS IN CHINA

EINLEITENDE GEDANKEN

In ihrer historischen Signifikanz für die Geschichte Europas des 20. Jahrhunderts ist die Russische Revolution, die vor nunmehr 100 Jahren das zaristische Herrschaftssystem beendete und letztlich zur Gründung der Sowjetunion führte, zweifelsohne von wegweisender Bedeutung gewesen. Während die im Schatten eines Weltkriegs stattfindende politische Umwälzung Russlands zur Überraschung ihrer damaligen Anführer unerwartet kam und zunächst relativ gewaltfrei vonstatten ging, blieb die erhoffte Weltrevolution jedoch aus. Lenins anfängliche Überzeugung, dass die Oktoberrevolution letztlich [...] in ihrem Endergebnis zum Sieg des Sozialismus führen [...][1] würde, konnte sich in einem schon bald im Bürgerkrieg versinkenden Russland vorerst nicht bestätigen. Erst durch den Sieg der Bolschewiken und der damit verbun-

---

[1] Vgl. Pospelow, Peter (et al.): *W. I. Lenin – Biographie*. Berlin: Dietz Verlag,1971: 410.

denen Gründung der Union der Sozialistischen Sowjetre-
publiken wurden die Marxschen Ideen, die sich über die
Zeit hinweg längst durch die Theorien des Leninismus
und Trotzkismus erweitert hatten, in die Praxis umge-
setzt. Die Revolution, so hatte es den Anschein, war erfolgreich. Doch weder die elitäre Kaderpartei noch die
permanente Revolution konnten ihr Vermächtnis behü-
ten und alsbald trat an die Stelle der Revolution ein real-
politischer Thermidor. Dies soll jedoch nicht darüber
hinwegtäuschen, dass zu diesem Zeitpunkt und inspiriert
von der Russischen Revolution, Entwicklungen weltweit
ihren Lauf genommen hatten, deren geschichtliche Wirkung von immenser Tragweite werden sollten. Eine dieser Wirkungen hatte die Russische Revolution und die
Gründung der Sowjetunion auf China. Hier fielen die
Ereignisse mit einem gesellschaftlichen Veränderungs-
prozess zusammen, der bereits 1911 in Form der Xinhai-
Revolution das mehr als 2000 Jahre herrschende Kaiserreich beendet hatte.

Hintergründe für die Ähnlichkeit zwischen der Chinesischen und der Russischen Revolution sowie die Suche
nach einem historischen Muster innerhalb der großen
Revolutionen (*great revolutions*), sind an anderer Stelle
ausführlich dargestellt.[1] Im Vordergrund der vorliegenden Arbeit steht ausgehend von diesen Beobachtungen
daher die Frage, inwiefern das politische und soziale
Konzept der Revolution Eingang in die chinesische Gesellschaft fand. Hierzu ist der Aufsatz in drei Teile aufge-
gliedert. Im folgenden ersten Abschnitt soll zunächst der
semantisch-etymologische Ursprung und die Entwicklung des Begriffes der Revolution im europäischen Kon-

---

[1] Der interessierte Leser sei an dieser Stelle auf folgendes Werk verwiesen: Skocpol, Theda. *States and social revolutions: a comparative
analysis of France, Russia, and China.* Cambridge: Cambridge University Press, 1979.

text skizziert werden. Der zweite Teil widmet sich dem Ursprung des Revolutionsbegriffs in China. Ein Exkurs in die neuere Geschichte Chinas verknüpft die Entwicklungen mit den Ereignissen, die letztlich die Chinesische Revolution bedingten. Inwieweit China gegenwärtig Züge eines erneuten dynastischen Herrschaftssystems zeigt, dessen Zweck in der Aufrechterhaltung gesellschaftlicher Ordnung und geregelter sowohl nationaler als auch globaler Herrschaftsansprüche liegt, soll Teil der abschließenden Überlegungen sein.

ZUM BEGRIFF DER „REVOLUTION" IN DER EUROPÄISCHEN GEISTESGESCHICHTE

Kaum ein Begriff ist in seiner gesellschaftspolitischen Hoheitsdeutung wohl umstrittener und in seiner Verwendung wandelbarer als der der Revolution. Im Zusammenhang historischer Ereignisse wird der Begriff in der Neuzeit erstmals mit der *Glorious Revolution* (1688/89) in Verbindung gebracht. Während bei dieser noch die Wiederherstellung eines vorherigen und somit legitimen Zustands im Vordergrund stand, wandelte sich die Bedeutung mit der Amerikanischen, und ohne Zweifel am folgenreichsten mit der Französischen Revolution, grundlegend. Es folgten die industrielle Revolution und während der historische Materialismus die soziale Revolution für sich beanspruchte, schlug eine weitere im Jahr 1849 fehl. Auch die eingangs erwähnte Russische und Chinesische Revolution stellen neben einer Vielzahl von weiteren historischen Ereignissen −es seien hier die Mexikanische, die Kubanische und die Iranische Revolution erwähnt− Beispiele für in den Geschichtsbüchern aufgelistete Revolutionen dar. Eine Definition bleibt ebenso wie die Kategorisierung geschichtlicher Ereignisse als Revolution bis heute strittig.[1] Ob dies nun am zunehmend mend inflationären Gebrauch des Begriffs einer nach kontinuierlichen Wandel drängenden Konsumgesellschaft liegt, oder einfach eine Begleiterscheinung der nach Superlativen jagenden Benutzer sozialer Medien ist (ihres Zeichens neuerdings auch Teil einer neuen, der digitalen Revolution), soll hier nicht erörtert werden. Von Interesse ist vielmehr die Erkenntnis, dass der Begriff in seiner semantisch-etymologischen Herkunft eigentlich etwas gänzlich anderes beschrieb. Das in der Spätantike auftauchende lateinische „revolutio" als Substantivierung des Wortes „revolvere" drückte ursprünglich Bewegungen des Herumwälzens im Sinne eines in sich zurückkehrenden kreisförmigen Umlaufs aus. Als *terminus technicus* für den Umlauf des Mondes war „revolutio" somit zunächst ein astronomischer Fachbegriff der sich erst mit Augustin (354 – 430) in ein Gedankenbild der „Wiederverkörperung" und der „Wiederkehr der Zeiten" wandelte.[2] Bis in die Renaissance blieb der Ausdruck jedoch vorwiegend der Astronomie vorbehalten, um das unveränderliche und ewige Kreisen der Himmelskörper zu beschreiben. An Bekanntheit gewann die „revolutio" schließlich durch das Werk *De revolutionibus orbium coelestium* in dem Nikolas Kopernikus (1473 – 1543) das heliozentrische Weltbild begründete. Dass im Zentrum von Kopernikus' Beobachtung aber weiterhin die „Umschwünge" der Planeten um die Sonne, im Sinne eines zyklischen, sich stets an einen Beobachtungsort zurückkehrenden Ausgangspunkt meinte, zeichnete der Autor

---

[1] Vgl. Goldstone, Jack. „Toward a Fourth Generation of Revolutionary Theory." In: *Annual Review of Political Science* (4/2001): 175f.
[2] Vgl. Griewank, Karl. *Der neuzeitliche Revolutionsbegriff – Entstehung und Entwicklung.* Hamburg: Europ. Verlagsanstalt, 1992: 17.

exakt vor.[1] Ganz im Sinn des Präfix „re-", welches *ipso facto* etwas zeitlich Vergangenes impliziert, werden auf Basis eines mechanischen Modells die Gesetzmäßigkeiten der Bewegungen am Himmel abgeleitet. In einer Epoche gezeichnet vom Zusammenbruch der mittelalterlich-christlichen Weltvorstellung avancierte die „revolutio" als Vorstellung von einer der Welt inhärenter gesetzmäßiger Zusammenhänge schließlich zu einem politischen Ausdruck, mit dem die „[...] Rückkehr zur Ruhe und alten Ordnung mit der Bewegung der Gestirne in Beziehung gebracht und als Revolution begrüßt wurde."[2] Die *Glorious Revolution*, die in Ihrem Ergebnis bekanntlich eine vorherige und somit augenscheinlich legitimierte Ordnung re-etablierte, manifestierte diese Vorstellung vorläufig.

Erst mit der Aufklärung wird der Begriff der Revolution zunehmend und entscheidend umgedeutet. Allen voran Voltaire (1694 – 1778), der sich in seinen universalhistorischen Werken mit dem Thema der Revolutionen ausgiebig beschäftigte, formte (wenn auch unbeabsichtigt) mit seiner Vorstellung einer Revolution des Geistes (Révolution des esprit) die argumentative Grundlage für einen sich rationalisierenden und allgemein rechtfertigbaren Revolutionsbegriff: „Écrasez l'infâme" forderte er, und meinte doch eine von geistigen Eliten gesteuerte Staatsumwandlung und wertebejahende Revolution der Geister.[3] Doch auch schon Descartes und Montesquieu sowie die später wirkenden Denker Turgot und Condorcet messen der Revolution und ihrer Bedeutung für den Fortschritt eine zunehmend von den traditionellen Vorstellungen abweichende Rolle bei. Entscheidend

---

[1] Vgl. Kopernikus Nikolaus. *De revolutionibus orbium coelestium Libri VI*. Thoruni: Samptibus Societatis Copernicanae, 1873: 29.
[2] Vgl. Griewank 1992: 147.
[3] Ibid. 164.

wird aber Rousseau, der in ihr das Mittel des Fortschritts menschlicher Zivilisation selbst identifiziert.

Der Revolution, und das ist in diesem Zusammenhang entscheidend, wurde durch die Denker der Aufklärung also mit einem moralisch und durch technische Errungenschaften bedingten progressiven Glauben an die Menschheitsgeschichte besetzt. Die politischen Auswirkungen dieser gedanklichen und sprachlichen Innovation konnten auch Ludwig XVI., trotz seiner Gewohnheit früh schlafen zu gehen, schließlich nicht mehr verborgen bleiben.[1] Seinem Unmut über die Nachricht von der Erstürmung der Bastille mit den Worten ‚C'est une révolte!‘ zum Ausdruck bringend, oblag es am Grafen von Liancourt seinen König nunmehr zu berichtigen, indem er ihn wissen lassen musste: ‚Non, Sire, c'est une révolution.‘[2]

In Europa wurde die Französische schließlich zum Synonym der Revolution selbst. Dass dies auch die Gedanken und Werke der Philosophen anderer europäischer Länder beeinflusste, kann nicht überraschen. Sowohl der strenge, auf Rationalität in Dingen der Rechts- und Staatslehre pochende Kant, als auch der von einem kontinuierlichen, gleichsam evolutionären Fortschritt der Menschheit überzeugte Herder, beide Zeitzeugen der Französischen Revolution, nahmen das Thema der Revolution in ihre Arbeiten auf.

Während viele Denker der Romantik aber eine kritische, wenn nicht gar ablehnende Haltung gegenüber der Revolution im Allgemeinen und der Französischen Revolution und ihrer Gewaltexzesse im Speziellen vertraten,

---

[1] Vgl. Michelet, Jules. *Geschichte der Französischen Revolution - Band 1*. Frankfurt a. M.: Zweitausendeins, 2009: 140.

[2] Ibid.140; siehe hierzu auch: Thiers, M. A.: *Histoire de la Révolution Francaise*. Paris: Furne et Cie, Libraires-Éditeurs: 99; diese älteste Aufzeichnung beschreibt den Vorgang wie folgt: „Quelle révolte! S'ecria de la prince- Sire, reprit le duc de Liancourt, dites revolution.”

verschrieb sich alsbald ein weiterer Philosoph dieses geschichtlichen Motivs. Ausgehend von seiner weltgeschichtlichen Dialektik hat keiner die gedankliche Einordnung eines systematischen Revolutionsverständnisses für Ihrer Bedeutung im geschichtlichen Zusammenhang entscheidender geprägt als Hegel.[1] In der *Phänomenologie des Geistes* setzt er die absolute Freiheit, derer keine Macht der Welt Widerstand leisten kann, auf den Thron der Welt.[2] Ihren Ausdruck findet sie dabei im allgemeinen Willen und damit im Tun des Ganzen, dem er jedoch eine siegende Faktion, die Regierung, entgegengesetzt. Ihre Unfähigkeit, die Diskrepanz zwischen der Individualität des allgemeinen Willens einerseits, und die als handelnde Individualität wirkende Faktion andererseits zu überbrücken, bedingt in dem Maße wie sie dem allgemeinen Willen als Ausdruck der absoluten Freiheit entgegenwirkt ihre Schuld und begründet gleichsam die Notwendigkeit ihres Untergangs.[3] Nur in der Konvergenz von absoluter Freiheit und absoluten Willen durch das Überwinden des von Herrschaft und Knechtschaft bestimmten Bewusstseins mit seiner selbst, kann diese Notwendigkeit überwunden werden. Mit dieser Dialektik von Freiheit und Notwendigkeit, die Hannah Arendt einst als die schrecklichste und, aus menschlicher Sicht, das unerträglichste Paradox der modernen Geistesgeschichte bezeichnete[4], arbeitete Hegel schließlich die Vorstellung eines auf Stufen basierenden Modells der Geschichte aus.[5]

---

[1] Vgl. Griewanck 1992: 210.

[2] Vgl. Hegel, G.W.F.: *Phänomenologie des Geistes*. Frankfurt a. M.: Suhrkamp, 2014: 433. (Die absolute Freiheit und der Schrecken.)

[3] Ibid. 437.

[4] Vgl. Arendt, Hannah: *On Revolution*. New York: Penguin Books, 1977: 44.

[5] Vgl. Hegel, G.W.F. V*orlesungen über die Philosophie der Geschichte*. Frankfurt a. M.: Suhrkamp, 2017: 76.

Doch auch für Hegel scheint der Begriff der Revolution weiterhin auf einem eher traditionellen, zyklischen Verständnis zu fußen, sieht er in ihr als Ausdruck der überwundenen Dialektik doch einen „Kreislauf der Notwendigkeit"[1], der sich nur im zunehmenden Bewusstsein der Freiheit spiralförmig hinfort schraubt.[2]

Hegels Arbeiten kommen insofern eine entscheidende Rolle in der Entwicklung des Revolutionsbegriffs zu, als dass sie die geistige Genese des jungen Karl Marx entscheidend prägten. Im Zeitalter der fortschreitenden Industrialisierung erkannte Marx wie kein anderer bis dahin die Bedeutsamkeit der immer deutlicher zu Tage tretenden ökonomischen Zusammenhänge für den Verlauf der Weltgeschichte und ihrer Auswirkungen. Bei Karl Marx wird die Revolution zur Lokomotive der Geschichte, der dialektische Materialismus ihr bestimmendes Element, das von Hegel schon angedachte Stufenmodell des historischen Entwicklungsprozesses findet im historischen Materialismus seine Vollendung, und zusammen mit seinem geistigen und finanziellen Mitstreiter Engels begründet Marx im Manifest der Kommunistischen Partei schließlich die Notwendigkeit einer kommunistischen Revolution. Dass die Marxschen Werke bis heute Gegenstand kontroversester Debatten sind, und inwieweit Marx nun Recht hatte oder nicht, ist für vorliegende Betrachtung nicht von Belang. Entscheidend ist vielmehr, dass er mit seinen Geschichtsbetrachtungen eine universelle Revolutionstheorie schuf und zudem einen Gegenentwurf zum damaligen Gesellschaftsmodell entwarf, der aufmerksame Leser auf globaler Ebene fand. Gleichsam lässt sich feststellen, dass Karl Marx die „Revolution" durch ein auf dem historischen Materialismus beruhenden Geschichtsverständnis aus ihrer zyklischen Begrifflichkeit

---

[1] Hegel, 2014: 438.
[2] Vgl. Hegel, 2017: 78.

vollends löste. Im Zeitalter industrieller Produktion und Gesellschaftsverhältnisse wurde die Revolution endgültig Teil des Fortschrittsglaubens und für ihre Verfechter dessen *conditio sine qua non*. Mit diesem Verständnis mussten sich auch alle weiteren Denker argumentativ auseinandersetzen. Doch zunächst gab die Revolution und die ihr nunmehr vollends inhärente soziale und politische Eschatologie vielen Intellektuellen in den vom Imperialismus beherrschten Ländern neue Hoffnung. Die Geschichte des 20. Jahrhunderts sollte dies maßgeblich beeinflussen und ein Land, dessen geistige und politische Anführer sich ihrer letztlich ebenfalls verschrieben, rückt nunmehr in den Mittelpunkt der Betrachtung.

DIE „REVOLUTION" IN CHINA

In China formte sich der Begriff der Revolution (*geming* 革命) im Sinne seines heutigen Verständnisses am Ende des 19. Jahrhunderts. Etymologisch betrachtet jedoch, reicht der Ursprung des Begriffs *geming* sehr viel weiter in der Geschichte zurück. So ist ein erster Beleg bereits im „Buch der Wandlungen" (*Yijing* 易經) zu finden. In diesem Weisheitsbuch, dessen Entstehung bis in das dritte vorchristliche Jahrtausend zurückreicht, berichtet das Urteil zum Orakelzeichen *ge* 革, dem 49. von insgesamt 64 Hexagrammen, von der Absetzung der letzten Könige der Xia- und Shang-Dynastie durch die Könige Tang und Wu:

> Himmel und Erde bewirken Umwälzungen,
> und die vier Jahreszeiten vollenden sich
> dadurch. Tang und Wu bewirkten staatliche
> Umwälzungen [*geming*, Anm. d. Verf.], in-

dem sie hingebend waren dem Himmel und den Menschen entsprachen. Die Zeit der Umwälzung ist wahrlich groß.[1]

Deutlich tritt im Text hervor, dass die Vorstellung des *geming*, das wörtlich übersetzt die „Umwälzung des Mandats" bedeutet, sowohl mit einer kosmologischen, die Welt der Natur betreffenden Beobachtung, als auch mit einem gesellschaftlich-moralischen Element belegt ist. Gleichzeitig steht es im Sinne der himmlischen Legitimation eines Herrschaftswechsels im Gegensatz zum traditionellen Begriff des *tianming* (天命). Bei diesem letzteren Begriff handelt es sich um das sogenannte Himmelsmandat, das die Grundlage der Herrschaftslegitimation aller Kaiser in der Geschichte Chinas bildete.

Es sei aber Vorsicht dabei geboten, hier eine augenscheinlich durchaus zu vermutende konzeptionelle Ähnlichkeit mit dem im vorangegangenen Teil beschriebenen Begriff der „revolutio" abzuleiten. Beiden Begriffen ist zwar die Grundlage zyklischer Erscheinungen des Kosmos gemein, doch in ihrer Wirkung könnten sie unterschiedlicher nicht sein. Einer die „revolutio" charakterisierenden mechanischen Vorstellung kosmologischer Vorgänge steht im chinesischen Kontext ein sich bedingendes, wechselwirkendes Weltbild gegenüber. Nur die Hingabe an den Himmel als oberste Instanz und die gleichzeitige Einhaltung einer in der Überlieferung nicht weiter definierten Moralität gegenüber den Mitmenschen, bestimmen durch die sich in irdischen und himmlischen Kräften widerspiegelnden Wechselwirkungen den Erfolg der Umwälzung.

---

[1] Wilhelm, Richard. *I Ging – Das Buch der Wandlungen*. Deutscher Taschenbuch Verlag, 2008: 564f; die Xia-Dynastie wird auf den Zeitraum von 2100 bis 1600 v. Chr. datiert. Ihr folgte die Shang-Dynastie, die um 1100 v. Chr. Endete; (Anm. d. Verf.).

Bereits in dieser Verbindung aus hierarchischer Beziehung und moralischen Gesichtspunkten sind Grundelemente der sich erst ab Mitte des sechsten vorchristlichen Jahrhunderts entwickelnden konfuzianischen Lehre zu erkennen.

Dies darf indes nicht darüber hinwegtäuschen, dass *geming* in den klassischen Werken des Konfuzianismus nur selten auftritt. Erst im Laufe der Zeit entwickelt sich in Form des Idioms „Tang und Wu ändern das Mandat" (*Tang Wu geming* 湯武革命) ein Konzept innerhalb der von konfuzianischen Gelehrten bestimmten Geschichtsschreibung.[1] Es wurde Ausdruck eines gewaltsamen Machtwechsels und der Einführung einer neuen Herrschaftsdynastie. Da dieses Konzept allerdings die Legitimität einer jeden Dynastie gefährden musste, wurde es nur retrospektiv zur Beschreibung geschichtlicher Ereignisse und zur moralischen Legitimierung des Machtwechsels bzw. der Errichtung einer neuen Dynastie herangezogen. Der Umgang mit dem Problem zwischen gewaltsamen Umstürzen einerseits, und der Herrschaftslegitimation andererseits, tauchte bereits Mitte des zweiten vorchristlichen Jahrhunderts auf. So berichten die „Aufzeichnungen der Chronisten" (*Shiji* 史記), dass im Rahmen einer aufkommenden Debatte um die Bedeutung des *geming*, Kaiser Liu Qi der Han-Dynastie (206 v Chr. – 220 n. Chr.) einem allzu eifrigen Gelehrten das Wort abschnitt und eine weitere Diskussion generell verbat.[2]

Erst im 12. Jahrhundert vollzog sich diesbezüglich ein Wandel. Bereits im Vorfeld war es als geistige Gegenreaktion auf den mittlerweile in der damaligen chinesischen

---

[1] Chen, Jianhua: „Chinese 'Revolution' in the Syntax of World Revolution." In: Liu, Lydia (Hrsg): *Tokens of Exchange - The problem of translation in global circulations.* Durham: Duke University Press, 1999: 355-374.

[2] Vgl. Chen 1999: 358.

Gesellschaft weit verbreiteten Einfluss der buddhistischen und daoistischen Glaubensvorstellungen einerseits, und als Mittel der Konsolidierung und Reformation des Staats- und Bildungswesens andererseits, zu einer Renaissance des Konfuzianismus gekommen. [1] Durch die Reinterpretation und Kommentierung der klassischen konfuzianischen Texte fand auch die Begrifflichkeit des *geming* wieder verstärkt Beachtung. Ausgehend von den Ausführungen in dem konfuzianischen Klassiker *Mengzi*, welches das Idiom „Tang Wu *geming*" als Ausdruck des Volkswillens sowie des konfuzianischen Ideals der „Menschlichkeit" begriff, kommt es schließlich zu einer Umbewertung des *geming* durch die Denker des Neokonfuzianismus. [2] Im Vordergrund der Betrachtungen dieser Denker standen in diesem Zusammenhang nunmehr Überlegungen zum Volkswillen und der Verweis auf die Wichtigkeit der Unterstützung durch das Volk selbst.[3]

Es gibt Hinweise, dass das Konzept der *geming* bereits im achten Jahrhundert in Form der Übersetzung des konfuzianischen Klassikers *Mengzi* und der dazugehörigen Kommentare seinen Weg nach Japan fand, wo man es mangels eines sprachlichen Äquivalents als *kakumei*[4] in den Wortschatz aufnahm. Hier erfuhr es schließlich

---

[1] Vgl. Ess, Hans van. *Der Konfuzianismus*. München: Verlag C.H. Beck, 2003: 65ff.

[2] Vgl. Chen 2009: 359.

[3] Ibid.: 360.

[4] *Kakumei* ist ein *Kanji*, das neben *Hiragana* und *Katakana* Teil der japanischen Schrift ist. *Kanji* sind chinesische Schriftzeichen innerhalb der japanischen Schrift und da dem Begriff *geming* bei seiner Einführung ein Äquivalent fehlte, wurden die chinesischen Zeichen übernommen. Die Phonetik unterscheidet sich hingegen augenscheinlich, die zwischen zwei Arten der Aussprache unterscheidet: *ondoku* beruht auf der chinesischen Phonetik, wohingegen, wie im Falle des *geming*, *kundoku* die Aussprache chinesischer Schriftzeichen mit japanischen Lauten ist; (Anm. d. Verf.).

eine wichtige konzeptionelle Neubewertung in der Tokugawa-Periode (1603 – 1868). Während die herrschenden Shogune eine strenge Isolation Japans und die Stärkung religiöser Vorstellungen vorantrieben, kam dem Studium und der Auslegung der auch in Japan populären neo-konfuzianischen Lehre eine zentrale Rolle zu. Das Konzept der *geming* wie es das *Mengzi* vorgestellt hatte, wurde indes kritisiert und abgelehnt. Die Vorstellung einer auf Pietät beruhenden Herrschaftslegitimation führte dazu, dass Tang und Wu letzten Endes sogar als Schwerverbrecher und Kaisermörder dargestellt wurden.[1]

Erst gegen Ende der Tokugawa-Periode, als unter dem Motto „*Sonno joi*" (*Verehrt den Kaiser, vertreibt die Barbaren*) ein erneuter gesellschaftspolitischer Umbruch in Japan erfolgte, wurde das Konzept der *kakumei* einmal mehr uminterpretiert und nunmehr Inbegriff der Notwendigkeit kaiserlicher Reformbemühungen und Herrschaftsansprüche.[2] Mit der Meiji-Restauration (1668), die den Kaiser wieder zum absoluten Herrscher über Japan machte, hatte diese semantische Veränderung ihren Höhepunkt erreicht.

Ein zentrales Element der Reformbemühungen während der Meiji-Periode (1868 – 1912) war die Übersetzung von europäischen Werken in die japanische Sprache mit dem Ziel, die gesellschaftspolitischen und technischen Veränderungsprozesse der von außen herangetragenen „Moderne" zu bewältigen. Auch die Ereignisse um die Französische Revolution wurden hier Teil der japanischen Übersetzungskompendien, in denen die Vorgänge aufgrund ihrer Exzesse mal als Chaos, mal als Rebellion beschrieben wurden. Nicht die semantische Beschreibung, sondern die konzeptionelle Grundlage der Revolu-

---

[1] Vgl. Wang Jianhua. *Rujia sixiang yu riben wenhua*. Hangzhou: Zhejiang Renmin chubanshe, 1990: 202.
[2] Vgl. Chen 1999: 359f.

tion stellte ein Dilemma dar. Dem mit kaiserlichen Reformbemühungen semantisch in Einklang gebrachten Konzept der *kakumei* stand dabei die auf der Rezeption europäischer Geschichtswerke abgeleitete Vorstellung des allgemeinen Volkswillens entgegen. Diese hatte in der Französischen Revolution ihren Ausdruck ja im gewaltsamen Sturz der bestehenden Herrschaftsverhältnisse gefunden. Inmitten dieses ungelösten Widerspruchs kam es in der zweiten Hälfte des 19. Jahrhunderts schließlich zu einem semantischen re-import der *kakumei* nach China. Bevor jedoch die Hintergründe und Auswirkungen der Rückkehr dieses Lehnwortes nach China beschrieben werden, lohnt ein Blick in die neuere Geschichte Chinas.

EXKURS: ZUR GESCHICHTE CHINAS IM 19. JAHRHUNDERT

Bereits im Jahr 1644 hatten die Qing erfolgreich das Reich der Ming-Dynastie erobert.[1] Das auch als Mandschu bekannte und ursprünglich von den Dschurdschen abstammende Volk der Qing gehörte nicht Chinas ethnischer Mehrheit der Han an, denen sie aufgrund ihrer Herkunft aus den äußersten nordöstlichen Grenzgebieten Chinas als Fremdherrschaft galt. Die Herrscher der Qing hatten es allerdings durch die Übernahme der chinesischen Kultur verstanden, sich erfolgreich in China zu etablieren. Ausländischen Einfluss unterwarf sie dabei

---

[1] Die folgende Darstellung orientiert sich an den einschlägigen Kapiteln der folgenden Standardwerke zur chinesischen Geschichte: Spence, Jonathan D. *Chinas Weg in die Moderne*. Bonn: Lizenzausgabe für die BpB, 2008 sowie Gernet, Jacques. *Die chinesische Welt*. Frankfurt a. M.: Suhrkamp, 1997.

strenger Kontrolle. Dies führte im 17. Jahrhundert zu
ersten Zusammenstößen mit den auf Expansion drängenden europäischen Mächten. Immer mehr ausländische Kaufleute kamen vor allem mit der von Großbritannien zu Zwecken des Außenhandels gegründeten und mit
dem ostindischen Handelsmonopol ausgestatteten Ostin-
dien-Kompanie nach China. Bis Anfang des 19. Jahrhunderts konnte die Qing allerdings durchsetzen, dass der
Handel von ausländischen Kaufleuten auf die südchinesi-
sche Hafenstadt Kanton beschränkt blieb. Der Versuch,
Kaiser Qianlong (1711 – 1799) von der Vorteilhaftigkeit
eines Ausbaus der Handelsbeziehungen zu überzeugen,
schlug fehl. Mit einem folgenreichen Edikt verwarf der
Kaiser im Jahr 1793 das eigennützige Angebot einer von
König George III. entsandten und von einem Lord
Macartney angeführten Handelsmission:

> Wir haben raffinierte Artikel nie geschätzt
> noch haben wir den geringsten Bedarf an
> den Erzeugnissen Eures Landes. Deshalb, o
> König, sind wir hinsichtlich Eures Ersu-
> chens, einen ständigen Vertreter in der
> Hauptstadt zu unterhalten, was nicht in Ein-
> klang mit den Anordnungen des Reichs des
> Himmels steht, entschieden der Ansicht,
> dass auch Euer Land keinen Nutzen davon
> hätte.[1]

Aber auch der Kaiser Chinas konnte den Absatz eines
neuen ausländischen Handelsguts in seinem Reich nicht
kontrollieren. Innerhalb eines Jahrhunderts hatte sich
die Opiumeinfuhr nach China mehr als verzwanzigfacht.[2]
Der anhaltende Versuch der Qing-Regierung, diesen
Handel zu unterbinden, mündete im sogenannten 1. Opiumkrieg (1838 – 1842). Der militärisch überlegenen bri-

---

[1] Vgl. Spence 2008: 157.
[2] Ibid. 165.

tischen Flotte hatten die Streitkräfte der Qing nichts entgegenzusetzen. Hongkong musste an Großbritannien abgetreten werden und mit dem Vertrag von Nanjing (1842) wurde der Zugang zu einer Vielzahl von Hafenstädten entlang der chinesischen Küste, darunter ein Fischerdorf namens Shanghai, festgesetzt. Knapp 50 Jahre nach der gescheiterten Mission Macartney's hatten die Briten nunmehr durch militärtechnische Übermacht das Handelstor nach China gewaltsam geöffnet. Seine Vollendung fand dieses Unterfangen schließlich in einem Zusatzvertrag von 1843, in dem die Briten in Form der sogenannten Meistbegünstigungsklausel durchsetzen konnten, dass alle von da an gewährten Privilegien oder Befreiungen des chinesischen Kaisers gegenüber ausländischen Untertanen oder Bürgern automatisch auch den britischen einzuräumen war. Dass alsbald auch die USA (1843) und Frankreich (1844) ihre eigenen Verträge mit einem auf Beschwichtigung und Bändigung der Ausländer spekulierenden Kaiserhof aushandelten, konnte britische Interessen somit nicht gefährden.

Der Druck ausländischer Mächte verschärfte die wachsenden innenpolitischen Missstände, die in Form von Vetternwirtschaft und Korruption in einem sich aufblähenden Beamtenapparat zu einer Krise innerhalb der chinesischen Wirtschaft führten. Diesen Umstand wusste man seitens der Briten zu nutzen. Ihr Ziel blieb der Ausbau des lukrativen Opiumhandels. Der *Arrow*-Zwischenfall im Jahr 1850, bei dem das in Hongkong registrierte Schmuggelschiff Arrow von chinesischen Behörden und aus Sicht der Briten unrechtmäßig durchsucht worden war, reichte als Vorwand, um einen erneute militärische Auseinandersetzung zu provozieren. Von britischer Seite drang man diesmal militärisch bis in das Nahe der kaiserlichen Hauptstadt Peking liegende Tianjin vor. In dem nach dieser Stadt benannten Vertrag, einem weiteren zentralen Dokument der sogenannten

Ungleichen Verträge, musste der Kaiser der Qing erneut zahlreiche Zugeständnisse machen: Weitere Häfen wurden dem Zugang ausländischer Händler geöffnet, der Opiumhandel legalisiert und das Missionieren der chinesischen Bevölkerung erlaubt. Zudem Bestand man seitens Großbritanniens auf der Errichtung einer ständigen Botschaft in Peking. Als diese Bedingung nicht erfüllt wurde, entschloss man sich kurzer Hand bis nach Beijing vorzurücken, wo man trotz des vehementen, jedoch vergeblichen Widerstands der Qing, die „Dagu Forts" schließlich einnahm und wenig später die kaiserliche Sommerresidenz in Beijing niederbrannte. Mit der „Pekinger Konvention" wurde der Vertrag von Tianjin seitens der Qing-Regierung im Jahr 1860 anerkannt und man willigte gezwungenermaßen ein, einen Teil der auf dem chinesischen Festland gelegenen Kowloon-Halbinsel an Hongkong abzutreten.[1]

Dem Vorbild der anderen imperialistischen Mächte Europas folgend, griff an der nördlichen Grenze des Qing-Reiches auch Russland zunehmend in das Geschehen ein. Bereits 1854 hatte man das nördliche Armur-Ufer annektiert. Im Jahr 1858 folgte die Besetzung der Gebiete von Sikhota-Alin im Süden des Armur-Unterlaufs und im Osten des Ussuri. Mit dem Ziel zwischen Russland und Alaska über die beiden Kontinente Asien und Amerika hinweg eine Front gegen die britische Seefahrtsmacht im Pazifik zu errichten, hatte man im Jahr 1850 Nikolaevsk in Alaska und 1860 Wladiwostok gegründet. Im Vertrag von Aigun (1858) wurde diese Grenzverschiebung zu Gunsten Russlands besiegelt und mit dem bereits erwähnten Vertrag von Tianjin (1858) gelang es Russland letztlich, das erste Mal Teil des Ver-

---

[1] Die Ereignisse zwischen 1856 und 1860 werden oft auch als „2. Opiumkrieg" bezeichnet (*Anm. d. Verf.*).

tragshafensystems zu werden und von der Meistbegünstigungsklausel zu profitieren.[1]

Innenpolitisch verschärfte sich in China die Krise immens. Zum Einbruch imperialistischer Mächte kam die Bildung von Geheimgesellschaften und schließlich offene Rebellionen gegen den Kaiserhof der Mandschu. Letztere hatte ihren Höhepunkt in der Rebellion der Taiping (1851 – 1864), die, nicht nur ihres Ausmaßes wegen, historisch betrachtet als wegweisend für die späteren innenpolitischen Veränderungen im China des 20. Jahrhunderts gesehen werden kann.

Ihr Anführer Hong Xiuquan (1814 – 1864) stammte von einer Bauernfamilie ab, die der damals verachteten Minderheit der Hakka angehörte. Trotz der Bildung, die ihm seine Eltern ermöglichten, war Hong bei dem Versuch, die Leiter der Beamtenkarriere zu erklimmen, an den offiziellen Beamtenprüfungen mehrmals gescheitert. Dies hatte ihn schließlich veranlasst, ein kostengünstigeres Studium in Kanton aufzunehmen, wo er in Kontakt mit christlichen Missionaren kam. Die Lektüre von Broschüren mit biblischen Textstellen dieser Missionare, sowie zwei weitere von Wahnvorstellungen begleitete Fehlversuche, die Beamtenprüfungen doch noch zu meistern, führten dazu, dass er in seinen Visionen eine Offenbarung zu verstehen glaubte. Hong sah sich als die Verkörperung des jüngeren Bruders von Jesus Christus und damit zum Messias berufen. In einer Zeit innenpolitischen Chaos konnte er als charismatischer Redner und Anführer sowie durch die Hilfe ungebildeter aber doch militärtaktisch kluger Berater alsbald eine Gefolgschaft von 20.000 Anhängern gewinnen. Der Rückzugsort dieser stetig wachsenden Bewegung war im sogenannten Distelgebirge, einem schwer zugänglichen Gebiet im Os-

---

[1] Vgl. Paine, Sarah C. M. *Imperial Rivals – China, Russia, and Their Disputed Frontier*. Armonk, NY [u. a.]: M.E. Sharpe, 1996: 66.

ten der südchinesischen Provinz Guangxi. Der Versuch der Qing-Regierung diese religiöse und militärisch zunehmend ausgebildete Bewegung niederzuschlagen scheiterte. Im Jahr 1850 krönte sich Hong Xiuquan schließlich zum König des „Himmlischen Reichs des großen Friedens" (*Taiping Tianguo* 太平天國).

Im ideologischen Mittelpunkt dieses neuen Reichs stand die Schaffung einer christlichen Gemeinschaft und die Überzeugung, dass die Mandschu Dämonen waren, die „[...] den wahren Gott bekämpften, einen Gott, der in China gegenwärtig gewesen war, bis die Kräfte des Konfuzianismus die Chinesen vom rechten Pfad der Tugend abgebracht hatten."[1]

Trotz ihres religiösen Fanatismus waren die Taiping auf gesellschaftlicher Ebene bahnbrechend für ihre Zeit. Zwar war strikte Geschlechtertrennung wesentlicher Bestandteil ihres Weltbilds, doch stellten sie die Frau erstmals auf eine gleiche Ebene mit den Männern. Das Tragen von Zöpfen, seines Zeichens eine, von den Qing eingeführte Pflicht für jeden Han-chinesischen Mann, war ebenso untersagt, wie das auf einem damaligen Schönheitsideal beruhenden Einbinden der weiblichen Füße. Hinzu kam ein Verbot des Konsums von Alkohol, Tabak und Opium sowie der Prostitution. Ihrem angestrebten Ziel, [...] dass nirgendwo Ungleichheit herrsche und niemand schlecht genährt oder gekleidet sei [...][2], versuchten sie in Form eines radikal veränderten Bodenrechts umzusetzen. Ausgehend von der Familiengröße erhielten weibliche und männliche Familienmitglieder gleiche Anteile an dem zu bewirtschaftenden Boden. Der Ertrag wurde, nach Abzug eines Anteils für den Eigenbedarf,

---

[1] Spence, 2008: 212.

[2] Franz, Michael und Chang Chung-li. *The Taiping Rebellion: History and Documents (parts I to IV)*. Seattle: University of Washington Press, 1971: 314 (Bd. 3).

Teil des gemeinschaftlichen Besitzes, über den sogenannte „Wachmänner" Buch führten.[1]

Die stetig wachsende Bewegung eroberte im Jahr 1853
schließlich die etwa 300 Kilometer westlich von Shanghai
gelegene ehemalige Kaiserhauptstadt Nanjing, wo sie bis
zu ihrer endgültigen Zerschlagung im Jahr 1864 ihren
Hauptsitz hatte. Diese unmittelbare Nähe zu Shanghai,
mittlerweile ein blühendes Zentrum des lukrativen Opiumhandels, führte zusammen mit dem Opium-Hass der
Taiping allerdings dazu, dass eine Allianz aus Streitkräf-
ten der Qing und einer ausländischen Söldnerarmee, der
sogenannten „Ever Victorious Army", die Taiping zunehmend erfolgreich bekämpfte. Der Tod ihres Anführers
im Jahr 1864 und die Erstürmung Nanjings durch die
Truppen der Qing besiegelten schließlich das Ende ihrer
Herrschaft.

In den westlichen Metropolen blieben diese Vorgänge
nicht unbeachtet. Wie in der europäischen Auseinandersetzung mit China aber nicht unüblich, schwankte das
Meinungsbild bemerkenswert. In den 1820er Jahren
zeichnete der für seine Bedeutung hinsichtlich der Entwicklung des Revolutionsbegriffs bereits genannte Hegel
in seinen *Vorlesungen über die Philosophie der Geschichte* folgendes China-Bild:

> Das Ausgezeichnete desselben [der Charak-
> ter des chinesischen Volks, *Anm. d. Verf.*]
> ist, daß alles, was zum Geist gehört, freie
> Sittlichkeit, Moralität, Gemüt, innere Religi-
> on, Wissenschaft und eigentliche Kunst, ent-
> fernt ist. Der Kaiser spricht immer mit Ma-
> jestät und väterlicher Güte und Zartheit zum
> Volke, das jedoch nur das schlechteste
> Selbstgefühl über sich selber hat und nur
> geboren zu sein glaubt, den Wagen der

---

[1] Vgl. Spence 2008: 215f.

Macht der kaiserlichen Majestät zu ziehen.
Die Last, die es zu Boden drückt, scheint ihm
sein notwendiges Schicksal zu sein, und es
ist ihm nicht schrecklich, sich als Sklaven zu
verkaufen und das saure Brot der Knechtschaft zu essen.[1]

Während bei Hegel die Menschen Chinas das „nicht
zu Unterschieden gelangte Selbstgefühl"[2] noch missen,
sieht nur 20 Jahre später sein „bekanntlich bester Schü-
ler"[3] die Hintergründe der Taiping-Rebellion in einer
wirtschaftlichen Krise und China wird plötzlich der benö-
tigte Ausgangspunkt des überfälligen Ausbruchs der Revolution in Europa:

> [D]a der britische Handel den größeren Teil
> des normalen Wirtschaftszyklus bereits
> durchlaufen hat, darf man getrost voraussa-
> gen, daß die chinesische Revolution den
> Funken in das übervolle Pulverfaß des ge-
> genwärtigen industriellen Systems schleu-
> dern und die seit langem heranreifende all-
> gemeine Krise zum Ausbruch bringen wird,
> der dann beim Übergreifen auf das Ausland
> politische Revolutionen auf dem Kontinent
> unmittelbar folgen werden. Es wäre ein
> merkwürdiges Schauspiel, wenn China Un-
> ruhe in die westliche Welt brächte, während
> die Westmächte auf englischen, französi-
> schen und amerikanischen Kriegsschiffen
> "Ruhe und Ordnung" nach Schanghai,
> Nanking und den Mündungen des Großen
> Kanals befördern.[4]

---

[1] Hegel, 2017: 174.

[2] Ibid. 174.

[3] Vgl. Arendt 1977:44.

[4] Marx, Karl. „Die Revolution in China und Europa." In: Marx/ Engels: *Werke (MEW) – Band 9*. Berlin:Dietz Verlag,1960: 100.

Doch weder Hegel noch Marx schenkten dem Land ausführliche Beachtung, das alsbald tiefgreifend die Geschichte Asiens verändern sollte. Während die Qing-Regierung im Inneren mit Krisen gewaltigen Ausmaßes konfrontiert war und durch die imperialistischen Mächte immer stärker die Kontrolle verlor, hatte Japan sich im Zuge der Meiji-Restauration in kürzester Zeit industrialisiert und militarisiert. Der inneren primär technischen Modernisierung folgte alsbald der Drang, auch die außenpolitische Einflusssphäre zu erweitern. Auch in China kam es ab Mitte des 19. Jahrhunderts zu einer vom kaiserlichen Hof gesteuerten ersten Restaurationsbewegung. Die Tongzhi-Restauration (1860 – 1874), die ihren Namen dem damals nur fünf Jahre alten Kaiser verdankte, sah ausgehend von der Überzeugung der moralischen Überlegenheit Chinas eine strenge Umsetzung konfuzianischer Lehren vor, zielte aber gleichzeitig auf die wirtschaftliche, technologische und militärische Industrialisierung mit Hilfe der westlichen Wissenschaften ab. Der damit verbundene und notwendige Wissensaustausch führte im späten 19. Jahrhundert dazu, dass durch das Studium japanischer Wissenschaftstexte auch das Konzept des *geming* wie bereits angedeutet, seinen Weg wieder zurück in die Gelehrtenkreise Chinas fand.

KAKUMEI – GEMING, GEMING – REVOLUTION

Der Verleger, Schriftsteller und Übersetzer Wang Tao (1828 – 1897) gilt als einer der ersten Intellektuellen, der ausgehend von der Übersetzung japansicher Geschichtswerke maßgeblich zur Neubewertung des Begriffs *geming* am Ende des 19. Jahrhunderts beitrug.[1] In seinem im Jahr 1890 veröffentlichten Buch „Ein überarbeitetes Werk zur französischen Geschichte" (*Chongding Faguo zhilue*) setzt er *geming* erstmals dem europäischen Begriff der Revolution gleich. Wie eine Analyse einschlägiger Textbeispiele dargestellt hat, übernahm Wang an entscheidenden Stellen die Werke japanischer Historiker nahezu wortwörtlich. *Kakumei* bzw. *geming* werden hier wie bei den japanischen Texten für den allgemeinen historischen Verlauf der Französischen Revolution (nunmehr als *Faguo geming* bezeichnet) und im Zusammenhang mit der Restauration der Bourbonenherrschaft benutzt.[2] Auch wenn das Verständnis eher dem des europäischen hinsichtlich der *Glorious Revolution* zu gleichen scheint, schuf die begriffliche Rezeption der Französischen Revolution in China durch die Werke Wang Taos dennoch eine Ambivalenz zwischen der Berechtigung gesellschaftlicher Rebellion einerseits und Absolutheit der Herrschaftslegitimation andererseits.[3] Die traditio-

---

[1] Wang Tao, der aufgrund von Kontakten zur Taiping eine Zeit lang aus China fliehen musste, gelangte durch seine Zusammenarbeit mit dem berühmten Sinologen James Legge im Rahmen der Übersetzung der konfuzianischen Klassiker zu Berühmtheit; (Anm. d. Verf.).

[2] Vgl. Chen 1990: 361f.

[3] Ibid. 362.

nelle Vorstellung von *geming* wurde um die historische Bedeutung der Französischen Revolution erweitert.

Zu der Zeit, als man in den Gelehrtenkreisen also über die Bedeutung des *geming* nachzudenken begann, wurde der chinesischen Gesellschaft durch die Niederlage im Japanisch-Chinesischen Krieg (1894 – 1895) einmal mehr die technologische und militärische Unterlegenheit des chinesischen Kaiserreichs vor Augen geführt. Der in diesem Zusammenhang geschlossene Vertrag von Shimonoseki (1895), der neben der territorialen Abtretung chinesischer Gebiete, darunter Taiwan, auch die Ausweitung der Meistbegünstigten-Klausel auf Japan vorsah, hatte innenpolitisch weitreichende Folgen. Auf Basis der Idee der Selbststärkung drängte nun die konfuzianische Gelehrtenschicht auf tiefgreifenden Reformen. Geleitet von der *Ti-yong*-Idee (體用)[1], in deren Zentrum die Vorstellung von der Reform Chinas unter dem Motto „Chinas Lehren als Substanz, westliche Lehren in der Praxis" stand, unternahm Kaiser Guangxu (1871 – 1908) im Jahr 1898 einmal mehr den Versuch, das Reich grundlegend zu reformieren. Trotz ihrer kurzen Verweildauer, die maßgeblich auf dem Widerstand des konservativen Bürokratieapparats und einer Intrige am Kaiserhof beruhte, entzündete die sogenannte Hundert-Tage-Reform entscheidende gesellschaftspolitische Debatte. Zwei Gelehrte kristallisierten sich alsbald zu wichtigen Figuren innerhalb dieser Reformbewegung heraus. Auf der einen Seite standen die um Reformation bemühten Gelehrtenkreise um Kang Youwei (1858 – 1927) und Liang Qichao (1873 – 1929). Ihnen gegenüber bezog eine zunehmend wachsende Gruppe von zumeist jungen Chinesen in der Öffentlichkeit Stellung, die trotz ihrer Herkunft aus zumeist ärmlichen Verhältnissen, einen Grad an Bildung nicht

---

[1] Das erste Zeichen bedeutet „Substanz", das zweite „Nutzen"; (Anm. d. Verf.).

zuletzt durch das Studium im Ausland erworben hatten. Der wichtigste Vertreter dieser Gruppe sollte der zukünftige erste Präsident der Republik Chinas, Dr. Sun Yat-sen[1] (1866 – 1925), werden.

Diese Spaltung spiegelte alsbald sich auch im konzeptionellen Verständnis des *geming* wider, das durch die von Yan Fu (1854 – 1921) übersetzten und 1898 veröffentlichten Werke des Sozialdarwinismus von Herbert Spencer eine weitere, deterministischere und nationalistischere Wendung nahm.[2]

Während Kang Youwei in seinen Ausführungen den Begriff der *geming* entweder vermied, da er in ihr einen Rückschritt im Modernisierungsprozess Chinas befürchtete, oder ausgehend von seinem Verständnis der Meiji-Restauration den traditionellen Charakter der *geming* betonte, sahen andere Gelehrte ihre Bedeutung zunehmend differenziert.[3]

Liang Qichao, der im Zuge der gescheiterten Hundert-Tage-Reform nach Japan geflohen war und damit seine Ansichten hinsichtlich der Mandschu-Regierung grundlegend geändert hatte, übte den wohl größten Einfluss auf die weitere konzeptionelle Entwicklung des *geming* aus. In seinem 1904 erschienen Werk „Eine Studie zur Revolution in der chinesischen Geschichte" (*Zhongguo lishi shang geming zhi yanjiu*) prägte Liang die Vorstellung von zwei Arten von Revolution. Revolutionen im weiteren Sinne, so Liang, streben gesellschaftliche und politische Veränderungen durch friedliche oder gewalttätige Mittel an und entspringen der westlichen Revolutionserfahrun-

---

[1] Der Name Sun Yat-sen ist eine auf Basis des Kantonesischen romanisierte Form des Namens Sun Yixian; (Anm. d. Verf.).

[2] Vgl. Leese, Daniel. „,Revolution': Conceptualizing political and social change in the late Qing Dynasty." In: *Orient Extremus* 51 (2012): 45f.

[3] Ibid. 36.

gen, die die Menschheit in die Moderne brachte. Ihr entgegen steht die Revolution im engeren Sinne, die durch spezifische Maßnahmen militärischer Art auf den Sturz einer Regierung abzielen. Ihren Ausdruck verortet er in den Bauernrebellionen innerhalb der chinesischen Geschichte, deren Charakter er als rückständig, selbstdienlich und gewalttätig brandmarkt.[1] Liang Qichao wurde letztlich ausschlaggebend dafür, dass dem Verständnis um den Begriff *geming* die umfassende Bedeutung des europäisch-zeitgenössischen Verständnisses der Revolution zuteilwurde.[2]

Zu Beginn des 20. Jahrhunderts wurde *geming* mit der Vorstellung einer historischen Notwendigkeit aufgeladen, die von Fragen gesellschaftlicher Gerechtigkeit bis hin zum offenen Aufruf, die Mandschu-Herrschaft zu stürzen, reichte.[3] Mit der Veröffentlichung des Pamphlets „Die Revolutionäre Armee" (*geming jun*) etablierte sich der Begriff der *geming* auch im alltäglichen gesellschaftlichen Diskurs vollends und wurde mit nationalistischen Elementen besetzt. In diesem im Jahr 1903 von dem 18-jährigen Zou Rong verfassten Text, dessen Titel auf ein gleichnamiges Werk Liang Qichaos zurückzuführen ist, rief der Autor in einer extremen und nicht zuletzt von sozialdarwinistischen Vorstellungen geprägten Sprache seine „Landsleute" dazu auf, das Joch der Sklaverei abzustreifen und die Mandschu endgültig zu stürzen. Dass dieses Traktat sich nicht nur innerhalb Chinas sondern auch über die Landesgrenzen hinweg in den chinesischen Gemeinschaften verbreitete, war nicht zuletzt auf den bereits erwähnten Sun Yat-sen zurückzuführen. Der im Jahr 1866 als Sohn einer armen Bauernfamilie in Kanton geborene Sun hatte nach dem Besuch einer Missionars-

---

[1] Vgl. Chen 1999: 357f.
[2] Vgl. Leese 2012: 45
[3] Vgl. Chen 1999: 355.

schule in Hongkong Medizin studiert und aufgrund beruflicher Zurückweisung schließlich eine Geheimgesellschaft mit dem Namen „Gesellschaft zur Widerbelebung Chinas" gegründet. Das Ziel war der Sturz der Mandschu und die Etablierung einer republikanischen Regierungsform. Nach einem gescheiterten Putsch-Versuch im Jahr 1895 war Sun Yat-sen nach Japan geflohen, wo folgendes Ereignis ihn entscheidend prägen sollte:

> Als wir in Kobe ankamen, kauften wir eine Zeitung um zu sehen was los war. Wir sprachen damals zwar kein Japanisch, erkannten aber doch ein paar chinesische Schriftzeichen und erschlossen ihre grundlegende Bedeutung. Plötzlich sprangen uns zu unserem größten Erstaunen die Zeichen ‚Sun Yixian von der Revolutionären Partei Chinas' vor unsere Augen. Bedingt durch unser damaliges Verständnis glaubten wir, dass nur eine Beanspruchung des Kaisertitels als Revolution bezeichnet werde und unsere Bewegung lediglich als Rebellion gelte. Von dem Augenblick an, da wir diese Zeitung gesehen hatten, war uns die Vorstellung dieser drei Zeichen ‚*geming dang*' [revolutionäre Partei; Anm. d. Verf.] in unserem Gedächtnis verhaftet.[1]

Dieses Ereignis, das in den Memoiren eines der engsten Vertrauten Sun Yat-sens aufgezeichnet ist und, wie festgestellt wurde, mangels eines entsprechenden Zeitungsartikels sich so nicht bzw. erst später ereignet haben kann, zeigt dennoch eindrücklich die Veränderung, die der Begriff *geming* auf den Berufsrevolutionär ausübte.

---

[1] Chen Shaobai. Xingzhonghui geming shiyao (yi xu). In *Longhai xunkan* 44, 1935: 34.

Indem die Rezeption der *geming* zudem in Japan stattfand, war sie für Sun Yat-sen aus dem traditionellen Verständnis gelöst und konnte sich in einem semantisch losgelösten Umfeld mit dem Konzept einer Massenbewegung und dem historischen Fortschritt verbinden.[1]

Wie Daniel Leese gezeigt hat, kam es in den Jahren 1898 bis 1903 zu einer Polarisierung innerhalb der Debatte um die Begrifflichkeit der *geming*. Die Grenze verlief letztlich entlang der Bildungsebene und des sozialen Status ihrer Teilnehmer, wobei sich diejenigen niederen sozialen Status zunehmend radikalisierten.[2] Ab 1907 hatte das nunmehr überwiegend mit westlichen Ideen besetzte *geming* die endgültige Verwandlung erfahren. Im Zentrum stand nun nicht mehr die politische, sondern die soziale Revolution. Mit der Xinhai-Revolution, die im Jahr 1911 die Qing-Dynastie schlussendlich zum Einsturz brachte und das über zweitausendjährige Kaiserreich in China beendete, setzte sich, wenn auch nur für sehr kurze Zeit, Sun Yat-sen an die Spitze der neuen Republik China. Zu diesem Zeitpunkt spielte die semantische Debatte um die Bedeutung der *geming* jedoch keine Rolle mehr.[3] *Geming* war verschmolzen mit den Revolutionstheorien, die weltweit das beginnende 20. Jahrhundert kennzeichneten.

Zu neuer Bedeutung gelangte die Vorstellung der Revolution erst 1919 mit Beginn der „Bewegung des Vierten Mai". Als Reaktion auf die Beschlüsse des Versailler Friedenvertrags und der damit verbundenen Abtretung der ehemals deutschen Kolonie Shandong an Japan war diese von Studenten und Intellektuellen angeführte Bewegung Ausdruck der Enttäuschung über die Entwicklungen innerhalb der Republik China seit ihrer Errichtung. Das

---

[1] Vgl. Chen 1999: 364.
[2] Vgl. Leese 2012: 38.
[3] Ibid. 58.

Hauptanliegen der Vierten-Mai-Bewegung war daher die die Abschaffung der konfuzianischen Traditionen sowie der Wunsch nach einer grundlegenden kulturellen Veränderung Chinas auf Basis von Wissenschaft und Demokratie. In diese Zeit fiel auch die Gründung der Kommunistischen Partei Chinas und der Beginn des bald folgenden Aufstiegs Mao Zedongs. Für das revolutionäre Jahrhundert Chinas sollte Mao entscheidend werden, die Revolution ein Machtinstrument und Maos Verständnis von der Revolution sich in den folgenden Jahrzehnten auf zwei zentrale Bestandteile reduzieren: Gewalt und Terror. Dies zeigte er schon sehr früh in seiner politischen Karriere, als er bereits Mitte der 1920er Jahre feststellte, dass eine „[...] Revolution kein Gastmahl [sei], kein Bildermalen oder Deckchensticken[sic!]. Es ist notwendig, eine [...] Schreckensherrschaft in jedem Bezirk zu errichten."[1] Und einmal mehr unterstrich er diesen Anspruch im Jahr 1938 als er einem jeden Kommunisten seine Wahrheit begreifen lies: „Die Revolution kommt aus den Gewehrläufen."[2] Mit der Ausrufung des Volksrepublik China am 1. Oktober 1949 war es Mao Zedong dementsprechend gelungen, nicht nur die Einflussnahme ausländischer Mächte in China nach mehr als 100 Jahren zu beenden, sondern ebenso den Herrschaftsanspruch der Kommunistischen Partei Chinas endgültig zu manifestieren. Die „Revolution", so schien es für ihre Anhänger, war geglückt. Doch beendet war sie damit nicht. Vielmehr folgte in Form des „Großen Sprung nach vorn" (1958 – 1961) der Versuch, einer weiteren nunmehr wirtschaftlichen Revolution. Das Ziel, China in kürzester Zeit mit auf dem

---

[1] Zitiert in Chang Jung und Halliday, Jon: Mao. München: Karl Blessing Verlag, 2005: 65.

[2] Zedong, Mao. *Worte des Vorsitzenden*. Paderborn: Voltmedia, 2005: 30; (Probleme des Krieges und der Strategie,6.November 1938, Ausgewählte Werde Mao Tsetungs Bd. 2).

Reisbrett geplanten, unerfüllbaren Produktionsvorgaben zu industrialisieren, scheiterte. Unter der Vorherrschaft Mao Zedongs wurde die Revolution eine ständige und was wirtschaftlich nicht geglückt war, sollte sich wenig später und umso dramatischer auf gesellschaftlicher Ebene wiederholen. Der Ikonoklasmus der Kulturrevolution, die von 1966 bis 1976 die chinesische Gesellschaft bis in ihre Grundfeste erschütterte und in erster Linie dem Machterhalt des Parteivorsitzenden Mao diente, hatte katastrophale Folgen für China. Nur der Tod Mao Zedongs und die Übernahme der Macht durch Deng Xiaoping im Jahr 1978 konnte das Land schließlich auf einen Weg des gesellschaftlichen, aber vor allem wirtschaftlichen Wiederaufbaus führen. In diesem Zusammenhang scheint es kaum verwunderlich, dass der Begriff des *geming* seit Beginn der Reform-und Öffnungspolitik durch Ausdrücke wie Entwicklung (*fazhan* 发展) und Reform (*gaige* 改革) ersetzt wurde, stand *geming* doch stellvertretend für eine Periode voller Chaos und Brutalität. Zwar blieb der Begriff durch die 1980er Jahre hinweg Diskussionsthema seitens chinesischer Intellektueller, die diesen Begriff auf Basis philosophischer und vor allem marxistischer Betrachtungen neu einzuordnen suchten, doch blieb die Revolution ein Warnschild gegenüber der Bevölkerung. Ihr vorläufiges Ende fand sie schließlich 1989 mit den Studentenprotesten auf dem Platz des Himmlischen Friedens. Dem marxistischen Fachjargon entsprechend, stellte die Partei die protestierenden Studenten zwar offiziell als konterrevolutionäre Elemente dar, gleichzeitig propagierte man aber die Warnung vor den Gefahren neuer, der Kulturrevolution ähnlicher Zustände. Die blutige Niederschlagung dieser Proteste, die den Machtanspruch der nunmehr auf Wirtschaftswachstum und soziale Stabilität setzenden Kommunistischen Partei Chinas vollends manifestierte, beendete das lange revolutionäre Jahrhundert Chinas. Ihre Kinder jedoch, hatte die Revolution in diesem Moment verschlungen.

ABSCHLIESSENDE GEDANKEN

Kein Historiker, so ist bei Hannah Arendt zu lesen, wird in der Lage sein, die Geschichte des 20. Jahrhunderts zu erzählen, ohne diese entlang der „Fäden der Revolutionen" zu knüpfen. Diese Geschichte, so merkt sie weiter an, kann hingegen noch nicht erzählt werden, liegt ihr Ende doch nach wie vor versteckt im Nebel der Zukunft. Dieser Auffassung entsprechend, war es die Intention des vorliegenden Aufsatzes, einen dieser Fäden aufzunehmen und entlang einer begrifflichen Spurensuche die Ursprünge des Revolutionsbegriffs in Chinas Geschichte zu verorten. Dabei wurde klar, dass die Vorstellung der „Revolution" sowohl in Europa als auch in China seit jeher einer stetigen Wandelbarkeit unterlegen hat, die nicht zuletzt in der menschlichen Erfahrung historischer Ereignisse begründet liegt. Eine für die chinesische Gesellschaft entscheidende Erfahrung war zweifelsohne die zunehmende Ankunft ausländischer Seefahrer und Missionare, die neben Handelswaren und Opium auch neue Weltanschauungen und unbekanntes Wissen mit sich brachten. Ersteres wurde aufgedrängt, letzteres sich zum eigenen Vorteil zu Nutze gemacht. Gleichzeitig führte dieser Kontakt erst langsam und mit Zunahme der Dichte geschichtlicher Ereignisse immer schneller dazu, dass ein einst sich isolierendes Land zunehmend in den Nexus weltgeschichtlicher Ereignisse hineingezogen wurde. Das Verständnis und die Debatte hinsichtlich der Termini *geming, kakumei* und Revolution führen dies deutlich vor und formen letztlich die Grundlage für Chinas revolutionäres Jahrhundert, das von der Hundert-Tage-Reform bis zur Niederschlagung der Studentenproteste 1989 definiert werden kann.

Auch wenn sich der Nebel seit jenen Ereignissen weiter gelichtet hat, so nehmen auch in China weiterhin tiefgreifende Veränderungen ihren Lauf. Erst kürzlich wurde das Denken des gegenwärtigen Staatsführers Xi Jinping über den Sozialismus mit chinesischen Kennzeichen für eine neue Ära in die Statuten der kommunistischen Partei aufgenommen. Gleichzeitig treibt die Regierung eine Digitalisierung des gesellschaftlichen Lebens voran, die neben umfassender elektronischer Gesichtserkennung auch ein Punktesystem entwickelt hat, mit dem sich gesellschaftliches Verhalten steuern und kontrollieren lassen soll. Die digitale Revolution, so hat es zumindest den Anschein, soll dieses Mal von den Machthabern ausgehen. Im Zusammenhang mit China scheinen diese Vorgänge an dieser Stelle kaum mehr überraschen zu können, erinnern sie doch allzu sehr an das traditionelle Verständnis der *geming*. Was jedoch noch immer überrascht (und manch Beobachter sogar verängstigt) ist die Tatsache, dass China zweifellos aus wirtschaftlicher, geopolitischer und technologischer Sicht einen Umschwung unter Umkehrung der Vorzeichen in kürzester Zeit vollzogen hat. Während die Auswirkungen dieser Entwicklungen abzuwarten bleiben, eröffnen sie dennoch einen möglichen Anknüpfungspunkt für ein Verständnis der Revolution selbst. Nicht allzu selten wurde gleich einer eschatologischen Vorstellung in sie das Bild einer besseren Zukunft projiziert während ihre Steuermänner in ihr eine dem Fortschritt entspringende Epigenese bahnbrechender Neuanfänge sahen. Dies darf aber nicht darüber hinwegtäuschen, dass die Revolution sich sowohl auf etwas zeitlich Vergangenes, Referenzierendes, bezieht, als auch auf eine zukünftige, anzustrebende Veränderung, abzielt. Einmal freigesetzt, können die Kräfte der Revolution

somit nur in der Form wirken wie man sich ihrer be-
mächtigt. In dem Moment jedoch in dem der Zweck die
Mittel zu heiligen beginnt und die Freiheit der Notwenig-
keit untergeordnet wird, kann sie nicht anders, als an
ihrer selbst zu zerbrechen . . . dies zumindest bleibt die
Lehre der Revolutionen in der Geschichte des 20.
Jahrhunderts.

BIBLIOGRAPHIE

Arendt, Hannah: *On Revolution.* New York: Penguin
Books, 1977.

Chang Jung und Halliday, Jon: *Mao.* München: Karl
Blessing Verlag, 2005.

Chen, Jianhua: „Chinese 'Revolution' in the Syntax of
World Revolution." In: Liu, Lydia H. (Hrsg): *Tokens
of Exchange - The problem of translation in global
circulations.* Durham [u.a.]: Duke University Press,
1999: 355-374.

Chen Shaobai 陈少白. „Xingzhonghui geming shiyao (yi
xu)" 興中會革命史要（一續）. *Longhai xunkan* 44,
1935: 31-41.

Ess, Hans van. *Der Konfuzianismus.* München: Verlag
C.H. Beck, 2003.

Gernet, Jacques. *Die chinesische Welt.* Frankfurt a. M.:
Suhrkamp, 1997.

Goldstone, Jack. „Toward a Fourth Generation of Revolutionary Theory." In: *Annual Review of Political Science* (Vol. 4), 2001: 139-187.

Griewank, Karl. *Der neuzeitliche Revolutionsbegriff –
Entstehung und Entwicklung.* Hamburg: Europäische
Verlagsanstalt, 1992.

Hegel, Georg Wilhelm Friedrich: *Phänomenologie des Geistes*. Frankfurt am Main: Suhrkamp, 2014.

Ders. *Vorlesungen über die Philosophie der Geschichte. Frankfurt am Main: Suhrkamp, 2017.*

Leese, Daniel. „Revolution': Conceptualizing political and social change in the late Qing Dynasty." In: *Orient Extremus 51* (2012): 25-61.

Zedong, Mao. *Worte des Vorsitzenden*. Paderborn: Voltmedia, 2005.

Marx, Karl. „Die Revolution in China und Europa." In: Marx/Engels: *Werke (MEW) – Band 9*. Berlin: Dietz Verlag, 1960: 100.

Michelet, Jules. *Geschichte der Französischen Revolution–Band 1*. Frankfurt a. M.: Zweitausendeins, 2009.

Paine, Sarah C. M. *Imperial Rivals – China, Russia, and Their Disputed Frontier*. Armonk, NY [u. a.]: M.E. Sharpe: 1996.

Pospelow, Peter (et al.): *W. I. Lenin – Biographie*. Berlin: Dietz Verlag,1971.

Wang Hui, *The End of the Revolution – China and the Limits of Modernity*. London (et al.): Verso, 2009.

Wilhelm, Richard. *I Ging-Das Buch der Wandlungen*. Deutscher Taschenbuch Verlag, 2008.

Spence, Jonathan, D. *Chinas Weg in die Moderne*. Bonn: Lizenzausgabe für die Bundeszentrale für politische Bildung, 2008.

EREIGNISSE

Daniel Mirbeth

LUDWIG XVI. UND NIKOLAUS II.
SICHTBARES UND UNSICHTBARES VERSCHWINDEN DER MONARCHIE

Will man 100 Jahre nach der Oktoberrevolution den Abstand zwischen ihr und der Gegenwart ermessen, so könnte man diese Zeitspanne in Beziehung setzen zu den etwas mehr als 100 Jahren, die zwischen der französischen und der russischen Revolution liegen. Und dies mag vielleicht am besten gelingen, wenn man sich auf einen einzelnen Aspekt konzentriert, der zugleich die Parallelen wie die Brüche zwischen diesen beiden Ereignissen deutlich werden lässt. Beide Revolutionen richteten sich eindeutig gegen die Monarchie – aber eine klare Vorstellung davon, wie man mit dem Monarchen nach dem Ende der Monarchie verfahren sollte, hatte man im Vorhinein noch nicht. Warum sich die Revolutionäre in Frankreich 1792 wie 1918 in Russland dazu entschlossen, den Monarchen zu töten, lässt sich vielleicht am ehesten durch eine Analyse des Zusammenhanges von Politik und ihrer Sichtbarkeit beantworten. Der Umgang mit dem entmachteten Monarchen zeigt die historische Konstellation politischer Sichtbarkeit besonders deutlich – und lässt erahnen, dass sich trotz der offensichtlichen Parallelen eine fundamentale Veränderung vollzogen hatte.

Dabei ist die herausragende geschichtliche Bedeutung der Hinrichtung des französischen Königs unstrittig; sie stellt etwa Roger Caillois zufolge „wahrhaft den Scheitelpunkt einer Kurve dar und liefert die kompakteste und umfassendste Illustration der gesamten Krise. Kein anderes Bild hält sie so dicht und so lebhaft im Gedächtnis.“ [1] Und auch Albert Camus hält den Tod Ludwigs XVI. zwar nicht für einen Höhe-, wohl aber für einen Wendepunkt der modernen Geschichte.[2] Denn hier zeigt sich in zusammengedrängter Form das Ende des alten Systems und seines Selbstverständnisses: Der unangreifbare Monarch stürzt bei der erstbesten Berührung vom Thron, sein königlicher Hals setzt dem Fallbeil nicht mehr Widerstand entgegen als der eines jeden anderen Menschen: Auch *sein* Kopf fällt in Sekundenschnelle. Man staunt, wie sich die Monarchie so lange hatte behaupten können. Aber was dem heutigen aufgeklärten Betrachter so selbstverständlich scheinen will, war es 1793 nicht: Denn dieser Königsmord zielte nicht bloß darauf ab, einen König durch einen anderen zu ersetzen,[3] sondern sollte die Abschaffung der Monarchie vollenden – und dazu reichte es nicht aus, nur den physischen Körper des Königs zu töten.

---

[1] Caillois, Roger. Soziologie des Henkers. [1939] In: Hollier, Denis (Hrsg.). Das Collège de Sociologie 1937-1939. Berlin, 2012.. S. 487.

[2] Vgl. Camus, Albert. Der Mensch in der Revolte. [1951] Reinbek bei Hamburg, 1953. S. 130.

[3] Vgl. Ebd., S. 121 und Walzer, Michael. Regicide and Revolution. [1974] In: Ders. (Hrsg.). Regicide and Revolution. Speeches at the Trial of Louis XVI. New York und Oxford, 1992. S. 2ff.

I. Die zwei Körper des Königs

Der rein physische Tod eines Herrschers war ja keineswegs nur ein politisches, erst durch die Revolution entstandenes Phänomen, sondern auch ein natürliches: Ein bereits länger als eine Generation bestehendes Gesellschaftssystem besitzt notwendigerweise Mechanismen damit umzugehen – ansonsten hätte es sich ja bereits nach dem Tod seines Gründers aufgelöst. Jede charismatische, auf die persönliche Autorität des Herrschers gestützte Herrschaft kann dessen Tod nur überdauern, wenn sie ein Verfahren der geregelten Nachfolge etabliert.[1] Der Gehorsam der Untertanen gegenüber dem alalten Herrscher muss auf seinen Nachfolger übertragen werden. Diese Ablösung der Legitimität von ihrem Träger leistete das monarchische Europa des Mittelalters durch ein Repertoire von Praktiken, Normen und quasireligiösen Überzeugungen, die man mit dem Titel der bekannten Studie von Ernst Kantorowicz als Lehre von den *Zwei Körpern des Königs* bezeichnen kann:

Ihr zufolge besitzt der König einen natürlichen, sterblichen Körper wie ein gewöhnlicher Mensch (*body natural*) und zusätzlich einen unsterblichen zweiten Körper (*body politic*). Mag der natürliche Körper des Königs auch unzurechnungsfähig sein, weil er bereits minderjährig auf den Thron gelangt oder dem Wahnsinn verfallen war, mochte er krank oder verwundet sein oder aus anderem Grund in der Ausübung seiner Herrschaft beschränkt sein: Der zweite, metaphysische Körper wiegt

---

[1] Die sogenannte *Veralltäglichung des Charisma*: Vgl. Weber, Max. Wirtschaft und Gesellschaft. [1921/22] Tübingen, 1922. S. 144ff.

alle Unzulänglichkeiten auf und überdauert auch, wenn
der natürliche Körper stirbt – um sich schließlich wieder
in dessen Nachfolger zu inkarnieren.[1] So wurde es möglich, je nach politischer Opportunität eine Handlung des
Königs entweder ihm persönlich oder dem Amt zuzu-
schreiben – und vor allem die Stabilität der Herrschaft
über den Tod des Königs hinaus zu gewährleisten. Wenn
etwa der Erlass eines Gesetzes als Tat des *body politic*
angesehen wurde, so hatte dieses auch Bestand, wenn der
body natural dieses Königs bereits tot war. Denn sein
Nachfolger verschaffte den Ansprüchen des Thrones, weil
er sich als Vertreter desselben *body politic* verstand und
auch von seinen Untertanen als solcher verstanden wurde, weiterhin Geltung.

Zwar wurde diese Vorstellung von den zwei Körpern
des Königs nur in England systematisiert und explizit
formuliert. Dennoch finden sich doch Entsprechungen zu
dieser in der Tudorzeit von englischen Kronjuristen ent-
wickelten Theorie. Das französische Äquivalent bestand
allerdings nicht auf theoretischer, sondern auf praktischer Ebene. Hier kam der ungewöhnliche Doppelstatus
des Herrschers nicht durch juristische Fiktion, sondern
einen elaborierten rituellen Symbolismus zum Ausdruck.[2]
Die Vermittlung zwischen dem König als sterblichem
Wesen und dem König als unsterblicher Institution – also
seinen zwei Körpern – fand hier bei politischen Ritualen
statt: Bei der Krönung, dem königlichen Begräbnis, dem
entrée und dem *lit de justice*.[3] Das Krönungszeremoniell
etwa diente als Übergangsritus, der den natürlichen Kör-

---

[1] Vgl. Kantorowicz. Die zwei Körper des Königs. Eine Studie zur
politischen Theologie des Mittelalters. [1957] München, 1990.
[2] Vgl. Giesey, Ralph E. Models of Rulership in French Royal Ceremonial. [1981] In: Wilentz, Sean (Hrsg.). Rites of Power. Symbolism,
Ritual, and Politics Since the Middle Ages. Philadelphia, 1985. S. 51.
[3] Vgl. ebd., S. 42.

per des Thronfolgers mit dem überzeitlichen Körper verband und so eine neue Einheit der zwei Körper stiftete. Hier war das Metaphysische vergegenständlicht im Salböl: Die Salbung erfolgte mit Öl aus der *Heiligen Ampulle*, die der Legende nach von einer Taube vom Himmel herab gebracht worden sein soll.[1] Wie das Öl der Salbung in die Haut einzog, so ging in der zeitgenössischen Vorstellung der metaphysische Königskörper eine substantielle Verbindung mit dem physischen ein.[2] Es war keine bloße Berührung des Irdischen durch das Überirdische: Der Körper des Thronfolgers war transformiert, seine neuen Eigenschaften als Inhaber des Königsamtes konnten ihm nicht mehr genommen werden. Bei der königlichen Begräbniszeremonie wurde die symbolische Verdopplung des Königskörpers noch deutlicher sichtbar: Dem toten physischen Körper des Königs wurde eine *effigie*, eine Wachsnachbildung, zur Seite gestellt, die als Verkörperung des metaphysischen Körpers an seiner statt die königlichen Insignien trug und Huldigungen empfing. Darum nahm der neue König nicht an der Beerdigung seines Vorgängers teil – schließlich würde die monarchische Behauptung der Souveränität als ungeteilte, höchste Herrschermacht in Frage gestellt, wenn der neue Souverän sichtbar zugegen ist, während der verstorbene König noch behandelt wird, als sei er der Souverän.[3]

---

[1] Vgl. Semmler, Josef. Der Dynastiewechsel von 751 und die fränkische Königssalbung. [2002] Düsseldorf, 2003. S. 121. Und zur Legendenbildung um die *Heilige Ampulle*: Bloch, Marc. Die wundertätigen Könige. [1924] München, 1998. S. 250ff.

[2] Vgl. Erkens, Franz-Reiner. Thronfolge und Herrschersakralität in England, Frankreich und im Reich während des späteren Mittelalters: Aspekte einer Korrelation. [2013] In: Becher, Matthias (Hrsg.) Die mittelalterliche Thronfolge im europäischen Vergleich. Ostfildern, 2017. S. 380.

[3] Vgl. Giesey. Models of Rulership in French Royal Ceremonial. A.a.O. S. 48 und: Ders. The Royal Funeral Ceremony in Renaissance

Bedeutend für die Legitimität des Königtums wurde – ab dem Ende des Mittelalters zunehmend – die scheinbar biologische, rein materielle Tatsache der Vererbung des Thrones. Aber entgegen dem Anschein gehört auch das Konzept der Erblichkeit der Königswürde zu den Vorstellungen, die die *physis* des Herrschers mit der *metaphysis* der Herrschaft verbanden. Denn durch die ihm zugesprochene Bedeutung als Träger der göttlichen Gnade wurde „das königliche Blut [..] zu einer geheimnisvollen Flüssigkeit."[1] Damit ist auch hier die Legitimität des Herrschers nicht abhängig von „den charismatischen Qualitäten der Person, sondern dem kraft der Erbordnung legitimen Erwerb"[2] – also dem Verfahren und der *geglaubten Vorstellung*. Denn auch wenn die Rolle eines Menschen als Herrscher in einer bestimmten Gesellschaft in einer bestimmten Epoche auf einer biologischen Tatsache wie der Nachkommenschaft beruht, so findet diese Zuschreibung der Herrscherrolle ja auf gesellschaftlicher Ebene statt: Entscheidend ist nicht, dass die Herrschaft ererbt wird, sondern dass diese ererbte Herrschaft von den Beherrschten als legitim anerkannt wird.

Alle diese Traditionen, Mythen und Praktiken „konnten sich [..] langsam entwickeln und in der Vorstellungswelt der französischen Öffentlichkeit Wurzeln schlagen, bevor sie, allseits akzeptiert und immer enger zusammengeführt, seit dem 13. Jahrhundert mit dem Thaumaturgentum [*der dem König zugesprochenen Fähigkeit, Kranke durch Berührung zu heilen; D.M.*] verknüpft und im 14. Jahrhundert um neue, Frankreich insgesamt religiös aufwertende Legenden [..] vermehrt, einen Königsmythos etablierten, der die Legitimität der französischen Monarchie weitgehend unbestritten bis in den siècle des

---

France. [1960] Genf, 1960. S. 41 et passim.

[1] Vgl. Kantorowicz. Die zwei Körper des Königs. A.a.O. S. 333.

[2] Weber, Max. Wirtschaft und Gesellschaft. A.a.O., S. 144.

lumières sicherte."[1] Ihre Wirksamkeit bezogen sie also nicht zuletzt daraus, dass sie nicht alle auf einmal eingeführt wurden und daher nicht durch einen offen sichtbaren Ursprung als Konstruktionen erkennbar waren. Sie bildeten vielmehr ein dichtes, unentwirrbares Geflecht, dass allein schon durch seine Undurchdringlichkeit und Unübersichtlichkeit Überzeugungskraft besaß.

II. Die permanente Inszenierung im Absolutismus

In der Epoche des Absolutismus erfuhren die herkömmlichen Formen der monarchischen Repräsentation allerdings eine tiefgreifende Umarbeitung. Der als Sonnenkönig bekannte Ludwig XIV. dünnte die großen aufwändigen Rituale aus und ersetzte sie durch das höfische Zeremoniell: An die Stelle der ereignishaften Inszenierungen seiner Vorgänger tritt die permanente Inszenierung des prunkvollen Lebens im Schloss Versailles vor den Toren von Paris. Trotz des gewaltigen Aufwandes der Hofhaltung und der verschwenderischen, rauschenden Feste erhöht sich durch diese Verstetigung und Zentralisierung die Effizienz der königlichen Repräsentation[2] – vor allem

---

[1] Erkens, Franz-Reiner. Thronfolge und Herrschersakralität in England, Frankreich und im Reich während des späteren Mittelalters: Aspekte einer Korrelation. [2013] In: Becher, Matthias (Hrsg.) Die mittelalterliche Thronfolge im europäischen Vergleich. Ostfildern, 2017. S. 446f.

[2] Vgl. Merrick, Jeffrey. The Body Politics of French Absolutism. [1998] In: Melzer, Sara E. und Norberg, Kathryn (Hrsg.). From the Royal to the Republican Body. Incorporating the Political in Seventeenth- and Eighteenth-Cen-tury France. Berkeley, London und Los Angeles, 1998. S. 15. Dieselbe Tendenz von ereignishaften zu gleichmäßigen Verfahrensweisen stellt Foucault auf dem Gebiet der

aber scheint die Ausrichtung des höfischen Lebens auf die Person des Königs als eine Loslösung von der Ambivalenz der alten Rituale: Schon vor seiner Regierungszeit war 1610 das Begräbnisritual abgeschafft worden, bei dem die Macht des noch ungekrönten Königs durch die Existenz des *effigies* seines Vorgängers getrübt wurde. Zudem praktizierte Ludwig XIV. nur einmal das *entrée*, bei dem die Bevölkerung einer Stadt dem einziehenden König den Respekt erwies. Das *lit de justice* – ein „formelles Treffen mit dem obersten Gericht des Königreichs, dem *Parlement* von Paris"[1] – wurde im Absolutismus zu einer zeremoniellen Durchsetzung des königlichen Willens gegen letzteres. Und die Bedeutung von Krönung und Königssalbung war schon lange ausgehöhlt:[2] Sie war, wie erwähnt, durch die Hervorhebung des Erbfolgeprinzips nicht mehr konstitutiv für die Übertragung der Königswürde, sondern besaß nur noch rein zeremoniellen Charakter[3] – neben dem Aspekt der Vermeidung eines Interregnums hat wohl auch hier eine Rolle gespielt, dass sich dadurch die sichtbare Abhängigkeit des Königtums von seiner Legitimierung durch außer ihm liegende Faktoren minimieren ließ:[4] Denn „[i]m Laufe der Zeremonie

---

Bestrafung und Disziplinierung fest: Die „Ökonomie der Verausgabung und des Exzesses" wird „durch eine Ökonomie der Kontinuität und der Dauer" ersetzt. Foucault, Michel. Überwachen und Strafen. Die Geburt des Gefängnisses. [1994] Frankfurt am Main, 1994. S. 111. Vgl. dazu auch: Ders. Das Auge der Macht. [1977] In: Ders. Schriften in vier Bänden. Dits et Ecrits, Bd. III. 1976-1979. Frankfurt am Main, 2003. S. 260.

[1] Burke, Peter. Ludwig XIV. Die Inszenierung des Sonnenkönigs. [1992] Berlin, 1993. S. 56.

[2] Vgl. Giesey. Models of Rulership in French Royal Ceremonial. A.a.O. S. 57ff.

[3] Vgl. Kantorowicz. Die zwei Körper des Königs. A.a.O. S. 332f.

[4] Vgl. Giesey. Models of Rulership in French Royal Ceremonial. A.a.O. S. 46.

erschien der Geistliche, der die Salbung spendete, einen Augenblick lang dem König überlegen, der sie fromm empfing."[1] Zudem störte an der Krönung, „dass sie dem König einen Eid abnötigte und die Frage an das Volk enthielt."[2] Die Akklamation, die den König – zumindest auf der symbolischen Ebene – von der Zustimmung der Bevölkerung abhängig machte, war mit der absolutistischen Ideologie nicht vereinbar.[3]

Norbert Elias hat allerdings in seiner Studie zur *höfischen Gesellschaft* herausgearbeitet, dass das Versailler Zeremoniell die Dialektik von Unterwerfung und Herrschaft im höfischen Zeremoniell von Versailles zwar verlagern, aber nicht abschaffen konnte. Zwar erschien der König nun nicht mehr als abhängig von der Legitimation durch die Kirche oder der Akklamation des Volkes. Es war zwar „gelungen, Macht nahezu vollkommen mit dem symbolischen Apparat der Monarchie und insbesondere mit der Person des Monarchen zu identifizieren."[4] Die Kehrseite dieser Monopolisierung von Macht war jedoch, dass sich selbst ein mächtiger Amtsinhaber wie Ludwig XIV. dem Amt anzupassen hatte: Die Ausdehnung seiner Macht durch die Unterwerfung des Adels unter das Zeremoniell war dadurch bezahlt, dass er sich auch selbst

---

[1] Bloch, Marc. Die wundertätigen Könige. [1924] München, 1998. S. 105.

[2] Schramm, Percy Ernst. Der König von Frankreich. Das Wesen der Monarchie vom 9. bis zum 16. Jahrhundert. Ein Kapitel aus der Geschichte des abendländischen Staates. [1939] Zweite, verbesserte und vermehrte Auflage. Darmstadt, 1960. S. 201 und 363. Vgl. dazu auch: Burke, Peter. Ludwig. XIV. A.a.O., S. 57f.

[3] Vgl. Merrick, Jeffrey. The Body Politics of French Absolutism. A.a.O., S. 15.

[4] Hunt, Lynn. Symbole der Macht – Macht der Symbole. Die Französische Revolution und der Entwurf einer politischen Kultur. [1984] Frankfurt am Main, 1989. S. 73. Vgl. dazu auch: Merrick, Jeffrey. The Body Politics of French Absolutism. A.a.O., S. 12.

der ausgefeilten Etikette gemäß verhalten musste.[1] Auch wenn er im Gegensatz zu seinen Nachfolgern als dessen Urheber noch auf die Gestaltung des Zeremoniells einwirken konnte,[2] hatte er also nichts anderes getan, als seinem zweiten, politischen Körper eine neue Form zu geben – an dem Umstand, dass Herrschaft immer auf Legitimation durch die Beherrschten angewiesen bleibt, konnte auch die Umstrukturierung der Repräsentation nichts ändern. Im Gegenteil: Gerade am durch die Inszenierung aufgebauten Idealbild des Königs konnten seine Gegner ihn messen; man kritisierte ihn nun nicht zuletzt dafür, dass er diesem eigenen Anspruch allem Aufwand zum Trotz nicht gerecht werden konnte.[3] Außerdem sorgte die Vernachlässigung der alten Rituale für eine zunehmende Distanzierung zwischen dem König und seinen Untertanen:[4] Zwar war der Adel in seinen Ambitionen gebändigt und der König musste dessen durchs Zeremoniell gebändigte Interessenkonflikte nur moderieren – die legitimationsspendende Akklamation des Volkes konnte das Hofzeremoniell nicht ersetzen. Die Reformen Ludwigs XIV. hatten die alten Vermittlungskanäle zwischen der Bevölkerung und dem monarchischen Staat versperrt und durch einseitige Kommunikation ersetzt.[5]

---

[1] Vgl. Elias, Norbert. Die höfische Gesellschaft. Untersuchungen zur Soziologie des Königtums und der höfischen Aristokratie mit einer Einleitung: Soziologie und Geschichtswissenschaft. Berlin und Neuwied, 1969. S. 155 und 211.

[2] Vgl. Elias. Die höfische Gesellschaft. A.a.O. S. 402.

[3] Vgl. Merrick, Jeffrey. The Body Politics of French Absolutism. A.a.O., S. 29f.

[4] Vgl. Giesey, Ralph E. Models of Rulership in French Royal Ceremonial. [1981] In: Wilentz, Sean (Hrsg.). Rites of Power. Symbolism, Ritual, and Politics Since the Middle Ages. Philadelphia, 1985. S. 62.

[5] Vgl. Furet, François. 1789 – Vom Ereignis zum Gegenstand der Geschichtswissenschaft. [1978] Berlin, Frankfurt am Main und Wien, 1980. S. 48f. Furet meint weiterhin, dass diese Veränderung der Repräsentation hin zu einem in sich geschlossenen System erst die Funk-

Auch Ludwigs XV. mied wie sein Vorgänger weitgehend die Öffentlichkeit.[1] Trotz der Versuche Ludwigs XVI., sich den politischen Diskurs wieder anzueignen durch eine Einwirkung auf die Geschichtsschreibung[2] und der Verteilung von Machtsymbolen wie Statuen und Königsporträts über das ganze Land verlor die Monarchie bis 1789 die Kontrolle über die öffentliche Meinung, die politische Kultur und damit über ihr Bild bei der Bevölkerung.[3]

---

tion der vorher in das Herrschaftsgefüge integrierten und dadurch eingehegten Opposition unbesetzt ließ und dadurch selbst den Aufstieg der radikalen Kritiker ermöglichte.

[1] Vgl. Merrick. A.a.O., S. 16.

[2] Foucault spricht von einer „Geschichtsschreibung administrativen Typs". Foucault, Michel. In Verteidigung der Gesellschaft. Vorlesungen am Collège de France (1975-76)[1976] Frankfurt am Main, 1999. S. 212. Siehe dazu auch: ebd., S. 162ff. und: Baker, Michael Keith. Controlling French history: the ideological arsenal of Jacob-Nicolas Moreau. [1990] In: Ders. Inventing the French Revolution. Essays on French Political Culture in the Eighteenth Century. Cambridge, Melbourne, New York, Port Chester und Sydney, 1990. S. 59-85.

[3] Vgl. Merrick, S. 18.

III. Revolution und Hinrichtung des Königs

Wie also verläuft unter diesen Voraussetzungen die Begegnung der beiden Körper des Königs mit der Revolution? Für den natürlichen Körper des Königs ist diese Frage leicht zu beantworten: Die einigermaßen friedliche Koexistenz von König und Revolution endet 1792. Der König wird entmachtet, inhaftiert, angeklagt und nach monatelangem Prozess zum Tode verurteilt. Im Januar 1793 wird er auf dem größten Platz von Paris, dem Place de la Révolution, hingerichtet – ohne besonderes Zeremoniell, wie ein gewöhnlicher Verbrecher. Nicht einmal das Beil der Guillotine war vom Blut der zuvor Hingerichteten gereinigt worden. Der einzige Unterschied zu einer normalen öffentlichen Exekution bestand in der deutlich größeren Zahl an Zuschauern.

Was aber geschah mit dem metaphysischen Körper? Der Historiker J. David Harden, der sich in einem Aufsatz an der Beantwortung dieser Frage versucht, hat eine klare, wenn auch überraschende Antwort: Der metaphysische politische Körper des Königs ist seiner Meinung nach bereits tot, als der physische Körper hingerichtet wird.[1] Diese Behauptung ist nicht so abwegig, wie sie auf den ersten Blick scheint. Denn versteht man den *zweiten Körper des Königs* als symbolische Konstruktion, dann lässt diese sich auch auf symbolischer Ebene abschaffen. Und so kommt für Harden das Ende des mythischen Kö-

---

[1] Vgl. Harden, J. David. A Casebook for Regicide. [1996] In: Germani, Ian und Swales, Robin (Hrsg.). Symbols, Myths and Images of the French Revolution. Essays in Honour of James A. Leith. Regina, 1998. S. 168.

nigskörpers mit seiner Ersetzung durch ein alternatives Symbol: Eines Freiheitsbaumes mit Jakobinermütze. Denn weil der König wie erwähnt seit der Zeit Ludwigs XIV. nach und nach die alten Rituale, die das Wohlergehen des Landes sicherstellen sollten, vernachlässigt hatte, entsteht eine symbolische Leerstelle. Fortan steht der Freiheitsbaum als Fruchtbarkeitssymbol statt dem König im Mittelpunkt entsprechender Rituale.[1] Das hat fatale Auswirkungen für den Monarchen: Im Anschluss an eine Demonstration gegen das Verbot der Pflanzung eines Freiheitsbaumes dringen Revolutionäre in den Tuilerienpalast ein, halten dort stundenlang den König in ihrer Gewalt und verspotten ihn. Dabei zwingen sie ihn auch, eine Jakobinermütze aufzusetzen, mit der der Freiheitsbaum in der Revolutionszeit oftmals ausgestattet ist – für Harden *tötet* die Mütze in diesem Augenblick die Krone. Er behauptet, der König hätte durch das Aufsetzen der Mütze deren Bedeutung wie die des Freiheitsbaumes anerkannt und so selbst die Revolution der symbolischen Ordnung – zu seinen eigenen Ungunsten – vollzogen.[2] Die darauf folgenden Rufe: *Es lebe die Nation*! sind ihm der unmittelbare Ersatz der bei der königlichen Beerdigung üblichen Rufe: *Der König ist tot – es lebe der König*! Und damit scheint das Schicksal des politischen Körpers des Königs für Harden besiegelt.

Aber entscheidend ist nicht das Verhältnis der verschiedenen auf der politischen Bühne auftretenden Metaphoriken zueinander, sondern das Verhältnis der politischen Metaphorik zur Bevölkerung. Denn auch wenn der Begriff der zwei Körper des Königs seine Wahrheit hat, so hat er seine Wahrheit nur als Fiktion – und nur sofern diese Fiktion geglaubt wird. Harden hingegen – wie viele andere Rezipienten der Studie von Kantorowicz auch –

---

[1] Vgl. ebd., S. 170ff.
[2] Vgl. ebd., S. 174.

lässt sich von seiner Dichte und vermeintlichen Wesenhaftigkeit blenden. Der zweite Körper des Königs ist ja gerade *kein* Körper, kein physisches Objekt, das sich einfach durch ein anderes physisches Objekt ersetzen lässt, sondern eine Ideologie. Und damit eine Denkform, die, wenn sie geglaubt wird, das heißt: im Bewusstsein der Subjekte verankert ist und handlungsleitend wirkt, auch tatsächlich die Wirklichkeit bestimmt.

Für dieses Verhältnis des Glaubens zwischen Öffentlichkeit und politischer Metapher gibt es allerdings nicht nur die simple Unterscheidung zwischen Glauben und Nichtglauben, sondern zudem zwischen *innerem* und *äußerem* Bekenntnis zur monarchistischen Ideologie:[1] Glaubt man in der französischen Bevölkerung *tatsächlich* an die Einsetzung des Königs durch göttlichen Willen und die Heiligkeit der Ordnung, die um ihn herum aufgerichtet ist – oder ist es allein die Kombination aus sozialer, kirchlicher und staatlicher Kontrolle, die die Menschen dazu zwang, wenigstens in der Öffentlichkeit sich so zu verhalten, als glaubten sie es? Robespierre sollte mit seiner Bemerkung Recht behalten, als er in der Debatte um die Verurteilung des Königs meinte: „Man hängt dem Königtum nur so lange an, wie man gezwungen ist, sein Joch zu tragen. Man wirft sich vor dem Königtum nieder, wie man es beim Anblick eines Geschosses tut, das jeden Augenblick explodieren kann“[2]. Er meint zurecht, dass nach der Auflösung des monarchischen Sanktionsapparates große Teile der Bevölkerung gegen alle – auch religiös gefärbte – Tradition das Königtum im All-

---

[1] Vgl. zur Unterscheidung von privatem Glauben und öffentlichem Bekenntnis in der Staatstheorie des Absolutismus: Schmitt, Carl. Der Leviathan in der Staatslehre des Thomas Hobbes. Sinn und Fehlschlag eines politischen Symbols. [1938] Stuttgart, 1982. S. 84ff.

[2] Robespierre, Maximilien. Über die Haltung, die gegenüber Ludwig XVI. eingenommen werden muss. [1792] In: Ders. Ausgewählte Texte. Hamburg, 1971. S. 308.

gemeinen wie den König persönlich angreifen. Es ist, als hätte nur ein Ventil geöffnet werden müssen, und plötzlich wäre der nur durch obrigkeitliche Maßnahmen verborgene Unglauben sichtbar geworden: Es musste nur die Freiheit des äußeren Bekenntnisses errungen werden, um den immer schon vorhandenen inneren Unglauben zutage treten zu lassen. Für die historische Situation, in der Robespierre diese Behauptung aufstellt mag dies zutreffen – allgemeingültig ist sie nicht: Das Verbot, öffentlich die Königsideologie zu kritisieren ist zwar ein Beleg für das Vorhandensein aufklärerischer Kritik am herrschenden Denken wie dafür, dass die Herrschaft diese Kritik als Bedrohung empfand. Aber große Teile der Bevölkerung glaubten lange – ohne äußeren Zwang – an die Ideologie des Königtums, oftmals mehr als die Könige selbst. Dass der Glaube an das Gottesgnadentum des französischen Königs nach der Entmachtung Ludwigs XVI. zusammenbrach war nur möglich, weil er schon zuvor durch die Aufklärung in seinen Grundfesten erschüttert worden war. Die französische Monarchie war vor der Revolution schon ein marodes System, das nur noch durch Repression zusammengehalten wurde – und ohne diese Repression in sich zusammenstürzte.

Entscheidend ist also nicht allein die Symbolik, die Demütigung des Königs durch die Revolutionäre – sondern dass die Bevölkerung dieses Geschehen als eine Repräsentation einer neuen Herrschaft verstand – und dass sie diese als legitim anerkannte. Auch wenn Harden diesen entscheidenden Faktor ausblendet und seine Argumentation daher kaum schlüssig sein kann, ist die von ihm beschriebene Verschiebung im politischen Zeichensystem durchaus ein wichtiges Moment der Ablösung des Königtums durch die Republik. Zudem lässt sich diese Bewegung nicht auf ein singuläres Ereignis wie das von ihm beschriebene beschränken. Vielmehr war der Tuileriensturm erst der Beginn eines umfassenden Angriffs auf die öffentlichen Zeichen des Königtums.[1] Die *Heilige Ampulle* mit dem Öl zur Königssalbung wird nach der Hinrichtung des Königs zerstört.[2] Im August 1793 werden die französischen Königsgräber geschändet[3] und im selben Monat werden auf dem Place de la Révolution weitere symbolträchtige Gegenstände aus dem Besitz des Königs verbrannt, etwa seine königliche Garderobe.[4] Im Jahr darauf, „[a]m 13. Juni 1794 beschloss die Commission temporaire des Arts des Konvents die Sammlung und totale Vernichtung aller Darstellungen der französischen Könige, damit ihre Betrachtung niemandem mehr die Monarchie in Erinnerung rufen könne."[5] Ebenso, wie der König selbst öffentlich hingerichtet wurde, verschwinden also auch seine Abbilder sichtbar, vor den Augen der Bevölkerung.

Es war also nicht ein singulärer Akt der symbolischen Verschiebung, sondern eine umfassende Umarbeitung des politischen Zeichensystems, die in Verbindung mit einer tiefgreifenden Veränderung im Glauben und Denken der Bevölkerung im Zuge der Aufklärung das König-

---

[1] Vgl. Lottes, Günther. Damnatio historiae. Über den Versuch einer Befreiung von der Geschichte in der Französischen Revolution. [1994] In: Speitkamp, Winfried (Hrsg.) Denkmalsturz. Zur Konfliktgeschichte politischer Symbolik. Göttingen, 1994. S. 26f.

[2] Vgl. Reichardt, Rolf E. Das Blut der Freiheit. Französische Revolution und demokratische Kultur. [1998] Frankfurt am Main, 1998. S. 150.

[3] Vgl. Lottes, Günther. Damnatio historiae. A.a.O., S. 34.

[4] Graevenitz, Gerhart von. Mythos. Zur Geschichte einer Denkgewohnheit. [1987] Stuttgart, 1987. S. 166. Vgl. hierzu auch: Thamer, Hans-Ulrich. Die Aneignung der Tradition. Destruktion und Konstruktion im Umgang der Französischen Revolution mit Monumenten des Ancien Régime. [2005] In: Ders./Reichardt, Rolf/ Schmidt, Rüdiger (Hrsg.). Symbolische Politik und politische Zeichensysteme im Zeitalter der Französischen Revolutionen (1789-1848). Münster, 2005. S. 108.

[5] Lottes, Günther. Damnatio historiae. A.a.O., S. 35.

tum beendete. Es war eine widersprüchliche Einheit theoretischer und gesellschaftlicher Tendenz die zur Abschaffung der Herrschersakralität führte. [1] So wie der König nicht aus sich selbst heraus König war, sondern dadurch, dass seine Untertanen ihn als solchen behandelten, so ist auch sein Machtverlust nicht primär ein Vorgang, der sich in oder an ihm vollzieht, sondern wesentlich eine Umarbeitung sozialer Strukturen: Die adäquate Art, eine Monarchie zu stürzen, ist nicht der Mord am Monarchen, sondern die Auflösung des das Königtum hervorbringenden Netzes sozialer Beziehungen. [2] Nach Lynn Hunt war gerade eine solche Rekonstruktion des symbolischen Beziehungsnetzes das Charakteristikum der französischen Revolution. Aber nicht allein der Ersatz alter politischer Symbole, sondern deren Wirkmächtigkeit im Denken und Handeln der überwältigenden Mehrheit der Menschen ist der ausschlaggebende Faktor für die gesellschaftliche Veränderung. [3]

---

[1] Vgl. Erkens, Franz-Reiner. Herrschersakralität – Ein Essai. [2013] In: Beck, Andrea und Berndt, Andreas (Hrsg.). Sakralität und Sakralisierung. Perspektiven des Heiligen. Stuttgart, 2013. S. 28f und zur Aufklärung als gleichermaßen theoretischer wie praktischer Prozess: Adorno, Theodor W. und Horkheimer, Max. Dialektik der Aufklärung. Philosophische Fragmente. [1944/47] In: Horkheimer, Max. Gesammelte Schriften. Band 5. Frankfurt am Main, 1987. S. 11-290, v.a. das Kapitel über den *Begriff der Aufklärung*: S. 25ff.

[2] Vgl. Žižek, Slavoj. For they know not what they do. Enjoyment as a political factor. [1991] London und New York, 2008. S. 254.

[3] Vgl. Engels, Jens Ivo. Lynn Hunt – Politik und Kultur. [2004] In: Pelzer, Erich (Hrsg.). Revolution und Klio. Die Hauptwerke zur Französischen Revolution. Göttingen, 2004. S. 354.

IV. Das unsichtbare Verschwinden des Zaren

Ganz anders als der fast schon neurotisch zu nennende Aufwand, der in Frankreich zur Tilgung der Zeichen des Königtums betrieben wurde – und der die monarchische Mythologie ernster zu nehmen schien als diese sich selbst je nahm[1] – verlief das Ende der Monarchie in Russland. Vielleicht mehr noch als die französische war die russische Revolution eine fundamentale Umwälzung von Politik und Gesellschaft. Das Ende der Herrschaft der Zaren war mehr als ein bloßer Austausch der Herrschenden, sondern eine Erschütterung aller traditionellen Autorität.[2] Und wie in Frankreich traf die allgemeine gesellschaftliche Veränderung auch den alten Herrscher selbst: Wie Ludwig XVI. wurde der Zar gefangen gehalten, wie sein französischer Schicksalsgenosse wurde auch er getötet. Aber während die französische Presse Einzelheiten aus der Haft des ehemaligen Königs verbreitete und er vor den Augen der Öffentlichkeit guillotiniert wurde, erfuhr niemand vom Leben der Zarenfamilie in Gefangenschaft, und ihr Sterben wurde als Staatsgeheimnis behandelt. Ihr Verschwinden blieb unsichtbar.

Das hat auch mit dem Status der Monarchie im Allgemeinen zu tun. Denn sie war in ihrer unbedingten Form ja eigentlich bereits mit der Französischen Revolu-

---

[1] Vgl. Manow, Philip. Im Schatten des Königs. Die politische Anatomie demokratischer Repräsentation. [2008] Frankfurt am Main, 2008. S. 60ff.

[2] Hildermeier, Manfred. Die russische Revolution. 1905-1921. [1989] Frankfurt am Main, 1989. S. 300.

tion zerstört worden.[1] Wer 1917 noch auf einem Thron saß, der tat dies nur noch, weil die Geschichte ihm noch eine Gnadenfrist eingeräumt hatte. Oder, wie Foucault treffend bemerkt: „[A]lle Monarchen der Welt [..][haben] während der Französischen Revolution mehr oder weniger den Kopf verloren"[2]: Das Königtum hatte in vielen europäischen Ländern die Revolutionszeit scheinbar unbeschadet überstanden oder wurde wie in Frankreich 1814/15 restauriert. Und auch das Zarentum in Russland hatte bis dato alle Attentate und Revolutionsversuche überstanden.[3] Aber die Aura ihrer *Unantastbarkeit* hatte die Monarchie verloren – zumindest im Bewusstsein all derer, die von der Französischen Revolution einmal gehört oder gelesen hatten. Dieses welthistorische Ereignis, das durch seine Tragweite früher oder später alle Begrenzungen der Zensur überwinden konnte, beendete für die, die von ihm wussten, – ob bewusst oder unbewusst – die Möglichkeit des naiven Glaubens an die Heiligkeit und Ewigkeit der Monarchie. Das Ende des Zarenreiches war nach der handgreiflichen Widerlegung der monarchistischen Ideologie eigentlich nur noch eine Frage der Praxis, nicht mehr der Theorie.

Zudem hatte sich die Struktur der Herrschaft selbst verändert. Im 19. Jahrhundert, das zwischen französischer und russischer Revolution lag, hatte sich die politische Bedeutung der Sichtbarkeit gewandelt: Wie Michel Foucault in *Überwachen und Strafen* anhand der Entwicklung in Mitteleuropa aufzeigt, etabliert sich auf dem

---

[1] Vgl. Geertz. A.a.O., S. 29.

[2] Foucault, Michel. Die Köpfe der Politik [1976] In: Ders. Schriften in vier Bänden. Dits et Ecrits, Bd. III. 1976-1979. Frankfurt am Main, 2003. S. 14.

[3] Vgl. Walzer, Michael. Regicide and Revolution. [1974] In: Ders. (Hrsg.). Regicide and Revolution. Speeches at the Trial of Louis XVI. New York und Oxford, 1992. S. 3.

Gebiet der Herrschaftstechnik die Überzeugung, dass es vorteilhafter ist, wenn sich die Staatsmacht nicht mehr primär zeigt, sondern überwacht. Nicht mehr die Bevölkerung soll die Staatsmacht sehen, wie sie in den öffentlichen Strafritualen exemplarisch ihre Feinde überwältigt, sondern die Staatsmacht soll die Bevölkerung sehen – und die durch die Überwachung entdeckten Delinquenten *verschwinden lassen*. Diese neuen Methoden waren nicht nur humaner und damit eher der Epoche der Aufklärung angemessen, sondern zugleich auch effektiver als die grausamen öffentlichen Hinrichtungen.[1] Auch im zaristischen Russland gab es solche Strafrechtsreformen im Geiste von Cesare Beccarias Schrift *Über Verbrechen und Strafen*.[2] Aber schon vorher, seit der Herrschaft von Zarin Jelisaweta im 18. Jahrhundert wurde die Todesstrafe nicht mehr oder nur noch in Ausnahmefällen vollstreckt[3] – etwa infolge der Revolution von 1905.[4] Das Paradigma hier war die *Katorga*, die Verbannung in die Teile des Zarenreiches, die so weit entfernt waren von den maßgeblichen Geschehnissen in Russland, geschweige denn der Weltgeschichte, als existierten sie überhaupt nicht.[5] Und auch die Größen der Oktoberrevolution hatten die Erfahrung gemacht, in der Verbannung verschwunden zu sein – Stalin, Trotzki und Wladimir Iljitsch

---

[1] Vgl. Foucault, Michel. Überwachen und Strafen. A.a.O., S. 16 und 102f.

[2] Vgl. Liessem, Peter. Die Todesstrafe im späteren Zarenreich. Rechtslage, Realität und öffentliche Diskussion. [1989] In: Jahrbücher für Geschichte Osteuropas. 55. Jahrgang (1989), Heft 1. S. 492.

[3] Vgl. ebd., S: 493.

[4] Vgl. ebd., S. 503ff.

[5] Besonders pointiert zur weltgeschichtlichen Bedeutungslosigkeit Sibiriens: Földényi, László F. Dostojewski liest Hegel in Sibirien und bricht in Tränen aus. [2006] Berlin, 2008.

Uljanov, der seinen Kampfnamen Lenin in Anlehnung an den sibirischen Fluss Lena wählte.[1]

Nicht überraschend ist es also, dass die Bolschewiki die Zarenfamilie nach ihrer Gefangennahme nach Jekaterinburg im Ural bringen lassen. Hier, weit weg von St. Petersburg oder Moskau werden sie hier im Ipatjew-Haus, einer zu diesem Zweck requirierten Villa, festgehalten. Um das Grundstück herum wird ein hoher Bretterzaun errichtet.[2] Nicht nur ist die entmachtete Herrscherfamilie in einer Stadt fernab der politischen Geschehnisse untergebracht, sondern auch im Detail ist das Motiv des *Verschwindenlassens* bestimmend: Selbst die Einwohner Jekaterinburgs sollen keinen Blick auf den Zaren und seine Familie werfen. Eigentlich wäre ihr Tod damit unnötig: Denn wenn kein öffentlicher Effekt, keine öffentliche Hinrichtung mehr notwendig ist, um der Bevölkerung zu beweisen, dass ein Monarch ohne loyale Untertanen machtlos und sterblich ist, dann scheint die Entscheidung über Leben oder Tod des Zaren und seiner Familie aus politischer Perspektive unerheblich. Daher geht es um das genaue Gegenteil: Die Vermeidung öffentlichen Aufsehens und die Entfernung des Zaren aus der Öffentlichkeit. Es geht darum, den Monarchen und seine Familie aus der Geschichte zu tilgen, ganz gleich, ob durch eine klandestine Ermordung oder durch lebenslange Gefangenschaft in irgendeinem Winkel der neuen Sowjetrepublik. Und ursprünglich hat man im ZK der Bolschewiken zwar keine Skrupel, was die Ermordung der Zarenfamilie angeht. Aber die Auslöschung der russischen Herrscher-

---

[1] Vgl. Ackeret, Markus. In der Welt der Katorga Die Zwangsarbeitsstrafe für politische Delinquenten im ausgehenden Zarenreich (Ostsibirien und Sachalin). [2007] In: Osteuropa-Institut München. Historische Abteilung. Mitteilungen, Nr. 56 (2007). 18f.
[2] Vgl. Buranow, Juri und Chrustaljow, Wladimir. Die Zarenmörder. Vernichtung einer Dynastie. [1993] Berlin und Weimar, 1993. S. 240.

dynastie ist der Revolutionsregierung nicht wirklich ein Anliegen. Vielmehr will man sich vorerst alle Optionen offenhalten. Die Romanows sind wegen der deutschen Herkunft der Zarin potentiell auch Verhandlungsmasse für ein Abkommen mit dem Deutschen Reich, das aufgrund der deutschen Herkunft der Zarin ein gewisses Interesse an ihr hegt. Trotzki – und das ist auch die Meinung des ZK im Frühjahr 1918 – hält einen Schauprozess für die adäquate Lösung.[1] Erst eine militärische Krise im Bürgerkrieg beendet die Überlegungen – tschechische und russische konterrevolutionäre Truppen rücken auf Jekaterinburg vor:[2] Jetzt, da die Verfügung der Kommunisten über den symbolischen Wert der Familie gefährdet ist, sorgt man dafür, dass dieser nicht anderen Konfliktparteien zugutekommen könnte.[3]

Gerade einmal zwanzig Minuten dauerten die Erschießung im Keller des Ipantjew-Hauses und die Verladung auf Lastwagen. Dann wurden die Leichen mitten in der Nacht in einem Waldstück außerhalb der Stadt verbrannt und anschließend vergraben.[4] Wer genau den Befehl zur Ermordung des Zaren, seiner Frau und seiner Kinder gegeben hatte ist umstritten – war es das ZK oder der Uralsowjet? – und genauso unklar bleibt lange auch

---

[1] Vgl. Massie, Robert K. Die Romanows. Das letzte Kapitel. [1995] München, 1998. S. 22f. Vgl. Buranow, Juri und Chrustaljow, Wladimir. Die Zarenmörder. A.a.O., S. 276f.

[2] Vgl. Bushkovitch, Paul. A Concise History of Russia. [2012] Cambridge u.a., 2012. S. 308 und. Massie. Die Romanows. A.a.O. S. 23.

[3] „Entscheidend [..] war die möglichst spurlose Beseitigung symbolischer Körper, über die nicht mehr kommuniziert werden sollte." Vgl. Scheffler, Thomas. Vom Königsmord zum Attentat. Zur Kulturmorphologie des politischen Mordes [1997] In: Trotha, Trutz von (Hrsg.). Soziologie der Gewalt. Sonderheft 37 der Kölner Zeitschrift für Soziologie und Sozialpsychologie. Opladen und Wiesbaden, 1997. S. 183-199, hier: S. 192. [Herv. i. Orig.]

[4] Vgl. Massie. Die Romanows. A.a.O. S. 16ff.

das Übrige: Denn es folgt kein Triumphgeschrei, keine propagandistische Ausschlachtung. Nur die nüchterne Meldung, der Zar sei auf der Flucht erschossen worden. Erst später wird bekannt, dass die ganze Familie ermordet wurde, es keinen Fluchtversuch gab und die Ermordung eine planmäßige Hinrichtung war.[1] Und damit folgte das unsichtbare Verschwinden der russischen Monarchie – wenn auch ohne so geplant worden zu sein – dem Paradigma der modernen Herrschaft: Der Schrecken muss nicht mehr gezeigt werden, um wirksam zu werden. Auch wenn er für die Öffentlichkeit unsichtbar bleibt, verbreitet er sich bilderlos durch die Sprache – und ist dadurch, als *offenes Geheimnis* vielleicht noch viel schrecklicher.

---

[1] Vgl. ebd., S. 25f.

Mario Beilhack

DIE ANGST VOR DER TERREUR
ÜBER DAS DEUTSCHE UNBEHAGEN MIT DER REVOLUTION

Auflehnung und Rebellion

Ein junger Mann kehrt schwer verwundet aus dem Krieg zurück: Diagnose kampfunfähig. Er ist erst 23 und hat einen schweren Herzinfarkt erlitten. Die Folge eines psychischen Zusammenbruchs. Heute würde man von einer posttraumatischen Belastungsstörung sprechen. Er beginnt ein neues Leben als Jura- und Philosophiestudent und träumt von einem friedlichen und freien Europa. Der Krieg muss ein Ende haben. Er sucht Verbündete:

„Tagelang wird geredet, diskutiert, draußen auf den Schlachtfeldern Europas trommelt der Krieg, wir warten, warten, warum sprechen diese Männer nicht das erlösende Wort..." (ET, S. 58)[1]

„Große Worte wurden gesprochen, nichts geschah. Alle schweigen. Wer wird endlich sprechen? Vielleicht der Dichter der „Weber", Gerhart Hauptmann." (ET, S. 59)

---

[1] Alle Zitate aus: Ernst Toller: Eine Jugend in Deutschland, Hamburg 1978 (Amsterdam 1933)

Der junge Mann schrieb dem Dramatiker und Nobelpreisträger einen Brief: „Keine Antwort kam von Gerhart Hauptmann." (ET, S. 59)

Dann weiter: „Es hat keinen Sinn, rufe ich, dass ihr anklagt, heute gibt es nur einen Weg, wir müssen Rebellen werden! Im Zimmer wird es still. Die Ängstlichen nehmen ihre Mäntel und gehen davon, die anderen finden sich zu einem Kampfbund. " Er gründet zusammen mit anderen Studenten den „Kulturpolitischen Bund der Jugend in Deutschland." (ET, S. 60)

Eine Begegnung mit dem Anarchisten Gustav Landauer wird ihn politisieren.

„Eines Tages finde ich auf dem Tisch ein Paket mit Büchern, die Denkschriften Lichnowskys, Mühlons, Beerfeldes, andere Broschüren. Der Krieg ließ mich zum Kriegsgegner werden, ich hatte erkannt, dass der Krieg das Verhängnis Europas, die Pest der Menschheit, die Schande unseres Jahrhunderts ist. Über die Frage, wer den Krieg verschuldet hat, machte ich mir keine Gedanken..." (ET, S. 63)

„Die Frage der Kriegsschuld ist nicht nur eine Frage der Kriegsschuldigen, die Herrschenden sind verstrickt in das feinmaschige Netz der Interessen, Ehrbegriffe, Moralwerte der Gesellschaft... Die Frage der Kriegsschuld verblasst vor der Frage des Kapitalismus." (ET, S. 63)

„Die Arbeiterbewegung und ihre Ziele waren mir fremd bisher, auf der Schule hatte man uns gelehrt, dass die Sozialisten den Staat zerstören, dass ihre Führer Schurken seien, die sich bereichern wollen, jetzt lerne ich zum ersten Mal einen Arbeiterführer kennen, Kurt Eisner." (ET, S. 63f).

Es beginnt der Streik für den Frieden in Bayern, der auch dank der „Vermittlung" durch die „Rechtssozialisten" (Sozialdemokraten) zu einer Verhaftungswelle unter den Streikenden führte:

„Die Menschen sind unruhig. Eisner soll sprechen, wo bleibt er? Auch die anderen Mitglieder des Streikkomitees fehlen. Nach einer Stunde vergeblichen Wartens hören wir, dass die Polizei während der Nacht alle verhaftet hat." (ET, S. 65)

Die Streikbewegung zur Beendigung des Krieges bricht zusammen unser Held, wird ebenfalls verhaftet und wartet auf die Revolution.

1. Eine Revolution ist kein Ereignis. Sie ist ein Bruch.

Als am 14. Juli 1789 eine mehr oder weniger bewaffnete Menschenmenge die Bastille stürmte, war das nicht der Auftakt der Revolution, sondern Ausdruck der sich entladenden Wut Pariser Bürger. Die Erstürmung des Pariser Gefängnisses war ein Ereignis, ungeplant, brutal und ziellos. Eine Revolution war sie nicht. Es war ein symbolischer Akt, ein Fanal. Eigentlich ein kleiner Aufstand und derer gab es am Ende des Ancien Regimes viele.

Die eigentliche Große Revolution begann erst mit der Abschaffung der mittlerweile konstitutionell gewordenen Monarchie 1792 und der Enthauptung des Monarchen im Januar 1793. Sie begann mit der Machtergreifung durch den Wohlfahrtsausschuss und der Bewegung der „Sans-Culottes" (1793) sowie der Erfindung des „levée en masse" (1793). Es galt die innere und äußere Bedrohung der Republik mit allen zur Verfügung stehenden Mitteln zu bekämpfen. Die „Terreur" war Bestandteil des Verteidigungsarsenals der jungen Republik. Es herrschte ein allgemeiner Kriegszustand – nach außen wie nach Innen.

Als am Abend des 25. Oktober 1917 der Panzerkreuzer „Aurora" das Signal zum Sturm auf das Winterpalais, dem Sitz der provisorischen Regierung Russlands, gab, läutete dies das Ende der Revolution vom Februar 1917 ein. Der Zar war zu diesem Zeitpunkt bereits gestürzt, Arbeiter, Bauern und Soldatenräte, Sozialrevolutionäre, Anarchisten, Sozialisten jeglicher Couleur regierten das zaristische Reich, das mit jedem Tag der „Revolution" in sich zerfiel bzw. an seinen Rändern auseinanderzufallen drohte. Zehntausende von Menschen fielen dieser Revolution bereits bei Bauernaufständen, Soldatenrebellionen, Arbeiterrevolten zu Opfer. Zum Zeitpunkt des Sturms auf das Winterpalais herrschte also bereits eine „fortschrittliche" Regierung, nur hatte sie rapide an politischer Autorität verloren, da sie nicht in der Lage war, die durch den Krieg sich verschärft habenden wirtschaftlichen und sozialen Probleme des einstigen Riesenreiches zu lösen.

An diesem Oktoberabend setzte eine kleine Gruppe von Bolschewiki um Lenin sich ab, um die Macht zu ergreifen. Die Revolution und ihre vielen geschaffenen Sowjets sollten durch die Herrschaft einer straff geführten und organisierten Kaderpartei ersetzt werden. Eines der ersten geschaffenen Instrumente zur Durchsetzung der Macht war neben der Aufstellung des MRKP (Militärisch-revolutionäres Komitee Petrograd) die Einrichtung der „Außerordentlichen Allrussischen Kommission zur Bekämpfung von Konterrevolution, Spekulation und Sabotage" – kurz „Tscheka". Felix Dserschinski leitete diesen Ausschuss und erfand damit das stählerne Herz der Leninschen Parteidiktatur – die Geheimpolizei (später GPU, dann NKWD und KGB). Militärische Rücksichtslosigkeit und polizeilicher Terror setzten mit der Machtergreifung der Bolschewiki ein. Für Lenin eine politische Notwendigkeit, um ein sozialistisches Russland zu schaffen. Der Weg dorthin führte über den Bürgerkrieg zum Krieg gegen die Bevölkerung.

Eine Revolution ist kein Ereignis, eine Revolution ist ein brachialer Bruch. Nach der Revolution geht es nicht weiter. Eine Revolution ist der Beginn von etwas Neuem, nie Dagewesenem. Eine Revolution ist eine Stunde „Null". Folgerichtig erfanden die französischen Revolutionäre auch einen neuen Kalender sowie neue Maß- und Gewichtssysteme. Folgerichtig stand im Mittelpunkt der sozialistischen Revolution ein „neuer Mensch".

Die Revolution, die keine war…

Unser Held wird endlich aus der Haft entlassen und stürzt sich in allerhand revolutionäre Umtriebe. So begann schließlich seine Revolution:

„Die Not in Deutschland wächst, das Brot wird schlechter, die Milch dünner. Die Bauer jagen die Städter von den Höfen, die Hamsterer kehren mit leeren Taschen heim, die Soldaten an der Front, erbittert über das Prassen und Schwelgen der Etappe, über das Elend der Heimat, haben den Krieg satt. ‚Gleiche Löhnung, gleiches Essen, wär' der Krieg schon längst vergessen', singen die Soldaten. In der Nacht vom 3./4. Oktober wird die Friedensnote an Wilson gesandt. Dem deutschen Volk, das die Katastrophe nicht ahnte, öffnet das unerwartete Friedensangebot die Augen, so war alles umsonst. Der Sieg der bürgerlichen Demokratie, der das Friedensangebot begleitet, weckt keinen Widerhall, weder der Reichstag erkämpfte sie noch das Volk, sie wurde diktiert, wie die Brotkarte, wie die Kohlrübe… Das Klassenwahlrecht ist verschwunden, Liebknecht und die anderen politischen Gefangenen sind amnestiert."

Unser junger Mann kommt frei und muss feststellen: „Die herrschenden Gewalten weichen ohne Kampf, ohne Widerstand, die Offiziere ergeben sich… Und was tun die

Fürsten? Prinz Heinrich, der Bruder des Kaisers, bindet sich um den Arm eine rote Binde und flieht, der bayerische Kronprinz Rupprecht verlässt im rotbeflaggten Auto des Brüsseler Soldatenrats die Truppe, Wilhelm II. flieht nach Holland. Kläglich ist dieses Schauspiel, aber gefährlich für das Volk. Wollte es denn eine Revolution? Es wollte Frieden. Kampflos ist ihm die Macht zugefallen. Wird es lernen, die Macht zu bewahren?" (ET, S.80)

In Berlin stößt die Revolte der Soldaten und Arbeiter auf unerwarteten Widerstand:

„Die Rechtssozialisten und Gewerkschaftsführer waren versippt und verfilzt mit den Gewalten der Monarchie und des Kapitalismus, deren Sünden waren ihre Sünde. Sie haben sich abgefunden mit dem bürgerlichen juste milieu, ihr Ideal war die Überwindung des Proletariers durch den kleinen gehobenen Bürger. Ihnen fehlte das Vertrauen zu der Lehre, die sie verkündet hatten, das Vertrauen zum Volk, das ihnen vertraute. Am Tag nach der Revolution nahmen sie den Kampf auf, nicht gegen die Feinde der Revolution, nein, gegen ihre leidenschaftlichen Pioniere, sie hetzten und sie jagten sie, bis sie zur Strecke gebracht waren und quittierten den Dank in den Salons der feinen Gesellschaft. Sie hassten die Revolution, Ebert hatte den Mut, es auszusprechen..." (ET, S. 81)

2. Es gibt keine gewaltfreie Revolution.

Eine Revolution muss mit Widerstand rechnen. Eine Revolution braucht Gewalt, um den Widerstand zu brechen. Eine Revolution sucht nicht den Kompromiss, schon gar nicht eine Reform, eine Revolution, will den radikalen Bruch. Eine Revolution ist immer alternativlos. Sie kennt nur Revolutionäre oder Feinde der Revolution. Dazwischen gibt es nichts. Sie lässt dem Individuum keine Wahl, es muss sich entscheiden. Eine Revolution ist wegen ihrer Radikalität oder Totalität deshalb auch immer bedroht. Sie hat Feinde und muss mit offener Feindschaft und klandestinem Verrat rechnen. Sie muss Freund von Feind unterscheiden können und braucht darum ein Instrumentarium der Aufklärung und Sicherheit. Keine Revolution ohne Wohlfahrtsausschüsse oder Geheimpolizei, keine Revolution ohne Waffen.

Erst mit der allgemeinen Wehrpflicht, mit der Generalmobilisierung, konnte die junge revolutionäre französische Republik den koalitionären Berufs- und Söldnerheeren der alten europäischen Monarchien ein Massenheer entgegensetzen, das es zwar an Drill und Ausbildung fehlen ließ, dafür aber wusste, wofür es kämpfte. Auch die Art der Krieg- und Gefechtsführung änderte sich: Guerillastrategien kamen auf und Plänkler kämpften als reguläre Einheiten in der Armee. Zunächst galt es die Revolution zu verteidigen, in den späten 90er Jahren des 18. Jahrhunderts ging es dann schon darum, die Ideen der Revolution zu exportieren. „Freiheit, Gleichheit, Brüderlichkeit" sollte für alle Völker Europas gelten – am besten unter der geistigen und politischen Führung Frankreichs.

Für Lenin war die Französische Revolution das große inspirierende Vorbild: Vor allem die „Arbeit" des Wohlfahrtsausschusses und seiner Geheimpolizei und die Mobilisierung der Massen für die Ziele der Revolution. Ein weiterer Schritt bestand für ihn darin, die russische Revolution zum „role model" für alle sozialistischen Bewegungen auf der Welt zu machen.

So schickte er bereits 1918 „Berater" in das revolutionäre Deutsche Reich, um die junge kommunistische Schwesterpartei in ihrem „Klassenkampf" zu unterstützen. Das Rätemodell lehnte er zugunsten von straff organisierten, paramilitärischen Kaderparteien ab. Kommunistische Kader usurpierten und bekämpften in Deutschland Anarchisten und unabhängige Sozialisten. Hier zeichnet sich bereits eine Konfliktlinie ab, die auch später unter Stalin im Spanischen Bürgerkrieg ihre Anwendung fand: Es darf nur einen Sozialismus geben, nämlich den sowjetisch geprägten.

Die Bayerische Räterepublik

Unser revolutionärer Held wendet sich vom revolutionären Berlin ab und geht zurück nach Bayern und schließt sich Kurt Eisner an:

„In der Nacht zum 7. November 1918 zogen zweihunderttausend Menschen, voran Eisner und der blinde Bauer Gandorfer, von der Theresienwiese in die Stadt, der König flüchtete, die Revolution eroberte Bayern, in der Nacht wählte der Arbeiter- und Soldatenrat Eisner zum Ministerpräsident des Freistaates Bayern. In München ernennt mich der Zentralrat der bayerischen Arbeiter-, Bauern- und Soldatenräte, in dem ich viele Kameraden vom Januarstreik wiederfinde, zu seinem zweiten Vorsitzenden. In der Kleinarbeit des Tages lerne ich die mannigfachen Nöte der Bauern und Arbeiter verstehen..."(ET, S. 82)

Er reist zusammen mit Eisner im Februar 1919 zum Kongress der Zweiten Internationale in Bern und kehrt von dort desillusioniert zurück:

„Eisner, Friedrich Adler, einige andere, die im Krieg zum Sozialismus sich bekannten, versuchen, die Zweite Internationale zu retten. Die Manifeste der Einigkeit verdecken nicht den unheilbaren Riss, Parteien, die wahrlich eine Welt gewinnen konnten, haben versagt und versagen weiter, hier zerschellt ein großer Glaube, eine große Menschheitshoffnung..."

Wenige Tage nach seinem Auftritt in Bern, wird Kurt Eisner am 21. Februar 1919 auf dem Weg zum Bayerischen Landtag von Anton Graf Arco-Valley erschossen. Der 21jährige Graf war Leutnant des Königlich-bayerischen Infanterie-Leibregiments und zudem Mitglied der in München ansässigen Thule-Gesellschaft – ein antisemitischer, rechtsextremer Geheimbund. Es folgt eine chaotische Eröffnungssitzung des Landtages, in der ein Arbeiter und Mitglied des Roten Arbeiterrates namens Alois Lindner auf den SPD-Vorsitzenden Erhard Auer schießt und diesen schwer verwundet. Alois Lindner glaubte, Auer stünde hinter der Ermordung Eisners. Die Abgeordneten fliehen daraufhin aus dem Saal. Bayern hat keine Regierung mehr.

Die USPD Bayerns ruft den Generalstreik aus. Die provisorische Regierungsgewalt wird dem Zentralrat der Bayerischen Republik übertragen. Dieser Zentralrat zerbricht an der Frage der Regierungsbildung. Es kommt zum Bruch innerhalb des fortschrittlichen Lagers. In München rufen die Räte am 7. April 1919 eine Räterepublik unter der Führung von Anarchisten und USPD aus, die Kommunisten weigern sich zu partizipieren. Eine SPD geführte und von der ultrakonservativen Bayerischen Volkspartei tolerierte Gegenregierung weicht nach Bamberg aus.

Der junge Mann übernimmt nach der Ermordung Eisners den Vorsitz der USPD und wird zudem Vorsitzender des Zentralrates der Räterepublik. Sein Name Ernst Toller.

3. Eine Revolution muss nicht immer „links" sein und ist schon gar nicht anarchisch.

Dass Revolutionen nur dann Revolutionen sind, wenn sie „links" sind, ist natürlich nur die „halbe" Wahrheit. Eine Revolution kann auch von „rechts" kommen. Ja, sieht man sich die Mechanik von erfolgreichen Revolutionen wie der französischen, der sozialistischen in Russland oder der maoistischen in China an, so wird schnell deutlich, was eine erfolgreiche Revolution ausmacht. Sie braucht nicht nur eine Idee oder Mission, die bei der Masse ankommt. Viel wichtiger ist, sie braucht ein Instrumentarium, um sich durchzusetzen. Dazu gehört eine zu allem entschlossene Gruppe von Revolutionären, die bereit ist ohne jegliche moralische oder ethische Rücksichtnahme, die Macht zu erobern und diese mit aller Gewalt gegenüber den Feinden und dem ganzen Volk durchzusetzen. Eine Revolution ist nicht anarchisch, sondern sie braucht einen Machtapparat (Kaderpartei), der straff und hierarchisch durchorganisiert ist. So eine revolutionäre Kaderpartei duldet keine Disziplinlosigkeit und ahndet diese drakonisch. Gewaltexzesse werden nur insoweit zugelassen, als dass sie der Machtergreifung und dem Machterhalt dienen. Der zu Beginn der Revolution verbreitete Terreur dient allein diesem Ziel.

Die Machtergreifung durch die NSDAP in den Jahren 1933 und 1934 bedient sich im Grunde des gleichen Instrumentariums. Der Bruch des nationalsozialistischen Regimes mit der Weimarer Republik aber auch dem Ancien Regime des hohenzollerschen Kaiserreiches hätte nicht deutlicher sein können. Die Nationalsozialisten kopierten im Grunde die Leninsche Oktoberrevolution. Eine straff geführte Kaderpartei übernahm die Macht, etablierte parallel eine Machtstruktur, um sämtliche bestehende staatliche Institutionen der Gewaltenkontrolle und der Machtausübung erst auszuhöhlen und dann auszuschalten. Innerhalb eines Jahres blieb von der Weimarer Republik nichts mehr übrig. Auch sollte ein neuer Typus von Mensch aus der nationalsozialistischen Revolution hervorgehen: der arische Herrenmensch. Der einzige Unterschied zur sowjetischen Revolution bestand darin, dass ein Bürgerkrieg nicht notwendig war, da es ja keine „weißen" Militärs gab, die sich den Nationalsozialisten entgegenstellten. Die Reichswehr hielt sich heraus und verteidigte nicht die Republik. Ganz im Gegenteil, beeilte sie sich doch, sehr schnell und unmittelbar nach der Machtergreifung Adolf Hitler ihre unbedingte Loyalität zu signalisieren. Widerstand hätte nur vom demokratischen oder sozialistischen Lager kommen können, nur war dieses Lager in sich tief gespalten und zu schwach, um einen Generalstreik oder Volksaufstand zu entfachen. Der partiell vorhandene Widerstand brach schnell zusammen. Die Parteiendiktatur der NSDAP konnte sich ohne größere Schwierigkeiten etablieren. Die Revolution der NSDAP verlief relativ unblutig. Die deutsche Bevölkerung jubelte und der Rest beugte sich.

Dass die Machtergreifung durch die Nazis relativ reibungslos verlief, hat sicherlich auch mit den Erfahrungen des „weißen Terrors" bei der Niederschlagung der Revolutionen und Revolten in Deutschland in den Jahren 1918

– 1923 zu tun. Eine sozialistische Revolution schien keine wirkliche Option mehr gewesen zu sein.

Die Konterrevolution

„Am 9. April stürmt in mein Zimmer einer unserer Sektionsführer. ‚Die Kommunistische Partei hat in den Betrieben eigene revolutionäre Obleute bestimmt und sie zur Versammlung im Matthäserkeller einberufen. Ihr sollt heute Nacht gestürzt werden.‘ Ich schüttle ungläubig den Kopf, hat die Kommunistische Partei nicht vor wenigen Tagen die Schaffung der Räterepublik abgelehnt, hat sie nicht, und mit Recht, ihren frühen Zusammenbruch, die unglückseligen Folgen für die Arbeiterschaft prophezeit, welche neuen politischen Ereignisse bestimmen sie, die Macht zu erobern? Die Lage ist die gleiche wie vor wenigen Tagen, eher aussichtsloser. Nur wollte damals die Kommunistische Partei nicht als Minderheit in einer Regierung vertreten sein, sie forderte, obgleich sie die Arbeiterschaft nicht führte, die Führung der Regierung, das Diktat des politischen Willens, dessen Machtanspruch hoffte sie jetzt durchzusetzen.“ (ET, S. 94)

Bereits zwei Tage nach Ausrufung der Räterepublik begannen die Machtkämpfe zwischen der Kommunistischen Partei, an der Regierung beteiligten Anarchisten, Arbeiter-, Bauer- und Soldatenräten und der USPD. Indessen versammelte die Regierung Hoffmann in Bamberg um sich gewaltbereite Paramilitärs und ersuchte überdies in Berlin um militärische Hilfe durch die Reichswehr.

Toller sieht bereits das Ende nahen: „Die Räterepublik lässt sich nicht halten, die Unzulänglichkeit der Führer, der Widerstand der Kommunistischen Partei, der Abfall der Rechtssozialisten, die Desorganisation der Verwaltung, die zunehmende Knappheit an Lebensmitteln, die

Verwirrung bei den Soldaten, alle diese Umstände müssen den Sturz herbeiführen und der sich organisierenden Konterrevolution Kraft und Elan geben... Die Räterepublik war ein Fehler, Fehler muss man eingestehen und ausmerzen. Schon verhandeln Soldatenräte und Rechtssozialisten auf eigene Faust mit der Gegenregierung, wir dürfen keine Zeit verlieren, die Konterrevolution bedroht uns in den eigenen Reihen." (ET, S. 96)

Toller wird von den Kommunisten verhaftet, wieder frei gelassen. Die Kommunisten haben die Macht übernommen. Soldatenverbände und Freikorps ziehen von Westen und von Norden in Richtung München, besetzen Augsburg. München wird von der Versorgung abgeschnitten. Toller setzt sich an die Spitzen einer schnell formierten Truppe aus Arbeitern und Ex-Soldaten, um das Vorrücken der Freikorps aus dem Norden aufzuhalten. Er schafft es die Truppen nach Pfaffenhofen zurückzudrängen. Sie machen Gefangene, die sie aber wieder freilassen, in der Hoffnung, dass diese in ihre Heimat zurückkehren würden.

Doch es kommt anders: „Die gefangenen Soldaten, die in die Heimat zurückkehrten, kämpften einige Tage später wieder gegen uns." Die „Unzulänglichkeit" der Führer der Räterepublik bezog Toller auch auf sich selbst. Sie taten nicht, was die Revolution von ihnen abverlangte: der radikale Umbau der bayerischen Gesellschaft, die gewaltsame Durchsetzung der Macht mit allen zur Verfügung stehenden polizeilichen und militärischen Mitteln. Ein naive, romantische Sicht der Lage beherrschte das Denken der bayerischen Revolutionäre und führte zu folgenschweren, aber im Grunde ehrenhaften Fehleinschätzungen: „Mögen die Gesetze des Bürgerkrieges noch so brutal sein, ich weiß, die Konterrevolution hat in Berlin rote Gefangene ohne Schonung gemordet, wir kämpfen für eine gerechtere Welt, wir fordern Menschlichkeit, wir müssen menschlich sein." (ET, S. 106)

Als militärischer Befehlshaber schreckt Toller vor den „brutalen Gesetzen" des revolutionären Bürgerkrieges zurück. Er will nicht standrechtliche Erschießungen vornehmen. Auch die regierenden Kommunisten schrecken davor zurück und schwelgen lieber in hehrer Bewunderung für die russische Revolution:

„Entscheidenden politischen Einfluss gewinnen einige Russen, einzig darum, weil ihr Pass sie als Sowjetbürger ausweist. Das große Werk der russischen Revolution verleiht jedem dieser Männer magischen Glanz, erfahrene deutsche Kommunisten starren wie geblendet auf sie. Weil Lenin Russe ist, trauen sie ihnen dessen Fähigkeiten zu. Das Wort ‚In Russland haben wir es anders gemacht‘ wirft jeden Beschluss um. Den gleichen verhängnisvollen Einfluss haben einige Frauen, die ein paar Wochen in Sowjetrussland zu Besuch waren, sie stützen sich auf ihre touristischen Erfahrungen und glauben, weil sie die revolutionäre Wirklichkeit flüchtig sahen, nun damit die Eignung zu strategischen Leiterinnen aller künftigen Revolutionen erworben zu haben. Und Männer, die seit Jahren in der sozialistischen Bewegung arbeiten, beugen sich, ohne zu zögern, mit befremdlicher Freude, ihren Phrasen, ihren Allerweltsrezepten." (ET, S. 110)

Entnervt gibt Toller sein Truppenkommando ab und zieht sich zurück: „... ich kann es nicht mehr verantworten, mit dem Vollzugsrat und dem Generalstab, deren Politik ich verwerfe, zusammenzuarbeiten." (ET, S. 111)

Hunderttausend Soldaten umzingeln mittlerweile München. Einige Tausend haben die Verteidiger der Räterepublik. Die Lage ist aussichtslos. Die Gegenrevolutionäre aus Bamberg haben ein leichtes Spiel. Sie setzen alle Mittel ein, um die Räterepublik und ihre Anhänger zu vernichten: Propaganda, Verrat, Folter, standrechtliche Hinrichtungen, Mord. Am 1. Mai 1919 marschieren Freikorps und Reichswehr in München ein: 2200 Menschen fallen dem weißen Terror zum Opfer und werden ermordet, standrechtlich erschossen oder von Standgerichten zu hohen Gefängnisstrafen verurteilt. Mentor, Anarchist und Weggefährte Tollers Gustav Landauer wird im Gefängnis Stadelheim erschlagen und erschossen, der Kommunistenführer Eugen Leviné wird ebenfalls dort erschossen. Der Militärbefehlshaber der Räterepublik und Kommunist Rudolf Eglhofer wird im Keller der Residenz erschossen. Max Levien, Parteichef der Kommunisten, entkommt zunächst nach Wien und findet später Exil in der Sowjetunion. Dort fiel er 1937 dem „Großen Terror" zum Opfer. Erich Mühsam, wie Toller Mitglied des Zentralrates der Räterepublik, wird zu fünf Jahren Festungshaft verurteilt. Die Nazis ermorden ihn später im KZ Oranienburg.

Was wurde aus Ernst Toller?

Toller muss untertauchen, wird gefasst und standrechtlich zu fünf Jahren Festungshaft verurteilt. Nach der Haft geht Toller nach Berlin und lebt dort als Schriftsteller, Dramatiker und Dichter. Als die Nationalsozialisten 1933 an die Macht kamen, geht er ins Exil. Er nimmt sich 1939 in New York das Leben.

Über die Deutschen unter Hitler sagte Ernst Toller im Vorwort zu seinem Buch „Eine Jugend in Deutschland", das 1933 im Exil in Amsterdam erschienen ist:

„Von falschen Heilanden erwartet das Volk die Rettung, nicht von eigener Erkenntnis, eigener Arbeit, eigener Verantwortung. Es jubelt über die Fesseln, die es auf Geheiß der Diktatoren sich schmiedet, für ein Linsengericht von leerem Gepränge verkauft es seine Freiheit und opfert die Vernunft. Denn das Volk ist müde der Vernunft, müde des Denkens und Nachdenkens, was hat denn, fragt es, die Vernunft geschaffen in den letzten Jahren, was halfen uns Einsichten und Erkenntnisse? Und es glaubt den Verächtern des Geistes, die lehren, dass die Vernunft den Willen lähme, die seelischen Wurzeln zersetze, das gesellschaftliche Fundament zerstöre, dass alle Not, soziale und private, ihr Werk sei...

Die Folgen sind furchtbar. Das Volk lernt Ja zu sagen zu seinen niederen Instinkten, zu seiner kriegerischen Gewaltlust. Geistige und moralische Werte, in Jahrtausenden mühsam und martervoll errungen, sind dem Spott und Hass der Herrschenden preisgegeben. Freiheit und Menschlichkeit, Brüderlichkeit und Gerechtigkeit – vergiftende Phrasen, fort mit ihnen auf den Kehrichthaufen!" (ET, S. 8)

4. Epilog: Das deutsche Unbehagen an der Revolution

Eigentlich gab es bis zur Machtergreifung der Nazis kein deutsches Unbehagen an der Revolution. Im Gegenteil die Deutschen galten im 19. Jahrhundert in ganz Europa als ein geradezu aufmüpfiges Volk. Nach der französischen Revolution und dem Bonapartismus fürchteten die kontinentalen Monarchien der „Heiligen Allianz" (Russland, Österreich-Habsburg und Preußen), nichts mehr, als dass eine Revolution auf dem Gebiet des Deutschen Bundes - die Rechtsnachfolgerin des von Napoleon liquidierten Heiligen Römischen Reiches Deutscher Nation – sich ausbreiten und die bestehenden Herrscherhäuser, allen voran das preußisch-hohenzollersche und österreichisch-habsburgische, hinwegfegen könnte. Mit allen Mitteln moderner Staats- und Sicherheitspolitik versuchten diese Monarchien jeden Ansatz von Revolte schon im Keim zu ersticken, ja Revolutionäre schon auszumachen, bevor diese überhaupt zur Tat schreiten konnten: Umfangreiche Spitzelsysteme, eine harte Pressezensur, Versammlungsverbote, Repressalien jeder Art, abschreckende drakonische Strafen (Standgerichte und -urteile) sollten verhindern, dass es zu einem Umsturz kam. Die deutschen Revolutionäre im 19. Jahrhundert waren eine besondere Spezies: Viele von ihnen ginge es vor allem um die Gründung eines deutschen Nationalstaates – alle Deutschen sollten in einem Staat beheimatet sein. Ein Motiv gespeist aus dem Geist der Romantik und des Idealismus, weniger aus sozialrevolutionären Erwägungen. „National" gesinnt zu sein, hieß revolutionär zu sein. So fand sich unter den Anführern der 1848er Revolution auch ein Richard Wagner, der in Dresden den Aufstand leitete und lieber sterben wollte, als nationenlos in einem der deutschen Fürstentümer weiterhin sein Dasein zu fristen. Erst mit der fortschreitenden Industrialisierung und den damit entstehenden Arbeiterschichten etablierte sich in der zweiten Hälfte des 19.Jahrhunderts eine sozial-revolutionäre Arbeiterbewegung, die an Zulauf gewann und zu Beginn 20. Jahrhunderts mit der SPD eine starke parteipolitische Heimat hatte. Das von Preußen 1870 neu-geschaffene Deutsche Reich erwies sich zwar für viele Bürger als die langersehnte Vollendung der deutschen Nation, aber die politische und soziale Gleichstellung ließ noch auf sich warten. Bis zum Kriegseintritt des Deutschen Reiches 1914 bestimmte der Kampf um politische und soziale Rechte die politische Agenda der SPD und der sozialistischen Gewerkschaftsbewegung. Das wilhelminische Kaiserreich konterte mit einer aggressiven imperialistischen Außenpolitik, Nationalismus und unverhohlenem Antisemitismus. Der Kriegseintritt schien eine zutiefst gespaltene Gesellschaft zunächst zu einen. Mit der Dauer des Krieges und den spürbaren Folgen für die Zivilbevölkerung (Versorgungsengpässe, Hungerwinter, Grippeepidemien) brachen die bereits vor dem Krieg bestehenden Konfliktlinien wieder auf: Militarismus, Nationalismus und Antisemitismus auf der einen

Seite, Pazifismus, Internationalismus und soziale Gerechtigkeit auf der anderen. „Revolution" war für die eine Seite, eine „nationale" Aufgabe, um Deutschland wieder stark zu machen, für die anderen bestand sie im Sieg des Sozialismus über den Kapitalismus.

Die junge Weimarer Republik drohte zwischen diesen beiden Lagern aufgerieben zu werden und musste um ihr politisches Überleben kämpfen – von der miserablen wirtschaftlichen und außenpolitischen Lage einmal abgesehen. Die zunächst SPD-geführte Republik reagierte mit aller Härte und Brutalität auf die sozialistischen und sozial-revolutionären Bestrebungen und ging dabei ein Zweckbündnis mit den reaktionären und konterrevolutionären Kräften (Freikorps-Milizen und Militär) ein. Bis weit in die 20er Jahre hinein dauerte dieser Kampf und führte am Ende auch zu einer Schwächung der gesamten Arbeiter-Bewegung. Gleichzeitig führte diese Politik aber auch zur Popularisierung und Erstarkung der reaktionären Kräfte: paramilitärische Organisationen wie der Stahlhelm und die SA sowie offen anti-demokratische, ultranationalistische und antisemitische Parteien wie DNVP, NSDAP oder in Bayern die Bayerische Volkspartei (BVP). Aus dieser Situation heraus war es für die SPD der Weimarer Republik nahezu unmöglich in einer Art „Volksfront"-Bündnis mit der KPD, Parteien wie die DNVP und die NSDAP daran zu hindern, die Macht zu usurpieren und die verhasste Republik zu vernichten. Es hätte einer zweiten Revolution bedurft. Aber die „linke" Revolution schien ausgeschlossen. Es war zu spät.

Daran änderte auch das Ende des Nationalsozialismus 1945 nichts; schnell sorgte der sich ankündigende West-Ost-Antagonismus dafür, dass im westlichen Teil Europas linksgerichtete Bewegungen mit Argusaugen von den westlichen Siegermächten beobachtet wurden, und wenn irgend möglich versucht wurde, diese zu diskreditieren. Nicht nur in Deutschland spürte man ein Unbehagen an der Revolution, in ganz Europa war dieses zu spüren. Mit der Etablierung der westlichen Demokratien kamen auch die Segnungen wirtschaftlichen Wohlstandes, die für viele zweifellos bereits paradiesische Zustände verhieß und somit eine soziale, linke Revolution obsolet machte. Der Blick hinter den Eisernen Vorhang verhieß ja auch nichts Gutes und taugte als disziplinierendes Menetekel für sämtliche revolutionäre Bestrebungen. Demokratischer Sozialismus im kapitalistischen Wirtschaftssystem – das schien ohnehin im Westen widerspruchsfrei zu funktionieren. Eine Revolution oder gar die Erinnerung daran weckte da nur Unbehagen. Die Revolution das war etwas für andere Völker – in der Karibik, Afrika oder irgendwo am „Rande" der Welt und wurde mal besorgt mal wohlwollend betrachtet. Die Revolution geriet so zu einer eine Frage der Evolution in der Geschichte des gesellschaftlichen Fortschritts. Eine Stufe, die wir Deutsche und Europäer schon hinter uns gelassen zu haben glaubten.

Valentina von Tulechov

DER MORALISCHE MINIMALISMUS AM BEISPIEL DER SAMTENEN REVOLUTION VON 1989

Im alltäglichen Wissenschaftsverständnis wird der Begriff der Revolution mit Radikalität und Gewalt verbunden. In diesem Beitrag soll auf einen Systemwechsel eingegangen werden, der sich innerhalb weniger Wochen vollzog und weitgehend gewaltfrei war. Die Samtene Revolution (sametová revoluce) in der ehemaligen Tschechoslowakei Ende 1989 charakterisiert den politischen Systemwechsel vom Realsozialismus zur Demokratie.

Schon im Jahre 1988 fanden die ersten antikommunistischen Demonstrationen in der Tschechoslowakei statt. Diese friedlichen Kundgebungen wurden von der Polizei niedergeknüppelt und führende Oppositionelle, wie Václav Havel, dabei inhaftiert.

Ein Jahr später kam es zu entscheidenden Ereignissen, die in die Auflösung des kommunistischen Regimes mündeten.

So hatte Ungarn am 2. Mai 1989 begonnen, seine eiserne Grenze zu Österreich zu lockern und einige Monate später ermöglichte Ungarn die Ausreise vieler DDR–Bürger nach Westdeutschland. Auch über Prag durften seit Oktober 1989 tausende Menschen nach Verhandlungen in die Bundesrepublik Deutschland ausreisen. Am 09. November 1989 bewegte der Fall der Berliner Mauer die Tschechoslowaken (Cottrell 2005: 114).

Am 16. November 1989 fand in Bratislava, der heutigen Hauptstadt der Slowakei, eine Studentendemonstration statt. Die Sicherheitskräfte ließen die Demonstranten friedlich durch die Straßen Bratislavas ziehen. Am Folgetag sollte in Prag eigentlich an den 50. Jahrestag der Schließung der tschechischen Hochschulen durch die deutschen Besatzer von 1939 sowie den damals erschossenen tschechischen Studenten Jan Opletal erinnert werden (Litovelské Pomoraví: Opletal Jan—První studentská obet nacismu v Československu). Aufgrund der rasanten politischen Veränderungen in den Nachbarländern, wie der schon erwähnte Mauerfall in der DDR, bestimmte der Protest gegen die Ignoranz der tschechoslowakischen Staatsführung die Kundgebung mit zigtausend Demonstranten. Die Studenten riefen nach freien Wahlen, Freiheit und Abschaffung des Führungsanspruchs der Partei. Im Gegensatz zu Bratislava begann die Polizei im Verlauf des Abends die Kundgebungen in Prag niederzuschlagen, wobei sehr viele Bürger verletzt wurden. Es kursierte sogar das Gerücht, dass ein Student zu Tode kam. Daraufhin riefen die Prager Studenten zu einem zeitlich unbegrenzten Studentenstreik auf. Die Nachricht vom groben Vorgehen der Polizei gegen die Studenten verbreitete sich wie ein Lauffeuer, entfachte die Wut der Bürger und mobilisierte weite Teile der Bevölkerung, an dem Studentenstreik und entsprechenden Gegendemonstrationen teilzunehmen. Auch bedeutende Prager Intellektuelle und Schauspieler schlossen sich an (Cottrell 2005: 114–116).

Dies war das Schlüsselereignis, das den Anfang der Samtenen Revolution markierte.

Die Demonstranten forderten auf ihren größtenteils friedlichen Märschen eine Untersuchung der Vorgänge und die Bestrafung der Verantwortlichen sowie den Rücktritt der Regierung, freie Wahlen und etliche Reformen, beispielsweise im Bildungswesen. Mittlerweile unterstützen die Menschen im ganzen Land den Streik der Studenten, indem sie auf die Straße gingen und Plakate mit ihren Forderungen hochhielten. Am 19. November 1989 gründete sich in Prag das „*Bürgerforum*" (Občanské Fórum) und im slowakischen Teil des Landes die „*Öffentlichkeit gegen Gewalt*" (Veřejnost proti násilí), um mit der kommunistischen Staatsregierung in einen Dialog zu treten. Diese beiden Bürgerforen wurden zum Sprachrohr der Oppositionsbewegung und ihr prominentester Vertreter war der Schriftsteller Václav Havel (Cottrell 2005: 115).

Seitdem breiteten sich die Demonstrationen sukzessive in der ganzen Tschechoslowakei aus. In Prag, Bratislava und Brünn waren täglich tausende Menschen auf der Straße. Der Großteil der Prager Hochschulen streikte und viele bedeutende Persönlichkeiten aus dem künstlerischen, kulturellen und auch religiösen Metier ergriffen den Mut und riefen zur Unterstützung dieser revolutionären Bewegung auf.

Am 23. November 1989 sprachen Václav Havel und Alexander Dubček, bekannt als Symbolfigur des Prager Frühlings von 1968, am Wenzelsplatz zu den 200.000 Demonstranten und forderten den Rücktritt des Kommunistischen Regimes. Der Generalsekretär der Kommunistischen Partei Miloš Jakeš trat am selbigen Tag freiwillig zurück und verkündete den Rücktritt der gesamten Führung seiner Partei. Die Zahl der Demonstranten ist mittlerweile in Prag auf 800.000 und in Bratislava auf 100.000 gestiegen.

Der Schlüsselbund wurde zum Symbol dieser sanften Revolution. Mit ihren klingelnden Schlüsseln wollten die Bürger die friedliche Wende *„einläuten“*.

Am 27. November 1989 kam es zum geplanten landesweiten Generalstreik und am Folgetag zeigte sich die kommunistische Regierung bereit mit dem Bürgerforum zu verhandeln. Diese Verhandlungen hielten an bis zum 10. Dezember 1989.

Der Präsident Gustav Husák, Mitglied der Kommunistischen Partei, ernannte am 10. Dezember 1989 eine neue nichtkommunistische Regierung und reichte im selben Atemzug auch seinen Rücktritt ein.

Am 29. Dezember 1989 wird der Dissident Václav Havel als erster Nicht–Kommunist seit 1948 zum Staatspräsidenten gewählt und dies von dem alten, kommunistisch dominierten Parlament. Etliche kommunistische Abgeordnete traten zurück und deren Nachfolge traten größtenteils frühere Oppositionelle an. Dadurch verloren die Kommunisten im neuen Parlament ihre Mehrheit. Am 29. März 1990 wurde letztendlich die demokratische Tschechoslowakische Föderative Republik ausgerufen (vgl. Cottrell 2005: 116–118 und 128).

Die recht friedlichen Forderungen auf den Plakaten nach Freiheit, freien Wahlen und Demokratie wurden verstanden. Dies nicht nur im Inland, sondern auch international. Vor allem die westliche Gemeinschaft hat mit großer Spannung den Systemwechsel vom kommunistischen zum demokratischen Regime beobachtet. Sie versucht diese Veränderungen auch so weit wie möglich zu verstehen, um den Menschen zu helfen, die nach Freiheit und Demokratie rufen.

In diesem spontanen Verstehen, dieser spontanen Sympathie sieht der amerikanische Sozialethiker Michael Walzer einen moralischen Minimalismus, einen entscheidenden politischen Schlüsselmoment, dem er in seinem Werk *Thick and Thin* nachgeht. Hier beschreibt Michael Walzer eine spontane Verständigung über gleiche Wertvorstellungen und über die Grenzen der eigenen Gemeinschaft hinaus, nämlich die eines spontanen Verstehens und spontaner Solidarität mit Menschen, die in einem ganz anderen kulturellen Kontext um Hilfe rufen oder politische Forderungen stellen.

Vor Augen hat dabei Michael Walzer Fernsehbilder und Zeitungsbilder der soeben beschriebenen Prager Demonstranten aus dem besagten Jahr 1989, die Plakate mit der Forderung nach Gerechtigkeit oder Wahrheit hochhalten (Walzer 1994: 1f.). Es geht ihm dabei um das Erhören der *Stimme der Opfer* und die spontan empfundene Empathie mit tschechoslowakischen Bürgern, die gegen ihr sozialistisches Regime demonstrierten. Die Demonstranten erheben ihre Stimmen gegen bestimmte Praktiken und Gesetze, die sie als ungerecht empfinden und die beendet werden sollen (Kellerwessel 2005: 51). Ihre Forderungen beispielweise nach Demokratie sind für Bürger westlicher Demokratien, sei es in den USA, Kanada oder Australien nachvollziehbar, beurteilbar und unterstützbar, trotz kultureller Entfernung zwischen der ehemaligen Tschechoslowakei und beispielsweise den USA (Kellerwessel 2005: 50). Für Walzer bedeutet das pluralistische Verständnis der Gerechtigkeit das Teilen von ähnlichen Wertvorstellungen trotz kultureller Differenzen. Man hat Sympathie mit den Menschen, die auf die Straßen Prags gehen, ihre Stimme erheben, indem sie für demokratische Werte marschieren.

Die Solidarität der Bürger aus westlichen Demokratien mit den Demonstranten in Prag, die für *Gerechtigkeit, Wahrheit* und *Demokratie* eintraten, baut auf dem Verständnis der minimalen Bedeutungsgehalte der Forderungen seitens der Demonstranten auf. So lässt sich diese spontane Solidarität als genuin *minimalistisch* verstehen. Die Minimalmoral reicht dann so weit, dass wir den Rufen gegen die Unterdrückung zustimmen können. Allgemeine, minimale Begriffe der Moral, wie Freiheit oder Demokratie sind für jeden von uns verständlich.

Welche Vorstellungen die Tschechoslowaken genau mit *Demokratie* assoziieren und wie sie sich die zukünftige Gestalt ihres Landes vorstellen, ist Teil ihrer subjektiven, partikularen Verständnisse (Walzer 1994: 6). So können wir hier festhalten, dass der Zug gegen die als ungerecht empfundene Tyrannei universalistisch ist und partikularistisch ist die angestrebte konkrete Ausgestaltung eines gerechten Gemeinwesens, wie z.B. eines gerechten Gesundheits- oder Bildungswesens. Haben aber die Prager Bürger andere Vorstellungen über die gerechte Gestaltung ihres Staates als z.B. die Amerikaner, assoziieren sie mit dem Begriff *Gerechtigkeit* auch andere Gehalte. Somit kommt, nach Walzer, eine genauere Bedeutung ins Spiel, die er als maximal und lokal beschreibt. Sie geht über den minimalen Gehalt hinaus, indem sie weitere Bedeutungsgehalte aufnimmt, die der minimale Gehalt allein nicht umfasst (Kellerwessel 2005: 51f.).

Sobald die Prager Demonstranten sich der Aufgabe zuwenden, ein Gesundheits- oder Bildungssystem für die Tschechoslowaken auszuformulieren, *„sind sie keine Universalisten mehr: Dann werden sie danach suchen, was das für sie Beste ist, was ihrer Geschichte und Kultur entspricht"* so Walzer (Walzer 1994: 16). Wenn es also darum geht, ein konkretes Problem in einer bestimmten Gesellschaft zu lösen, bedürfte es einer maximalen, lokalen, einer partikularen Gerechtigkeitsvorstellung, womit diese von Gesellschaft zu Gesellschaft variieren kann (vgl. Kellerwessel 2005: 106).

Walzer beschreibt eine Balance zwischen Universalismus und Partikularismus. Er sieht, dass sich beide Positionen in keiner Weise widersprechen, sondern ergänzen (Walzer 1994: 16). Für Walzer tritt die abstrakte minimale Moral in der Realität nur im Zusammenhang mit einer maximalen also kulturell geprägten, nationalen Moral auf, die in Walzer Begriffsverständnis konkret und dicht ist (Kellerwessel 2005: 61). So ergreifen die amerikanischen Fernsehzuschauer, die einer Übertragung der Prager Demonstration folgen, zwar einerseits für die abstrakten, dünnen Forderungen Partei – also für die Forderungen der Minimalmoral. Andererseits, so Walzer, verbänden die Zuschauer mit der Minimalmoral *ihre* eigene lokale, kulturgeprägte maximale Moral, statteten die verwendeten Begriffe wie *Gerechtigkeit* mit weiteren eigenen Gehalten aus.

Walzer ist der Ansicht, *„jede menschliche Gesellschaft sei – als menschliche – universal, als Gesellschaft aber partikular, und das Universale dem Partikularen überzuordnen"* (Kellerwessel 2005: 62). Die Universalität kommt zum Vorschein, wenn man von der ursprünglichen, konkreten und maximalen Bedeutung abstrahiert, so dass man eine nicht mehr *lokale*, sondern eine allgemeinere Bedeutung erhält.

Abschließend ist festzuhalten, wie Walzer zur Übereinstimmung über eine *„dünne"* und *„universale"* Moralität kommt. Walzer meint:

„Menschen, die über Gerechtigkeit nachdenken und darüber reden, werden sich auf ein weitgehend bekanntes Erfahrungsgebiet beziehen und auf ähnliche Fragen stoßen, wie z. B. auf Unterdrückung der Armen. [...] [J]eder, der in einer solchen Situation zusieht, wird etwas sehen, was er in Übereinstimmung mit den anderen beurteilt. Die Summe dieser [übereinstimmenden] Beurteilungen ist das, was ich unter minimaler Moralität verstehe" (Walzer 2006: 5f.).

Hier macht Walzer deutlich, dass ein derartiger Minimalismus zwar ausreicht, um eine begrenzte und ermutigende Solidarität hervorzubringen. Allerdings ist es nicht ausreichend für die Begründung einer ganzen universalen Moraldoktrin. Man muss zur eigenen, dicken Moral zurückkehren, wie Walzer schreibt:

„Die Idee des moralischen Minimums [...] rechtfertigt gerade wegen ihrer Dünnheit unsere Rückkehr zur Dickheit [der Moral], die jeweils die unsrige ist. Die Moral, in die das moralische Minimum eingebettet ist, und von der es nur zeitweilig abstrahiert werden kann, ist die einzige Moral im vollen Sinne des Wortes, die wir haben können" (Walzer 2006: 11).

Hat z.B. *Tyrannei* als universale Bedeutungskomponenten *„ungerecht"*, *„unterdrückend"*, *„Menschenrechte verletzend"* oder *„Bürgerrechte missachtend"*, so könnte das lokale Verständnis weitere Komponenten enthalten. Beispielsweise hatte der Begriff *Tyrannei* für die Prager Demonstranten noch weitergehende Bedeutungen (Walzer 1996: 15). Zu diesen wären, um beim Kontext der Prager Demonstration zu bleiben, bestimmte Merkmale des tschechoslowakischen Regimes zu zählen, die mit konkreten Parteiverboten, Inhaftierungen oder der Zerschlagung des Prager Frühlings von 1968 assoziiert werden (Kellerwessel 2005: 52f.).

Diese partikularen Verständnisse der Kulturen, der jeweiligen Erinnerungen und Lebensweisen sind nach Walzers Überzeugung unverzichtbar. Von ihnen wird abstrahiert. Daher seien sie vorzuordnen, und die universelle Minimalmoral sei ein *Schnittmengenphänomen* (Walzer 1994: 63). Ein derartiges *Schnittmengenphänomen* kann der Kern grundlegender Prinzipien sein, eine Grundlage für einen minimalen Moralcode. Ein kulturübergreifend anzuerkennender Codex bildet sich aus partikularen, gesellschaftlichen Kontexten heraus und bleibt an diese rückgekoppelt.

Der moralische Minimalismus, ausformuliert in einem Minimalcode ist dabei nicht umfassend, wie Walzer schreibt: *„[E]r enthalte vielmehr lediglich eine Reihe universell gültiger Verbote"* (Walzer 1994: 23). Diese beschreiben *„Vorschriften gegen Mord, Täuschung, Folter, Unterdrückung und Tyrannei"* (Walzer 1994: 24), die wiederum positiv ausgelegt werden können, nämlich in das Recht auf Leben und Recht auf Freiheit. Ein jedes Moralsystem, so Walzer, das jenen moralischen Minimalismus *nicht* enthalte, sei unzureichend. In Walzers Worten:

> *„Jede Moral, die derartige Aussagen [der minimalen Moral] nicht zulässt und deren praktizierende Anhänger nicht auf das Leid und die Unterdrückung anderer Menschen zu reagieren oder an den Protestmärschen anderer Völker teilzunehmen vermögen, wäre eine unzureichende Moral"* (Walzer 1994: 24).

Weil die westlichen Staaten die moralischen Begrifflichkeiten wie Demokratie und Freiheit in ihrer lokalen

Moral so verinnerlicht haben, konnten diese die Forderungen der Tschechoslowaken nachvollziehen und diese auch im weiteren Verlauf der Ereignisse unterstützen.

Bibliographie

Cottrell, Roert C.. (2005). *The Czech Republic: The Velvet Revolution*. Philadelphia: Chelsea House Publishers.

Kellerwessel, Wulf. (2005). *Michael Walzers kommunitaristische Moralphilosophie: kritische Analysen zu „Drei Wege in die Moralphilosophie", „Moralischer Minimalismus" und „Zwei Arten des Universalismus"*. Münster: LIT Verlag.

Walzer, Michael. (1994). *Thick and Thin. Moral Argument at Home and Abroad*. Notre Dame: University of Notre Dame Press.

Walzer, Michael. (1996). *Lokale Kritik – globale Standards*. Hamburg: Rotbuch Verlag.

Walzer, Michael. (2006). *Sphären der Gerechtigkeit. Ein Plädoyer für Pluralität und Gleichheit*. Frankfurt am Main: Campus.

Litovelské Pomoraví: Opletal Jan První studentská obet nacismu v Československu: www.litovelsko.eu/drcs/187-opletal-jan.html. Abgerufen am 29.12.2017

Peter Seyferth

WAREN DIE G20-KRAWALLE REVOLUTIONÄR?
DIE ROLLE DES AUFSTANDES FÜR DEN KAMPF UM HERRSCHAFTSFREIHEIT

Wie geht eine anarchistische Revolution? Da sind sich auch die Anarchisten nicht einig. In einem Beitrag zu Hans-Martin Schönherr-Manns Rau(s)chsalon-Sammelband *Vergesst nicht ... die Revolution!* habe ich beschrieben, wie das anarchistische Publikationskollektiv CrimethInc. seine Revolutionsvorstellung im Laufe der Zeit veränderte. Es fing an mit einer individualistischen Aussteigerstrategie, bei der man sich zunächst selbst revolutionieren und alternative Lebens- und Widerstandsgemeinschaften außerhalb des Zugriffs von Staat und Kapitalismus aufbauen sollte. In der Anarcho-Sekundärliteratur wird dieser Ansatz auch „Präfiguration" genannt, also das Ausleben anarchistischer Prinzipien bereits während des Kampfes für die Anarchie — eine Übereinstimmung von Ziel und Mittel. In einem Prozess der Reflexion und Selbstkritik näherte sich CrimethInc. aber der militanteren, klassenkämpferischen Revolutionsstrategie zu, die schon im 19. Jahrhundert angepriesen worden war, inzwischen aber auch einige

Modernisierungen erfuhr. Bei dieser Strategie kommen auch Taktiken zum Einsatz, die der Präfiguration widersprechen, da man sich für das anarchistische Ziel nicht die Gewalttaten wünscht, die man während der militanten Taktiken aber einzusetzen gezwungen zu sein glaubt. Bei der Skizzierung dieser Entwicklung ließ ich die im Anarchismus von Anfang an hitzig diskutierte Gewaltfrage fast völlig beiseite (Seyferth 2017). Aus aktuellem Anlass hole ich das nun nach: CrimethInc.-Agenten waren an den Krawallen gegen den G20-Gipfel in Hamburg (und überhaupt gegen Staat und Kapital) beteiligt und priesen die Ausschreitungen als revolutionär. Andere Anarchisten aber, die zahlenmäßig stärkeren Gewaltfreien, kritisierten gerade diese Ausschreitungen als der Revolution abträglich. Ohne die Wünschbarkeit von Herrschaftsfreiheit überhaupt zu diskutieren (die setze ich einfach als gegeben voraus), soll es daher in diesem Text um die Gründe gehen, die für und gegen Gewaltanwendung im anarchistischen Aktivismus angegeben werden können. Dabei macht es auch Sinn, die Rezeption der Krawalle in den Mainstream-Medien zu berücksichtigen.

Anarchisten streben Anarchie an: einen Zustand der Abwesenheit herrschaftsförmiger Gesellschaftsbeziehungen, wobei insbesondere die staatliche Ordnung überwunden werden soll. Wenn Anarchisten einen Aufstand proben, dabei den Staat besiegen und dadurch Anarchie herstellen, dann haben sie wohl erfolgreich Revolution gemacht. In einigen Mainstream-Medien klang es fast so, als sei im Juli 2017 genau das in Hamburg passiert: In Teilen Hamburgs herrschte „Anarchie" (Hamburger Abendblatt a, BILD, BZ Berlin, Focus online, Neue Zürcher Zeitung, RTLnext, Stuttgarter Zeitung, Südkurier, Welt). Ist das etwas Gutes? Schwer zu sagen. Etwas ironisch heißt es einmal, tausende Demonstranten feierten „ein Fest der Anarchie" (Der Westen), ein andermal wird eher eine Verschlechterung „vom Festival der Demokratie zu Stunden der Anarchie" konstatiert (Südkurier) – letztlich war es wohl „eine fast schon absurde Mischung aus Happening und Bürgerkrieg" (Welt). Insgesamt aber ist die Bewertung der Ereignisse von Hamburg in den Mainstream-Medien eindeutig negativ. Insbesondere wird das Wort ‚Anarchie' in engen Zusammenhang mit Begriffen wie ‚Krieg' (RTLnext), ‚Gift', ‚Rechtlosigkeit', ‚Zerstörung' (Neue Zürcher Zeitung), ‚Gewalt', ‚Plünderreien' (Focus online b), ‚regierender Mob', ‚Verwüstung' (Stuttgarter Zeitung) gebracht. Die Beschreibungen sind drastisch: „Mit roher Gewalt haben die Anarchisten eine Schneise der Verwüstung geschlagen [...]. Der linke Mob tobte, er errichtete Barrikaden und zündete sie an, er drang in Wohnungen ein, prügelte auf alles ein, was sich in den Weg stellte, und lebte seine Gewaltfantasien aus, mit dem Ziel zu morden und zu brandschatzen." (Hamburger Abendblatt b) Solche Aussagen und Bilder passen selbstverständlich zur Angstseite der staatlichen Ordnung – Antistaatlichkeit muss das Allerschlimmste sein, denn warum sollte man sich sonst dem Staat unterwerfen? Seit es Anarchisten gibt, werden sie als untermenschliche Feinde der Humanität dargestellt. Es kann gar keinen zu extremen Vergleich geben. Der Chef des Bundeskanzleramts, Peter Altmaier, twitterte z.B.: „Linksextremer Terror in Hamburg war widerwärtig und so schlimm wie Terror von Rechtsextremen und Islamisten." (BZ Berlin). Bundesinnenminister Thomas de Maizière verglich die Krawallanten ebenfalls mit Neonazis und islamistischen Terroristen, und Jens Spahn nannte die militanten Demonstranten „Linksfaschisten" (Merkur). Nichts gegen den ein oder anderen Nazivergleich, sofern er passt – doch hier schießen diese Unionspolitiker doch etwas über das Ziel hinaus. Trotz aller unterstellten Mordabsichten gab es in Hamburg keine Toten, und das ist doch ein ziemlich bedeutender Unterschied zum rechten und islamistischen Terrorismus. Aber es ging den Politikern nicht um eine möglichst adäquate Einschätzung der Geschehnisse. Vielmehr wollten sie eine emotional aufgeladene Situation für ihren Law-and-Order-Wahlkampf nutzen.

Noch wichtiger ist der Kampf um die Definitionshoheit des Politischen. Aus Sicht der Politiker ist Politik ausschließlich das, was Politiker im politischen System machen. Entsprechend wird den Demonstranten, die die im liberalen Rechtsstaat vorgesehenen politischen Äußerungsformen missachten, das Politische an ihrer Tat strittig gemacht. Nicht nur der CDU-Politiker de Maizière hat ihnen „jede politische Motivation abgesprochen"; auch der FDP-Chef Christian Lindner insistierte darauf, dass einer, der vermummt Flaschen auf Polizisten wirft, nicht als Gipfelgegner oder Demonstrant verstanden werden dürfe; und der sozialdemokratische Bürgermeister Hamburgs, Olaf Scholz, hat betroffen feststellen müssen, dass nicht nur „brutale Gewalttäter" (gemeint sind wohl Anarchisten) brutale Gewalttaten begangen haben, sondern „dass es ganz viele gibt, die dann auf dieser Welle mitgeritten sind'. Sie hätten offenbar in einer ‚Partylaune' Flaschen auf Polizeibeamte geworfen, Geschäfte zerstört und geplündert" (Merkur). Tatsächlich kursieren seit den Krawallen Gerüchte, auch betrunkene Jugendliche, tatsächliche Neonazis und sogar zivil gekleidete Polizisten hätten aufseiten der Anarchisten Gewalttaten begangen (Telepolis). Das ist aber ganz nebensächlich, denn offensichtlich gibt es zwei Sorten von „unpolitisch". Die krawallierenden Nicht-Anarchisten folgen einfach ihrem viehischen Gewalttrieb, der ja auch ein wichtiger Bestandteil der Staatslegitimation ist: Gerade wegen dieser Neigung des Menschen, enthemmt gewalttätig zu werden, seien ja Staat und Polizei notwendig. Das ist politisch unproblematische Gewalt. Die Anarchisten hingegen sind auf problematische Weise unpolitisch: Sie maßen sich nämlich Politik an, obwohl sie sich weigern, ausschließlich die vom Staat vorgesehenen Kommunikationskanäle für Protest und andere Petitionen zu verwenden. So kann etwa der NZZ-Kommentator Peter Rásonyi bei den Teilnehmern des Schwarzen Blocks „keinerlei nachvollziehbare Hinweise auf politische Motive oder Beweggründe" feststellen, wobei die für ihn notwendige Nachvollziehbarkeit im Grund Anschlussfähigkeit der Protestkommunikation an den unhinterfragbaren Staat ist: „Die Gewalt selbst scheint das Programm zu sein, das vorübergehende Aushebeln der gesellschaftlichen Ordnung und des Rechtsstaats durch das massierte Auftreten gleichgesinnter, enthemmter Gewalttäter. Die sogenannten Autonomen schaffen sich einen Moment der Anarchie, der sie in einen Rausch von Allmacht und Überheblichkeit versetzt." (Neue Zürcher Zeitung) Dass „das vorübergehende Aushebeln der gesellschaftlichen Ordnung" und ein „Moment der Anarchie" politische Ziele sein können, bleibt unbegreiflich, wenn Politik nur im Rahmen des Staates denkbar scheint. Ähnlich wertet Carsten Fiedler, der die militanten Linksextremen für „so weit von Politik entfernt" hält „wie Hooligans vom Fußball. Den Krawalltouristen ging es nur um eine Orgie der Zerstörung." Dennoch zählt Fiedler die politischen Einstellungen und Methoden der Krawallanten auf: Hass auf den Staat und seine Institutionen, dazu Kritik am Kapitalismus, gegen den nur ein Umsturz hilft. Für Fiedler ist nur der brave (d.h. gesetzeskonforme) Protest legitim, der sich strikt an die Themen hält, die von den G20-Veranstaltern gesetzt wurden (Kölner Stadtanzeiger). Auch Matthias Iken verlangt eine strikte Unterscheidung zwischen ordnungskonformem Protest und ordnungsfeindlichem Krawall. Der brave Protest ist ihm willkommen, da er harmlos ist und ignoriert werden kann: „Ohne die Krawalle würde man nachsichtig die bunten Bilder und Ballons bewundern, freundliche Menschen zeigen, und ein wenig über diesen Dino-Park der Demogeschichte lächeln." Aber diejenigen, die nicht harmlos sind, sollen ohne weitere Differenzierung oder Versuche, sie zu verstehen, ausgegrenzt werden: „Man weiß nicht, ob die marodierenden Massen des Schwarzen Blocks wirklich Linke sind oder Anarchisten, Nihilisten oder Faschisten. Derlei Erklärungen helfen auch nicht weiter." (Hamburger Abendblatt b)

Ich bin der Überzeugung, dass derlei Erklärungen sehr wohl weiterhelfen. Und tatsächlich sind auch einige Artikel erschienen, die ernsthaft versuchen, die Geschehnisse in Hamburg nicht nur als Spektakel und Verbrechen darzustellen, sondern auch zu erklären, warum die Krawallanten krawallierten. Es ist lobenswert, dass gelegentlich (und auch einigermaßen verständnisvoll) versucht wurde, den ‚Anarchie'-Begriff genauer zu definieren und dabei zu zeigen, dass es eine Bewegung namens „Anarchismus" gibt, die nicht der verbreiteten Chaoten-Karikatur entspricht (Spiegel online, Rubikon) – sogar auf CNN durfte eine Aktivistin klarstellen: „Revolution must not be full of aggression. Revolution means love – not to come together and fight." (CNN) Allerdings gibt es sehr wohl Anarchisten, die aggressiv kämpfen. Zwar mag es auch einen gewissen Anteil an Nicht-Anarchisten bei den Krawallen gegeben haben – aber es lässt sich nicht leugnen, dass Krawall und Straßenschlacht, Barrikaden und Feuer, Angst und Gewalt von Anarchisten ausging. Dies ist erklärungsbedürftig, da die gewaltsamen Aktionen zumindest nicht einem anarchistischen Reinheitsideal entsprachen, demzufolge jede Handlung erst dann anarchistisch ist, wenn sie nicht als Herrschaftsausübung interpretiert werden kann. In einigen Mainstream-Medien wurde tatsächlich nach den Gründen gesucht, die krawallierende Anarchisten sich selbst geben. Sofern teilnehmende Linksradikale nach den Geschehnissen interviewt wurden, gibt es aber eine Tendenz, die Gewalteskalation der Polizei in die Schuhe zu schieben und bei allem Verständnis für Sachbeschädigungen doch Distanz zu den kaum vermittelbaren Taten einzunehmen („„Kleinwagen in Brand zu setzen finde ich aber sinnbefreit, das ist nicht links."", Neue Osnabrücker Zeitung) Dass die Polizei in Hamburg traditionell sehr hart und eskalierend vorgeht und während der G20-Proteste geradezu ausflippte, ist gut dokumentiert – und wird doch vehement von Politikern und Polizeifans bestritten, weshalb es Sinn macht, auf die sehr zahlreichen Angriffe auf Wehrlose und Unbeteiligte hinzuweisen. Auffällig ist auch, dass während der Proteste ständig hohe Zahlen von verletzten Polizisten veröffentlicht wurden (wovon aber die meisten, wie sich später herausstellte, lediglich von den vielen Einsätzen erschöpft, dehydriert und durch die eigenen Kampfgase irritiert waren), bis heute aber keine verlässlichen Zahlen von verletzten Demonstranten vorliegen. Es sollte ein öffentlicher Eindruck entstehen, dass die Polizei gut und Opfer ist und ihr Zuschlagen daher nicht als Gewalt, sondern als Staatsdienst und als Selbstverteidigung aufzufassen ist. Ich meine, dass die Polizeigewalt in Hamburg völlig übertrieben, illegitim und oft sogar illegal war – aber ich meine auch, dass die Krawallanten keine Aufziehpuppen sind, die es nur krachen lassen, wenn sie provoziert werden. Die Polizeiführung wollte wohl etwas (aber nicht so viel) Krawall, da das den Sicherheitsdiskurs in ihrem Sinne anfeuern könnte. Aber nicht nur die Polizeiführung wollte den Krawall. Ich halte ihn für eine geplante und bewusst durchgeführte Aktion der Militanten. Daher müssen ihre Gründe genauer betrachtet werden.

In den Mainstream-Medien wird häufig die Polizei als Experte für anarchistische Gewalt herangezogen. Da wird dann etwa behauptet, es sei „den Randalierern ‚um das Ausleben von Gewalt' gegangen." (Merkur) Europol weiß von den Anarchisten vor allem, dass sie auch außerhalb von Protesten notorische Brandstifter sind, „denen vor allem Polizeifahrzeuge und Privatwagen zum Opfer fielen." (Deutsche Welle) Von politischen Gründen erfährt man da nichts – immerhin ist die Polizei ja auch die Institution, die gewalttätig dafür sorgen muss, dass es politische Gründe nur im Rahmen des politischen Systems gibt. Eine ähnliche Funktion übt Eckhard Jesse aus, der als Extremismusforscher und Hufeisentheoretiker dem Verfassungsschutz dabei hilft, das Politikmonopol des Staates aufrecht zu erhalten. Damit ist er ein Experte für alles, was außerhalb des erwünschten Spektrums steht, auch für den Anarchismus, der sich aus seiner Sicht vor allem durch generelle Staatsablehnung auszeichnet; entsprechend kann auch er von der Mainstream-Presse zitiert werden (Neue Osnabrücker Zeitung). Genauer kann es Nils Schuhmacher, Extremismusforscher der Universität Hamburg, sagen: „Ich denke, an dieser Stelle geht es tatsächlich um das Anrichten großer Zerstörung. Es geht darum, [...] eine Schneise der Verwüstung durch ein bestimmtes Gebiet zu schlagen. Ich würde meinen, es ist vor allem besonders typisch für bestimmte Strömungen des Anarchismus. Die eben tatsächlich sagen, der Zerstörungsakt an sich ist schon ein Akt der Befreiung." (Panorama) Der Journalist Martin Kaul, der sich ins Getümmel und somit in Gefahr begab (und prompt angegriffen wurde), kann sogar sagen, welche Strömung das war: „Im Kern war das eine Ansage der europäischen aufständigen [sic!] Anarchisten", und diese finden, sofern sie einen theoretischen bzw. ideologischen Hintergrund suchen, Argumente und Aufstachelung zu Sabotage und Gewalt im Büchlein *Der kommende Aufstand* des „Unsichtbaren Komitees" (Deutschlandfunk Kultur). Das ist auch anderen Journalisten aufgefallen, denn diese Flugschrift wurde 2007 bei ihrem Erscheinen in Frankreich und 2010 in Deutschland breit diskutiert, auch in den leicht gruselnd faszinierten Mainstream-Medien. Frank Drieschner macht nun auf die Ähnlichkeiten zwischen der pathetischen, narzisstischen Rhetorik des berüchtigten Textes und den Geschehnissen in Hamburg aufmerksam, die wirken, als sei *Der kommende Aufstand* ihre Gebrauchsanweisung gewesen. Allerdings stört ihn die „Schwäche ihrer Theorie: Sie erklärt nicht, was das Ganze soll." (Zeit online, vgl. auch die tageszeitung)

Aufstand und gewaltsame Revolution in der aktuellen anarchistischen Literatur

Tatsächlich ist *Der kommende Aufstand* kein theoretisches Werk im engen Sinne. Es enthält hauptsächlich scharfe Kritik an der sozialen Ordnung, die geradezu lyrisch mit den sieben Kreisen der Hölle aus Dantes *Inferno* verglichen wird. Dabei wird z.B. die Entfremdung der Menschen beklagt: „Unsere Geschichte ist jene der Kolonisierungen, der Migrationen, Kriege, Exile, der Zerstörung sämtlicher Verwurzelungen. Es ist die Geschichte all dessen, was uns zu Fremden in dieser Welt gemacht hat, zu Gästen in unserer eigenen Familie. Wir wurden unserer Sprache enteignet durch die Schule, unserer Lieder durch die Hitparade, unseres Fleisches durch die Massenpornographie, unserer Stadt durch die Polizei, unserer Freunde durch die Lohnarbeit." (Das unsichtbare Komitee 2010: 19) Das betrifft nicht nur Arbeiter, sondern alle Gesellschaftsmitglieder, wobei die Jüngeren das vielleicht stärker spüren. Die meiste Kritik des Unsichtbaren Komitees ist aus anderen sozialkritischen Texten bekannt, seien sie anarchistisch, situationistisch oder poststrukturalistisch informiert. Die Gesellschaft steckt nicht in einer Krise, sie *ist* die Krise. Im Grunde ist sie schon tot. „Wir haben einen Kadaver auf dem Rücken, aber den werden wir nicht so einfach los. [...] Das ist eine *Tatsache*, aus der eine *Entscheidung* werden muss. Die Tatsachen können vertuscht werden, die Entscheidung bleibt politisch. Sich für den Tod der Zivilisation zu entscheiden, in die Hand zu nehmen, *wie* dies geschieht: Nur durch die Entscheidung werden wir uns des Kadavers entledigen." (ebd.: 61) Das scheint eine destruktive Haltung angesichts hoffnungsloser Gesellschaftsanalyse zu sein. Es ist die Haltung des Insurrektionalismus, des Aufstandsanarchismus. Anders als andere Strömungen des Anarchismus setzt der Insurrektionalismus nicht auf das Knüpfen von aktivistischen Netzwerken, auf das Gründen von Kommunen, Infoläden, Syndikaten oder Organisationen, oder gar auf das Abwarten des richtigen revolutionären Zeitpunkts mit den richtigen revolutionären Bedingungen. „Nicht mehr zu warten heißt, auf die eine oder andere Weise in die aufständische Logik einzutreten. Es bedeutet, aufs Neue das leicht erschreckte Zittern in der Stimme unserer Regierenden zu hören, das sie nie verlässt. Denn regieren war niemals etwas anderes als mit tausend Listen den Moment, wo die Menge sie aufhängen wird, zu verschieben, und jeder Akt des Regierens ist nichts als die Weise, die Kontrolle über die Bevölkerung nicht zu verlieren." (ebd.: 64) *Der kommende Aufstand* läuft auf Erzeugung des Kontrollverlusts hinaus, auf den Bruch mit der als falsch, entfremdend und unterdrückend empfundenen Normalität. Dafür können Krawalle recht nützlich sein. Allerdings sind damit nur negative Gründe (Sozialkritik) für destruktiven Aktivismus (Bruch und Zerstörung) gegeben. Das wird auch von anarchistischer Seite als ungenügend kritisiert: „Ultimately, this booklet provides no real clue as to how to go from a riot to (social) revolution, beyond the vaguest of rhetoric." (McKay 2011: 126)

Damit ist aber nicht gesagt, dass keine Gründe für anarchistische Gewalt genannt werden könnten. In den letzten zehn Jahren wurden vor allem zwei Bücher gewaltbefürwortender Anarchisten in der anarchistischen Bewegung sehr kontrovers diskutiert: Ward Churchills *Pacifism as Pathology* und Peter Gelderloos' *How Nonviolence Protects the State*. Vielleicht finden sich in ihnen rationale, politische und realistische Gründe auch für die Gewalt bei den G20-Krawallen, wohingegen *Der kommende Aufstand* nur emotionale und lyrische Gründe liefern kann. Beide Bücher argumentieren defensiv aus einer Minderheitenposition, denn die überwältigende

Mehrheit der Anarchisten in Europa und Nordamerika haben sich der gewaltfreien Methode verschrieben. Die normale Erwartung an nicht nur Protest sondern sogar an die Revolution gegen Staat und Kapitalismus ist, dass dabei keine Gewalt aufseiten der Anarchisten ausgeübt werden soll. Dies sei ein geradezu krankhafter Fehler, findet Churchill. Ihm zufolge glauben Pazifisten, dass sie dem Staat in der Auseinandersetzung die Wahl der Mittel (gewaltsam/gewaltlos) aufzwingen können (Churchill 2007: 47). Sie setzen auf moralische Überlegenheit, müssen aber zugleich anerkennen, dass der Staat gerade wegen seiner Gewaltsamkeit unmoralisch ist und sich daher nicht durch moralischen Druck von der Gewalt abhalten lässt. Wenn die Pazifisten grundsätzliche Veränderungen (z.B. eine Revolution) anstreben, muss der Staat folglich davon abgehalten werden, die Pazifisten gewaltsam zu vernichten – und das geht, meint Churchill, nur mit revolutionärer Gewalt (ebd.: 52, 57). Churchill bezweifelt, dass viele Gewaltfreie überhaupt den Staat ablehnen (selbst wenn sie sich Anarchisten nennen). Denn auf Demonstrationen hat er oft beobachtet, wie sie als Demo-Ordner auftraten und der Polizei befriedende Aufgaben abnahmen, um Militante an ihren Aktionen zu hindern – Pazifisten spielen also Hilfspolizisten, damit die richtigen Polizisten keinen Grund zur gewaltsamen Eskalation bekommen (so als ob diese so einen bräuchten) (ebd.: 62f.). Auf diese Weise können die Pazifisten in der Komfortzone bleiben, die der Staat ihnen gewährt. Sie können dann ganz harmlos mit Kunst, Drogen und Sexualität experimentieren, fleischlos essen, Hausarbeit in der WG fair verteilen, gegen das Rauchen vorgehen und sich überhaupt in *political correctness* üben. Allerdings ist es dann kein Wunder, wenn andere Leute, denen aufgrund ihrer Klasse oder Rasse der Zutritt zur Komfortzone verwehrt bleibt und die täglich strukturelle und handfeste Gewalt erleben müssen, kein Verständnis für die Pazifisten und ihr Gebaren aufbringen können (ebd.: 72f.).

Churchill entwirft in einer Art Strohmann-Argument eine idealtypische Revolutionsstrategie privilegierter (d.h. weißer, bürgerlicher) Pazifisten: Irgendwie sollen zuerst die (nichtweißen) Unterdrückten in den Kolonien ihre Unterdrücker abschütteln; dann sollen die wirklich Unterdrückten der Zentren (d.h. üblicherweise die armen und nichtweißen Bevölkerungsschichten z.B. in den USA) den Staat revolutionär bekämpfen; vielleicht werden sie dabei auch gewaltsam kämpfen und ganz sicher viel leiden müssen; die eher wohlhabenden und gebildeten Pazifisten brauchen sich derweil die Finger nicht schmutzig zu machen, da ihre Aufgabe darin besteht, das gute postrevolutionäre Leben schon vorher experimentell definiert zu haben, weshalb ihnen auch nach der Revolution eine normalitätsbestimmende Rolle zufallen sollte; und wenn doch der Staat siegt, dann können die Pazifisten (anders als die nichtweißen Gewalttäter) stets darauf verweisen, dass sie ja brav geblieben sind – was den Staat, sollte er in ernste Bedrängnis kommen, allerdings auch nicht von „Säuberungen" abhalten wird (ebd.: 79–81). Churchills Gedankenexperiment ist etwas polemisch, soll aber die privilegierte Stellung derjenigen illustrieren, die die Wahl zwischen Gewalt und Gewaltfreiheit haben. Da anarchistische Revolutionäre sich nicht darauf verlassen könnten, den Staat durch zahlenmäßige Übermacht in die Knie zwingen zu können, sollte man auf den Überraschungseffekt und taktische Flexibilität setzen – also auf das, was der Staat „Terrorismus" nennt. Den Pazifisten wirft Churchill vor, durch ihre Einschränkung auf ausschließlich gewaltfreie Taktiken völlig durchschaubar geworden zu sein und so jedes revolutionäre Potential zu verspielen. Stattdessen plädiert er für eine Vielfalt der Taktiken: gewaltfrei und gewaltsam, je nach Erfolgsaussicht (ebd.: 91–94).

Peter Gelderloos baut auf Churchills Argumentation auf und weitet sie aus. Nicht nur hält er die strikte Gewaltfreiheit für eine rassistisch privilegierte Einstellung, die die bereits existierende rassistische Gewalt ignoriert und oft sogar den Gewaltopfern die Schuld zuschiebt – er entwirft sogar eine antirassistische Strategie, der zufolge die Weißen in den globalen Zentren die Herrschaftsstrukturen gewaltsam angreifen müssen, um den Nichtweißen in der Peripherie bei ihrer Selbstbefreiung zu helfen (Gelderloos 2007: 23, 40). Gewaltsam muss dieser Angriff sein, da er nur so effektiv ist. Der Staat benötigt reale Bedrohungen, um erschüttert zu werden; und an seinen unterschiedlichen Reaktionen auf gewaltlose und gewaltsame Angreifer kann man erkennen, welche er für bedrohlicher hält (ebd.: 22, 46). Deswegen bemüht sich der Staat auch, seinen Untertanen Gewaltlosigkeit einzuimpfen: Sie sollen glauben, dass nur der Staat Frieden schaffen kann, denn nur er entzieht den Entmächtigten alle Möglichkeit zur Selbstverteidigung, die sie andernfalls für eine chaotische gegenseitige Unterdrückung einsetzen würden (ebd.: 50). Den Frieden, den Pazifisten anstreben, hält Gelderloos für die Ruhe nach der Niederlage, in der die monopolisierte Gewalt unsichtbar wird (ebd.: 63). Gewaltlosigkeit hält Gelderloos für strukturell staatsaffin, denn anders als eine Vielfalt der Taktiken muss sie für die strikte Abwesenheit einiger Taktiken (nämlich der gewaltsamen) sorgen, also die freie Taktikentscheidung von Aktivisten innerhalb der Bewegung einschränken. Das führt zu autoritärer Führung in der Bewegung, womit auch Ansprechpartner für den Staat auftauchen und die Bewegung sehr kontrollierbar wird (ebd.: 58f.).

Gelderloos unterscheidet zwischen Strategien (Pfade zum Ziel) und Taktiken (Aktionen, mit denen man auf diesem Pfad weiterkommt). Er ist der Ansicht, dass sich die Taktiken nach den Strategien richten müssen. Doch die Pazifisten schränken die Taktiken ein, indem sie gewaltsame Taktiken ausschließen. Daher stehen ihnen nicht alle Strategien offen – und das ist ein Nachteil gegenüber denjenigen, die alle Taktiken anwenden können, die für eine erfolgversprechende Strategie nötig sind (ebd.: 83). Im Grund bleiben den Pazifisten nur wenige Strategien. Zum einen gibt es das Moralspiel, das durch

Propaganda von einer Position der moralischen Überlegenheit aus das Denken bisheriger Nicht-Anarchisten verändern möchte. Problematisch daran ist, dass anarchistische Propaganda nie die Reichweite der Mainstream-Medien erreichen kann, dass viele Leute sich der Propaganda verschließen, dass Ideen generell nicht so entscheidend sind (viele Institutionen funktionieren auch unabhängig vom guten Willen der in ihnen Organisierten) – und dass man beim breitenwirksamen Gutmenschentum mit viel erfolgreicheren Organisationen wie den Kirchen und den Pfadfindern um Neumitglieder konkurriert (ebd.: 84, 87, 90–92). Die zweite gewaltfreie Strategie ist das Lobbying, das aber strukturell zu einer Hierarchisierung der Bewegung führt. Zu radikale Lobbyisten werden außerdem bei den politischen Entscheidungsträgern erst gar nicht vorgelassen. Nur wenn man die Forderungen der Bewegung direkt militant umsetzt, bewegen sich auch Regierungen und Ämter, um sich über Reformen am Leben zu erhalten (ebd.: 93, 96). Die dritte gewaltfreie Strategie ist der Aufbau radikaler Alternativen zu Staat und Kapitalismus. Diese Strategie heißt Gelderloos ausdrücklich gut – er hält sie für unverzichtbar. Aber eine funktionierende Alternative ist bedrohlich für das, was sie ersetzen soll. Und daher muss sie beherzt verteidigt werden – notfalls auch mit Gewalt (ebd.: 96f.). Die vierte und letzte gewaltfreie Strategie ist der allgemeine Ungehorsam. Dabei kann es durchaus auch zu Sachbeschädigungen kommen (die in der Presse als „Gewalt" bezeichnet werden dürften). Durch Streiks, Blockaden, Boykotts und anderen Taktiken der Verweigerung soll das System zum Stillstand gebracht werden. Auch diese Strategie findet Gelderloos' Zustimmung, aber er hält auch sie für zu kurz gedacht. Denn die Machthaber haben nach wie vor Polizei und Militär auf ihrer Seite und können daher den Widerstand durch Verhaftungen, Folter und Mord an den Verweigerern brechen. Und wenn das zu hässlich (und somit den Profit gefährdend) erscheint, können die Machthaber auch den Sieg der Revolution verkünden, zurücktreten, zugleich einen progressiven Nachfolger einsetzen, der dem alten Regime eine Amnestie und den zu radikalen Revolutionären Gefängnis beschert – so bleibt alles beim Alten. Abgesehen davon sei als Blockadetaktik eine gewaltlose Menschenkette stets weniger effektiv als ein Bombenanschlag auf die Infrastruktur. Und ein großer Teil der heute Ausgeschlossenen kann dem System nicht schaden, indem er sich zurückzieht – er wird sowieso nicht benötigt (ebd.: 99–101). Wie Churchill plädiert daher auch Gelderloos für eine Vielfalt der Taktiken, die vor gezielt eingesetzter Gewalt nicht zurückschreckt.

Es bleibt freilich die Frage im Raum stehen, ob Gewalttaten von Anarchisten nicht zu einer Empörung führen, die sie gar nicht wollen: Es wurde immer wieder festgestellt, dass etwa den Opfern von anarchistischen Attentaten (die Ende des 19. Jahrhunderts häufiger vorkamen) Mitleid entgegengebracht wurde, während die Attentäter als Monster verachtet wurden. Andererseits findet sich auch immer wieder Zustimmung zu brutalen Gewalttaten. Gelderloos argumentiert, dass einerseits die Gewaltlosigkeit von Anarchisten diese noch lange nicht so sympathisch macht, dass sich genügend Nicht-Anarchisten finden, sie vor Massakern durch die Regierung zu beschützen. Und andererseits schreckt Gewalt an sich die normalen Menschen keineswegs ab: Die beliebtesten Computerspiele und Filme sind sehr gewaltverherrlichend, und normale Leute jubeln oft auch für noch so verkehrte Kriege (ebd.: 107, 130). Daher könnte es durchaus von Vorteil sein, Gewalt als mögliche und sinnvolle Taktik in Betracht zu ziehen. Gelderloos betont, dass Mainstream-Medien aufgrund ihrer Nachrichtenfaktoren über gewalttätigen Widerstand gegen den Staat berichten müssen. „And even though the media will slander such actions, the more images of forceful resistance people receive through the media, the more the narcotic illusion of social peace is disrupted. People will begin to see that the system is unstable and change is actually possible, and, thus, overcome the greatest obstacle to change created by capitalist, media-driven democracies. Riots and insurrections are even more successful at creating ruptures in this dominant narrative of tranquility." (ebd.: 89) Wenn man auf den Bruch als revolutionäre Taktik setzt, waren dann die G20-Krawalle revolutionär?

Insurrektionalistische Freude in Hamburg: CrimethInc.

CrimethInc.-Agenten waren in Hamburg dabei. Es gibt daher einen (inzwischen auch auf deutsch erschienenen) umfangreichen Bericht, der die G20-Krawalle weitgehend positiv und sogar als revolutionär bewertet. Im folgenden werde ich die Kernaussagen dieses Berichts referieren. Anschließend stelle ich anarchistische Analysen und Bewertungen vor, die diesen Kernaussagen widersprechen.

Für die Revolutionsvorstellung der alten Klassenkämpfer wie der neuen Insurrektionalisten ist der Bruch mit der herkömmlichen Ordnung ein äußerst wichtiges Merkmal. Die bürgerliche Normalität wird als unerträgliche Zumutung empfunden, aus der es kein Entkommen gibt. Daher werden Zeichen für die Möglichkeit, diese bleierne Ordnung zu erschüttern, gesucht und – wenn möglich – auch hergestellt. In der CrimethInc.-Broschüre *Don't try to break us – we will explode* wird Deutschland als Musterbeispiel eines ruhigen und Ruhe bewahrenden Staates dargestellt: „Wenn es irgendeine Nation in Europa gäbe, die die Ordnung während des G20 aufrecht erhalten kann, dann wäre es wohl Deutschland gewesen." (CrimethInc. ex-Worker's Collective 2017: 4) Dabei heißt Ordnung keineswegs Rechtlichkeit. Ordnung heißt Gewalt von oben. Das Beispiel dafür ist das antikapitalistische Zeltlager im Entenwerder Park, das nach langem Hin und Her vom Bundesverfassungsgericht als legal eingestuft wurde. Dieses Urteil wurde dann von der Polizei schlicht ignoriert – man könnte auch sagen: Die Polizei hat sich über das BVG gestellt und das Camp gewaltsam überfallen. Gewalttaten aufseiten der Campierenden gab es nicht. Es sollte das Signal gesendet werden, „dass es in Hamburg keine sicheren Orte für Demonstrierende aus anderen Städten gibt." (ebd.: 14) Aber auch die Hamburgerinnen merkten wohl, dass es zuallererst die Polizei ist, die ihr Leben einschränkte, ja ihre Stadt besetzte. Im Erlebnisbericht von CrimethInc. liest man über wütende Bürger – sie waren wütend auf die Polizei; und viele klebten rote Punkte auf ihre Klingeln, damit G20-Gegner wissen, dass sie dort Zuflucht finden. Unterstützung für die Demonstranten gab es auch aus dem Schauspielhaus oder vom FC St. Pauli. Es gab also bei der Bevölkerung und in zivilen Organisationen der Stadt Hamburg viel Sympathie für Gipfelgegner und Wut gegen die Polizei, die die ganze Zeit ziemlich heftig eskalierte (ebd.: 17–19).

Dies war die Grundstimmung, als am Donnerstag, dem 6. Juli, die „Welcome to Hell"-Demo mit schwarzem Block beginnen sollte. An dieser Demo war schon verdächtig, dass sie ohne Auflagen genehmigt worden war, obwohl die Route entlang der roten Zone laufen sollte und die Polizei seit Tagen versuchte, jedes Demonstrieren in der Stadt zu verhindern. Es klang also verdächtig nach einer Falle, und viele erfahrene Aktivisten nahmen erst gar nicht teil. Andererseits war diese Demo als Hauptaktion angekündigt worden, und sie ausfallen zu lassen, hätte wie eine Niederlage ausgesehen. Also kamen doch viele, und es sah auch sehr bunt aus. Irgendwann fingen Leute an, Kapuzen überzuziehen und sich schwarz zu kleiden. Der Schwarze Block durfte losmarschieren, in eine Art Schlucht zwischen einer Mauer zum Park Fiction und einem höherliegenden Fußgängerweg. Dort wurde er aufgehalten und schließlich von der Polizei mit Tränengas beschossen. Die Polizei griff auch direkt körperlich an – nicht nur den schwarzen Block, sondern auch die bunten Demonstranten, die noch auf dem Fischmarkt standen (ebd.: 20–23). Die ersten Reihen des schwarzen Blocks hielten die Stellung über fünf Minuten – CrimethInc.-Agenten waren direkt dabei – und ermöglichten es so den Demonstranten hinter ihnen, die Mauer zu erklimmen und in den Park zu flüchten. Viele Leute verstreuten sich nun im ganzen Viertel in kleinen Gruppen, denn wer lässt sich schon gerne verhaften. Der Rest der Demo durfte schließlich weiterziehen, es bildeten sich erneut schwarze Blöcke, erneut gab es Angriffe der Polizei. Insbesondere die kleineren Gruppen errichteten Barrikaden und bewarfen Wasserwerfer mit Flaschen. Irgendwann waren nur noch so kleine Gruppen einzeln unterwegs, dass niemand sie mehr kontrollieren konnte. Diese Kleinstgruppen waren es, die hauptsächlich Banken, Luxus-Läden und Autos angriffen. Aus der Sicht von daran Teilnehmenden kam das z.B. bei Insassen eines Stadtbusses, mit dem sie schließlich zum Schlafplatz fuhren, auch gut an. Insbesondere wird aber der Kontrollverlust der Polizei gefeiert, zumal ja 31.000 Polizisten anwesend waren und die Verhinderung von solchen Ausschreitungen zumindest offiziell das ausdrückliche Ziel war (ebd.: 25, 28–30).

Am nächsten Tag, Freitag dem 7. Juli, gab es vor allem Blockaden durch Demonstranten gegen die Gipfelteilnehmer und Blockaden durch die Polizei gegen die Demonstranten. Erstere wurden selbstverständlich von der Polizei angegriffen. Aber inzwischen waren die Polizisten wohl so wütend und müde, dass sie zwischen militanten Anarchistinnen, gesetzestreuen Aktivistinnen und normaler Bevölkerung nicht mehr unterscheiden konnten. So wurden immer wieder Anwohner angegriffen. Jeder, dessen die Polizei habhaft werden konnte, wurde geschubst und geschlagen. Abends versuchten viele, zur Schanze zu kommen, wo eine Punkband ein Konzert gab. Zwar stand überall Polizei mit Ketten, die solche Bewegungen verhindern sollten, doch kam es wiederholt zu Überfällen durch kleine schwarze Blöcke, sodass die gestresste Polizei ihre Blockaden schwer beibehalten konnte und man, wenn man wollte und geschickt war, zur Schanze durchkam. Das war der Ort, von dem es im Fernsehen hieß, er sei durch einen Hinterhalt vom Dach des Schulterblattes aus geschützt worden; eine Polizeibehauptung, die sich später als falsch herausstellte, die aber den Einsatz von Sondereinsatzkommandos mit scharfen Waffen rechtfertigte (ebd.: 31–36). Was passierte innen, in dem Bereich, in den die Polizei sich nicht hineintraute? Ich zitiere den Erlebnisbericht von CrimethInc.:

„Auf dieser anderen Seite – Freiheit. Die Polizei hatte die Kontrolle verloren. Wir gingen zur Kreuzung Neuer Pferdemarkt, Schulterblatt und Schanzenstraße. Hier brannten zwei riesige Freudenfeuer. Die Atmosphäre war entspannt. Leute standen gemeinsam auf der Straße, bewunderten die Feuer, unterhielten sich, es gab Getränke und Essen. Außerhalb, dort wo die Polizei die Straßen kontrollierte, war die Hölle aus Gewalt, Chaos und Angst. Hier, wo sie die Kontrolle verloren hatte, erfuhren wir die ersten friedlichen Momente der letzten Tage." (ebd.: 37) Es kam zu Plünderungen des REWE-Markts und eines Elektronikladens. Ein sauteurer Apple-Bildschirm wurde ins Feuer geworfen – „Alle applaudierten, irgendwie erleichtert. Die Zerstörung von Waren kann eine Art Therapie sein, die uns von der Habgier erleichtert. Aus meiner Sicht veranschaulichen diese Szenen die Schaffenskraft und die festliche Atmosphäre, die sich in Momenten wie jenen die wir in der befreiten Schanze erlebten durchsetzen." (ebd.: 38f.) Die anwesenden CrimethInc.-Agenten empfanden das als ein Festival. Läden hatten geöffnet und verkauften Getränke und Falafel. Die meisten Teilnehmenden waren Anwohner, die sich im Laufe der Zeit gegen die Polizei gewandt hatten. Außerhalb dieses befreiten Kreises zwangen andere Nachbarn die Polizei zur Zerstreuung ihrer Kräfte, indem sie Mülltonnen auf die Straße zogen. CrimethInc. gibt auch zu, dass es zu unsinnigen, dummen und gefährlichen Aktionen kam. Aber die Lösung dafür sei nicht weniger Aufstand, sondern mehr Politik (ebd.: 39f.).

Der Bericht von CrimethInc. endet mit dem Samstag, dem 8. Juli. Da gab es eine riesige Demonstration. Niemand ließ sich abhalten, zu demonstrieren. CrimethInc. interpretiert das so, dass die Vielzahl der Demonstrierenden gesehen habe, dass man sich zumindest vorübergehend auch gegen massive Polizeieinsätze verteidigen kann – was übrigens auch während dieser riesigen Demo erneut nötig und erfolgreich durchgeführt wurde – und dass sich daher die meisten Demonstrierenden nicht von den Gewalttaten der vorherigen Nächte distanziert hätten. „Im Gegenteil waren viele von ihnen inspiriert worden." (ebd.: 42) Das Fazit für CrimethInc. ist, dass gezeigt werden konnte, dass der Bruch möglich ist. Es gelingt der Polizei nicht, die Ordnung aufrecht zu erhalten, wenn man dezentral aktiv ist und Rebellion streut. Die Bevölkerung soll zumindest teilweise einverstanden mit den Aktionen gewesen sein, jedenfalls mit den meisten. Dass es nun zu einem Backlash kommt, dass also immer restriktivere Polizeigesetze und mehr Verfolgung gegen Linksradikale eingeführt werden, hält CrimethInc. nicht für eine Folge der Krawalle. Dies sei sowieso geplant gewesen und könne jetzt lediglich besser verkauft werden. Wichtiger sei, dass man sehe, dass Revolution doch möglich sei: Dass der unbesiegbare Staat doch nicht so unbesiegbar sei, dass die allergrößte Polizeihärte eben nicht für Sicherheit und Ordnung sorge, sondern sich letztlich gegen die Bevölkerung richte, was diese auch kapiere (ebd.: 42f., 46).

Gewaltfrei-anarchistische Kritik an den Krawallen: graswurzelrevolution

Was ich bisher wiedergegeben habe, ist nicht die einzige anarchistische Einschätzung der Krawalle vom G20. Die zahlenmäßig stärkste Richtung innerhalb der anarchistischen Bewegung ist der gewaltfreie Anarchismus, der vor allem von der altehrwürdigen Monatszeitung *graswurzelrevolution* vertreten wird. Das Septemberheft 2017 enthält zehn Seiten Berichte und Analysen über den G20 und über den Insurrektionalismus generell; das wird in der Novemberausgabe fortgesetzt. Der Insurrektionalismus wird von den Gewaltfreien schon deshalb abgelehnt, weil er begrifflich Aufstand mit Gewalt verbindet, obwohl es auch „gewaltfreie Insurrektion" und „gewaltfreie Revolution" geben kann: „Gerade diese revolutionäre, systemfeindliche Alternative soll durch die versuchte Begriffsbesetzung unterschlagen und denkunmöglich gemacht werden." (N.O. Fear 2017a)

Wie zu erwarten lehnen die Gewaltfreien die Krawalle ab. Nicht weil sie keinen Widerstand, keine Militanz oder keinen Aufstand wollten – im Gegenteil, sie sind für Aufstand und für Revolution, aber sie haben ein anderes Handlungskalkül und halten die Krawalle schlicht für kontraproduktiv – ganz nach Bart de Ligt: „Je mehr Gewalt, desto weniger Revolution." (Schawetz 2017: 8). Mit der Darstellung von CrimethInc. stimmen die Graswurzler zumindest soweit überein, dass sowohl der große Mut der Demonstrierenden als auch die große Solidarität der Bevölkerung mit den Demonstrierenden berichtet wird (Hagedorn 2017: 5). Auch wird die Polizeigewalt abgelehnt (Carllandrausch 2017: 3f.; Hagedorn 2017: 4f.). In einem Interview mit der Graswurzelrevolution äußert sich etwa der Aktivist Theo Bruns wie folgt: „Es ist nur der Besonnenheit der DemonstrantInnen zu verdanken, dass es in diesem Fall nicht noch mehr Verletzte oder gar Tote gegeben hat, wie es im Fall einer Massenpanik und bei von der Polizei versperrten Fluchtwegen hätte passieren können." (Kirsche 2017: 6) Das bezieht sich exakt auf dieselbe Situation wie der CrimethInc.-Bericht aus dem Schwarzen Block, der auch etwas von einer Heldengeschichte hatte. Auch lehnt die *graswurzelrevolution* keineswegs alles ab, was in den Medien Gewalt genannt wird. Bei den Gewaltfreien gibt es eine lange Tradition der Sabotageaktionen (Hagedorn 2017: 5f.). Entsprechend wird auch hier zwischen den Taten des Islamischen Staats und der Brandanschläge auf Asylbewerberheime einerseits und dem Anzünden von Autos andererseits differenziert. Aus der Sicht der Gruppe, die die Tanzdemo in Hamburg veranstaltet hat, ist jeder ein potentieller Menschenfeind, der sich mehr über die kaputten Autos echauffiert als über die Verletzungen, die Demonstranten erlitten (Rave, Romantik, Riesenscheiß 2017: 7). Das trifft sicher die Medienberichterstattung und die Politiker samt Polizei, aber es ist auch ein moralisches Argument. Bekanntlich ziehen moralische Argumente bei denen nicht, die nicht dieselben moralischen Ansichten teilen.

In einem Artikel von Ziesar Schawetz in der GWR wird wie bei CrimethInc. festgestellt, dass Repression und Willkür dort herrschte, wo die Polizei in Aktion war. Dann aber wird die temporäre autonome Zone als Reinfall in präfigurativer Hinsicht bewertet. „Die Schwarzvermummten, die über Stunden PKWs anzündend und Geschäfte plündernd durch die Straßen des Schanzenviertels zogen, ohne daran gehindert zu werden, verbreiteten Angst und Schrecken statt Glück und Freiheit. Das war nicht die herrschaftsfreie Gesellschaft, die sich Libertäre wünschen, nachdem eines Tages die Vertreter*innen staatlicher Gewalt das Weite gesucht haben sollten, sondern das Willkürregime eines auf Zerstörung und Chaos bedachten Mobs. Für ihn galt das Recht der Menschen auf körperliche Unversehrtheit, auf Unverletzlichkeit der Wohnung und auf ein angstfreies Leben ebenfalls nicht." (Schawetz 2017: 8) Das ist aus graswurzlerischer Sicht ein fatales Signal: Anarchie wird als das präsentiert, für was sie die Leute eh schon halten – eine rechtlose Gefahrensituation, in der man der Polizei nachweint (ebd.). Es passiert das, was schon bei den Autonomen zum Thema der Selbstkritik geworden war: „dass nämlich die vertretenen gesellschaftspolitischen Inhalte oft durch den militant-gewaltsamen Habitus bei den immergleichen Aktionen zu sehr in den Hintergrund treten." (N.O. Fear 2017a: 9) Falls man mit Demonstrationen und Protesten Mitkämpfer gewinnen will, darf man nicht vor allem Angst und Zerstörung verbreiten, so die gewaltfreie Strategie. Dem würden die Insurrektionalisten widersprechen, die den argumentativen Vorteil haben, tatsächlich in der temporären autonomen Zone in der Schanze anwesend gewesen zu sein und daher die Freude am Feuer und am Bruch gespürt haben. Der Nachteil der Perspektive, die die Freudenfeuer und die Polizeilosigkeit als Befreiung wahrgenommen haben, ist die Beschränktheit auf Szene und Viertel und Situation. Selbst wenn es stimmt, dass es sich ganz befreiend angefühlt hat, die Polizei für ein paar Stunden vertrieben zu haben, so bleibt wie immer die Frage: Was bringt's? Dieser Frage müssen sich alle kalten Realisten der Politik stellen, sonst werden sie Moralisten, wenn vielleicht auch abenteuerliche ambitioniert-hedonistische Moralisten.

In der *graswurzelrevolution* wird die längerfristige Perspektive vertreten als von CrimethInc. Die Gewaltfreien stellen sich die Revolution auch nicht so sehr als

Bruch vor, sondern als langen Prozess. Entsprechend fällt auch die Kritik am Insurrektionalismus aus, der „einfach beim militärischen Sieg inne[hält]" und „sich nicht um das, was nach der Machteroberung kommt" kümmert. „Dem entspricht übrigens eine typische Utopiefeindlichkeit des ‚Insurrektionalismus': Alles ist kampforientiert, der unmittelbaren Zerstörung gewidmet, Utopien einer herrschaftsfreien Gesellschaft interessieren nicht, schon gar nicht, dass diese eine gewaltfreie Vision beinhalten und wie sie schließlich verwirklicht werden sollen." (N.O. Fear 2017a: 10). Das heißt nicht, dass man die Ordnung und ihre Fans nicht auch erschüttern dürfte. Nicolai Hagedorn betont, dass sich sehr viele Leute an Demonstrationen mit radikalen Themen beteiligt haben, dass es also eine Massenbasis für fundamentale Veränderungen gibt. Dies könnte man doch, so schlägt er vor, wie bei den Demos gegen Studiengebühren in Hessen mit Autobahnbesetzungen verbinden. Das bringt die Autofreunde und Spießer genauso auf die Palme wie brennende Autos, ist aber für potentielle Verbündete viel vermittelbarer als die Sachbeschädigung, die als Gewalt wahrgenommen wird. Sogar das Plündern von Supermärkten gehört dann zu den gewaltfreien Aktionsmöglichkeiten – allerdings sollte die Beute an Bedürftige verteilt werden, nicht nur an diejenigen, die am schnellsten am meisten packen können. Dann entsteht nämlich das Bild von radikalen Rebellen, die Lebensmittel besser verteilen können als der Kapitalismus (Hagedorn 2017: 5f.). Und das ist viel anarchistischer als das Bild, demzufolge von Anarchisten nur Zerstörung zu erwarten ist – und noch nicht einmal so viel Zerstörung, dass die Staatsmacht für länger als ein paar Stunden ferngehalten werden könnte. Seien wir ehrlich: Hätten die Polizisten angefangen, scharf zu schießen, wäre es also tatsächlich zum Bürgerkrieg gekommen, dann hätte den Aufständischen die Möglichkeit gefehlt, dagegen wirkungsvoll vorzugehen. Bisher haben anarchistische Revolutionen immer in bewaffneten Bürgerkriegen stattgefunden, und sie wurden immer militärisch besiegt. Je militarisierter eine Kommune, Gruppe, Organisation oder Gemeinschaft wird, desto weiter entfernt sie sich von anarchistischer Freiheit. Das konnte man im Spanischen Bürgerkrieg 1936–39 beobachten, als von anarchistischen Kämpfern Zwangsarbeit eingeführt wurde (Seidman 2011: 82, 158f. et passim). Um militärisch zu gewinnen, muss man wohl selbst so werden wie das, was man bekämpft – nur erfolgreicher und damit schlimmer. Ob das aber ein Automatismus ist (à la „wer kämpft, gründet schon einen Staat"), müsste sich erst zeigen. Es müsste einer gewaltsam erkämpften anarchistischen Gesellschaft gelingen, die Angreifer und Konterrevolutionäre in Schach zu halten, ohne Herrschaft einzuführen. Etwas in der Art wird derzeit von den Kurden im Nordirak versucht, die Selbstverwaltung und teilweise sogar Anarchismus anstreben. Leider ist auch deren Scheitern wahrscheinlich – weder weil Anarchismus überhaupt unrealistisch ist, noch weil sie die falsch Einstellung zur Gewalt haben, sondern weil sie, während ich das hier schreibe, von einem Staat mit voller militärischer Gewalt massakriert werden. In solchen Situationen hat man kaum die Möglichkeit, sich für Gewaltlosigkeit zu entscheiden.

Gewaltkritik

Die Gewalttaten während des G20-Gipfels in Hamburg wurden selbstverständlich von denen kritisiert, die am liebsten gar keinen Protest und gar keine Störung gehabt hätten. Sie wurden auch von denen kritisiert, die Gewalt mögen, weil sie ihnen die Möglichkeit gibt, ebendiese Gewalt zu verurteilen – das scheint Teil der Strategie der Mainstream-Medien zu sein. Außerdem wurden sie von den gewaltfreien Anarchisten kritisiert. Heißt das, dass man die Gewaltfreien zu den harmlosen Untertanen und Spektakelgeiern zählen muss? Bei Churchill und Gelderloos klingt das mitunter so. Doch in der *graswurzelrevolution* wird nicht nur das spektakuläre Ereignis thematisiert. Es geht ihren pazifistischen Autorinnen vielmehr um das Prinzip. Daher wurde nach dem G20 in zwei Ausgaben der Zeitschrift der Gewaltkurs von Churchill und Gelderloos ausdrücklich angegriffen (natürlich nur argumentativ). Allerdings erfolgt die Gewaltkritik in der *graswurzelrevolution* sozusagen aus zweiter Hand: Churchills Thesen werden nicht direkt angegriffen oder widerlegt; vielmehr werden die Argumente des gewaltfreien Aktivisten George Lakey referiert, der 2001 ein in der Sache hartes, menschlich aber sehr freundliches Streitgespräch mit Churchill über dessen Thesen führte. Dabei geht es häufig um die Einschätzung, wie viel Gewalt bei bestimmten politischen Erfolgen beteiligt war (etwa die Unabhängigkeit Indiens, die teilweise Stärkung der Bürgerrechte in den USA usw.). Lakey betont dabei stets, aus Pragmatismus für Gewaltfreiheit zu sein: „ihm geht es nicht um Ideologien, sondern um die Entwicklung einer mittel- und langfristigen Strategie für eine Revolution, die er jedoch gerade auf Seiten des bewaffneten Kampfes nicht sieht" (N.O. Fear 2017c: 10). Gegen Churchills Argument, gewaltfreie Bewegungen könnten einfach von der Regierung massakriert werden, bringt er das Beispiel des Sturzes der Marcos-Diktatur 1986 durch „People Power" ins Spiel. Der von Churchill wegen seiner frühen gewalttätigen Aktionen gelobte südafrikanische ANC wird von Lakey wegen seiner späteren Abkehr von der Gewalt gelobt; ähnlich auch sein Urteil über die in dieser Hinsicht vergleichbaren Zapatisten. Churchills Behauptung, Präfiguration sei eine Strategie des weißen Privilegs, hält Lakey präfigurative Beispiele aus Indien und den USA (mexikanische Landarbeiter) entgegen (ebd.: 11). Die Diskussion steht und fällt mit der Bewertung von Strategien in historischen Fällen – und das legt dann doch eine prinzipielle Offenheit gegenüber der Vielfalt der Taktiken nahe. Man müsste dann noch in jedem Einzelfall klären, ob sich diesmal der Gewalteinsatz lohnt oder eben nicht.

Auch die Kritik an Gelderloos in der *graswurzelrevolution* bedient sich zunächst fremder Argumente. Zitiert wird vor allem Gabriel Kuhn, der sich mit Gelderloos' Themen auseinandergesetzt hatte und somit eine im Internet ausgetragene Diskussion anstieß (Kuhn /Gelderloos 2013). Zuerst wird Kuhns Argument wiedergegeben, dass Gelderloos' Behauptung, gewaltfreier Aktivismus sei zum Scheitern verurteilt und habe niemals Regierungen gestürzt, falsch ist. Die Gegenbeispiele sind der Zusammenbruch des Realsozialismus im Ostblock und der Sturz der Diktaturen in Tunesien und Ägypten 2011 – gerade im letzten Fall wurde der militaristische Staat durch militante Aktionen in Form des Schwarzen Blocks wieder gestärkt. Auch Gelderloos' schwammige Gewaltdefinition wird kritisiert und damit auch beliebte Phrasen der Gewaltrelativierung. „Dazu zählen ‚Gewalt ist überall' oder ‚Wir leben nun einmal in einer gewalttätigen Gesellschaft'. Im besten Fall sind diese Phrasen nichtssagend: Im schlimmsten Fall sind sie dumme Entschuldigungen für noch dümmere Aktionen." (Kuhn in N.O. Fear 2017a: 10) Es gibt aber auch eigene Kritik an Gelderloos und generell an den Befürwortern insurrektionalistischer oder gewalttätiger Aktion. Insbesondere wird Gelderloos' Vorwurf, die Gewaltfreien seien dogmatisch, einfach zurückgegeben. Im Grunde wird also „selber!" gesagt und fehlende Diskussionsbereitschaft angeprangert (die man aber mitunter auf beiden Seiten feststellen kann). Dabei betont *graswurzel*-Autor N.O. Fear, dass etwa in der Anti-AKW-Bewegung die Vielfalt der Taktiken schon verwirklicht und auch von Gewaltfreien anerkannt wurde – aber nicht am selben Ort zur selben Zeit, damit z.B. nicht gewaltfreie Blockierer vom Steinhagel der Militanten getroffen werden. Das strikte Gewaltverbot, das die Gewaltbefürworter den Gewaltfreien vorwerfen, können diese auf anarchistische Weise eh nicht durchsetzen. Das wissen sie und erkennen es auch an. Dennoch plädieren sie für die völlige Gewaltlosigkeit, da der Weg der Gewalt zu leicht eskalieren und somit der Bewegung das Rückgrat brechen kann (das Beispiel hierfür ist der Protest gegen die Startbahn West, der nach tödlichen Schüssen auf Polizisten katastrophal zusammenbrach) (N.O. Fear 2017b: 11).

Es mag überraschen, aber Kritik am Insurrektionalismus findet sich auch innerhalb des CrimethInc.-Kollektivs. 2009 wurde eine ausführliche Analyse in der Zeitschrift *Rolling Thunder* veröffentlicht. Es ist eine insurrektionalistische Selbstkritik, die sich nicht der Gewaltfreiheit verschreibt. Das Ziel des Aufstands sollte es sein, Revolte zu verbreiten; entsprechend muss die Taktik des Aufstands danach bewertet werden, ob andere dadurch zum Revoltieren gebracht werden (CrimethInc. 2009: 14). Dafür kann es nötig sein, auch mal mit dem

Angriff auf bessere Gelegenheiten zu warten, selbst wenn prinzipiell dieses Warten nicht gerade zur höchsten Tugend erhoben wird. Angriffe müssen auch verständlich und nachmachbar sein, sonst besteht die Gefahr, dass aus insurrektionalistischen Gruppen Subkulturen werden, die sich von potentiellen Mitstreitern abkapseln (ebd.: 15–17). Außerdem ist Krawall nicht notwendigerweise anarchistisch. Nahezu jedes politische Projekt kann sich auch des Aufstandes bedienen. „So anarchists must not only provoke confrontations, but also ensure that they contribute to a more horizontal and decentralized distribution of power. In this regard, glorifications of the superficial details of militant confrontation—black masks, Molotov cocktails, and so on—are largely beside the point, if not actively distracting. The flow of initiative among the rebels, the ways decisions are made and skills are shared, the bonds that develop between comrades: these are much more important. Likewise, one must strategize as to how social uprisings will contribute to long-term revolutionary momentum rather than simply enabling reactionary forces to consolidate power." (ebd.: 18) Das bedeutet, strategisch vorzugehen und die Kosten und Nutzen eines möglichen Angriffs abzuwägen, insbesondere die zu erwartende Repression des Staates. Hier gesteht das CrimethInc.-Kollektiv den Gewaltfreien der 1980er und 1990er mit ihrer organisierten Gefangenenunterstützung eine sinnvollere Praxis zu als den Militanten der 2000er (ebd.: 19f.) Insurrektion soll nicht militärisch, sondern sozial verstanden werden, um größere Gemeinschaften des Widerstands zu schaffen; dummerweise zieht aber gerade der Aufstand Hitzköpfe an, die alles andere als soziabel sind (ebd.: 22f.). Das mag zwar eine gewisse Ausbreitung des Aufstands nach sich ziehen, doch es kann auch nach sich ziehen, dass weitere Arten der Herrschaftsbeziehung (darunter etwa Machismo oder Ableism) perpetuiert werden (ebd.: 24). Der destruktive

Angriff und der konstruktive Aufbau anarchistischer Gemeinschaften sollten ein kombiniertes Projekt sein, fordert CrimethInc. schließlich – und nennt dabei Beispiele (ebd.: 29), die an „das Aufbrechen von Supermärkten" durch spanische Gewerkschaftler erinnern, bei der „Lebensmittel an Bedürftige verteilt wurden", die in der *graswurzelrevolution* als gewaltfrei-militante Alternative zu den individuellen Plünderungen in Hamburg vorgeschlagen werden (Hagedorn 2017: 6). Überhaupt ist die teleologische Bewertung von Krawallen überzeugender als die deontologische: Krawall (oder Gewaltfreiheit) sollten nicht als unbedingte Handlungsvorschriften angesehen werden, sondern als Taktiken, die man anwendet, um bestimmte Ziele zu erreichen. Wenn das Ziel die Abschaffung der Herrschaft überhaupt ist, dann hat bisher keine Taktik und keine Strategie zum vollen Erfolg geführt. N.O. Fear betont, dass etwa die schon lange üblichen Erster-Mai-Krawalle „an emanzipativen Zielen nichts erreicht haben und Herrschaftspolitik nicht strukturell zurückdrängen können, anders als z.B. die Bewegung der Castor-Blockaden." N.O.Fear 2017a: 9)

Oder ist der Erfolg nicht direkt an emanzipatorischen Zielen, sondern zunächst nur an der Ausweitung der anarchistischen Bewegung zu messen? CrimethInc.-Agenten fanden die Krawalle inspirierend, Graswurzler fanden sie beängstigend. Es gab einen Bruch. Aber wurden auch neue Mitkämpfer gewonnen? Die Mainstream-Presse möchte die Gewalt in Hamburg am liebsten als möglichst abschreckend darstellen, ist aber bezüglich der Akzeptanz der Aktionen in der Darstellung recht zwiegespalten. Wenn z.B. Peter Klöppel die Besitzer abgefackelter Autos befragt, erhält er erwartungsgemäß Unverständnis und Ablehnung der Aktionen für seine Kamera (RTLnext), und ähnlich sieht das auch der aus Angst vor den Vermummten berufsunfähig gewordene Busfahrer (Panorama). Es wird davon berichtet, dass sich die Anwohner gegen die Militanten gerichtet oder zumindest Angst vor ihnen hatten (Hamburger Abendblatt b, Südkurier, Stuttgarter Zeitung). Auch werden die Krawalle als „Krieg gegen das Volk" aus „links-faschistische[r] Arroganz" interpretiert (Tagesspiegel). Allerdings gilt der Hass der Anwohner nicht nur (und manchmal auch: gar nicht) den Krawallanten. Weil die Polizei auch unbescholtene Anwohner einschränkte, teilweise verprügelte und das Viertel unter Tränengas setzte, ist sie ebenfalls sehr unbeliebt (Hamburger Abendblatt a, CNN, Stuttgarter Zeitung, Tagesspiegel, Neue Zürcher Zeitung). Es wurde vielfach der Slogan „Ganz Hamburg hasst die Polizei" skandiert (Panorama), und es haben sich tatsächlich zahlreiche Leute, die zuvor nicht den Insurrektionalisten zuzurechnen waren, am Aufstand beteiligt (Neue Osnabrücker Zeitung, Panorama), und auch die in anderen Zeitungen geäußerte Ratlosigkeit darüber, wer eigentlich alles mitgemacht hat (Partyjugendliche? Rocker? Hipster?) lässt auf eine Ausweitung des Aufstandes schließen – allerdings auf ein paar Stunden bzw. Tage in einem Stadtviertel beschränkt. Sofern der Erfolg der Krawalle darin liegen soll, dass gezeigt wurde, dass der Staat sein Ordnungsversprechen nicht einmal bei höchstem Ressourceneinsatz einhalten kann, waren sie tatsächlich erfolgreich. Auch in der Mainstream-Presse ist immer wieder von Staatsversagen, vom Scheitern oder der Hilflosigkeit der Polizei, von der Unmöglichkeit polizeilicher Sicherheit aufgrund der Taktik der Gewalttäter, vom rechtsfreien Raum, von der Niederlage oder der Ohnmacht des Staates die Rede (Hamburger Abendblatt a/b, Bild, Der Westen, Kölner Stadt-Anzeiger, Merkur, Südkurier, Tagesspiegel). Das mag potentielle Revolutionäre in der Hoffnung beflügeln, auch in wichtigen Umsturzsituationen die Oberhand behalten zu können. Das mag aber auch von der Revolution abschrecken, wenn man das beängstigend findet, „was geschieht, wenn der verhasste

‚Bullenstaat' sich mal für ein paar Stunden zurückzieht"
(Zeit online).

Fazit

Ob die Bilder aus Hamburg dazu führen, dass sich mehr
Leute am Kampf beteiligen, wird sich zeigen. Man kann
jedenfalls nicht Abschaffung von Herrschaft als unmittel-
bares Ergebnis der Krawalle konstatieren. Man darf aber
auch nicht die ständige Einschränkung der Bürgerrechte
durch Ausweitung des Überwachungsstaates und der
Befugnisse der Polizei den Krawallanten in die Schuhe
schieben. Das ist mindestens seit 2001 eines der langfristigen Gestaltungsziele aller Regierungen in Deutschland
(und anderswo). Zu einer anarchistischen Revolution
würde gehören, die Regierungs- und Polizeimacht abzu-
schaffen. Dies ist nicht geschehen. Und es ist auch fragwürdig, ob Krawalle dazu ausreichen würden – auf ge-
waltsamem Wege müsste man schon den ganzen Staat
und sein bewaffnetes Personal militärisch besiegen.
Dafür sind Insurrektionalisten nicht gut genug bewaffnet
und ausgebildet. Wenn man Gewalt bei der Revolution
nicht ganz ausschließen will (oder kann), dann sollte man
Gabriel Kuhns 21. revolutionäre These zum Anarchismus
berücksichtigen: „We need serious discussions about the
possibilities and impossibilities of armed struggle; not a
childish romanticization of rioting or crime, but an inves-
tigation into how power is distributed and maintained,
and how this can be challenged militantly, which, in most
cases of deepened social conflict, will be necessary. Fur-
thermore, if we are really serious about revolution, we
cannot make the army and the police the perpetual ene-

my. Almost all revolutions were reliant on bringing parts of the army and the police into their ranks, and the military options of guerrilla groups are decreasing drastically in times of high-tech warfare. This is a reality we need to deal with, no matter how uncomfortable it is." (Kuhn 2016) Das ist tatsächlich unkomfortabel – für Insurrektionalisten und Gewaltfreie gleichermaßen.

Anarchistische Primärliteratur

Carllandrausch (2017): „Der G20-Gipfel in Hamburg. Zigtausende demonstrierten gegen die Herren der Welt". In: *graswurzelrevolution* 421, S. 3–4.

Churchill, Ward (2007): *Pacifism as Pathology. Reflections on the Role of Armed Struggle in North America.* Oakland/Edinburgh: AK Press.

CrimethInc. (2009): „Say You Want an Insurrection: Putting the ‚Social' in Social War". In: *Rolling Thunder* 8, S. 12–35.

CrimethInc. ex-Worker's Collective (2017): *Don't try to break us—we'll explode. Der G20 in Hamburg – umfassender Bericht und Analysen.* CrimethInc. URL: https://crimethinc.com/zines/dont-try-to-break-us-deutsch (abgerufen am 05.02.2018).

Das unsichtbare Komitee (2010): *Der kommende Aufstand.* The Internet Archive. URL: https://ia802300.us.archive.org/34/items/DerKommendeAufstandunsichtbaresKomitee/Aufstand.pdf (abgerufen am 03.02.2018).

Gelderloos, Peter (2007): *How Nonviolence Protects the State.* Cambridge, MA: South End Press.

Hagedorn, Nicolai (2017): „Gipfel der Militanz". In: *graswurzelrevolution* 421, S. 4–6.

Kirsche, Gaston (2017): „Der G20-Gipfel ist vorbei, die Auswertung beginnt. Interviews mit Tina Fritsche und Theo Bruns". In: *graswurzelrevolution* 421, S. 6.

Kuhn, Gabriel/Gelderloos, Peter (2013): „Violence Sells … But Who's Buying?"/„Misrepresentations, but Substantial Differences as Well". The Internet Archive. URL: https://archive.org/stream/ResponseToGabrielKuhn/response%20to%20gabriel%20kuhn_djvu.txt (abgerufen am 06.07.2018).

Kuhn, Gabriel (2016): *Revolution Is More Than a Word: 23 Theses on Anarchism*. Alpine Anarchist Productions. URL: http://www .alpineanarchist.org/r_twenty-three_theses.html (abgerufen am 08.02.2018).

McKay, Iain (2011): „The Invisible Committee, *The Coming Insurrection*" (Review). In: *Anarchist Studies* 19:1, S. 124–126.

N.O. Fear (2017a): „Wer will den Bürgerkrieg? Zur Kritik des ‚Insurrektionalismus', Teil 1: Peter Gelderloos". In: *graswurzelrevolution* 421, S. 9–10.

N.O. Fear (2017b): „Die Kritik von Autonomen am ‚Insurrektionalismus' bleibt immanent". In: *graswurzelrevolution* 421, S. 11.

N.O. Fear (2017c): „‚Das Schwert, das heilt'. Zur Kritik des Insurrektionalismus, Teil 2: Ward Churchill gegen George Lakey". In: *graswurzelrevolution* 423, S. 10–11.

Rave, Romantik, Riesenscheiß (2017): „Nach dem Lachen kommen die Tränen. Eine Durchsage an alle, die im Wege stehen". In: *graswurzelrevolution* 421, S. 7.

Schawetz, Ziesar (2017): „Angst und Schrecken statt Glück und Freiheit. Lehren aus dem Desaster von ‚Welcome to Hell'". In: *graswurzelrevolution* 421, S. 8.

Seidman, Michael (2011): *Gegen die Arbeit. Über die Arbeiterkämpfe in Barcelona und Paris 1936–38.* Nettersheim: Verlag Graswurzelrevolution.

Seyferth, Peter (2017): „Pontifex CrimethInc. – Anarchistische Revolution zwischen Lifestyle und Klassenkampf". In: Hans-Martin Schönherr-Mann/Anil Jain/Mario Beilhack (Hrsg.): *Vergesst nicht ... die Revolution! Der philosophische Rau(s)chsalon 2013–2015.* München: edition fatal. S. 223–245.

Zitierte Mainstream-Medien

BILD: „Was Politik und Polizei vor G20 sagten – und was dann passierte. Wer hat da eigentlich versagt?" Autor: k.A. Datum: 08.07.2017. URL: http://www.bild.de/news/inland/g20-gipfel/krawalle-in-hamburg-wer-hat-da-eigentlich-versagt52481534.bild.html (abgerufen am 26.01.2018).

BZ Berlin: „Krawalle in Hamburg. G20-Gipfel: ‚Eine neue Dimension der Gewalt'". Autoren: k.A. Datum: 08.07.2017. URL: https://www.bz-berlin.de/deutschland/g20-gipfel-noch-nie-so-ein-ausmass-an-hass-und-gewalt-erlebt (abgerufen am 26.01.2018).

CNN: „Rallies, riots and raves". Autoren: Kara Fox/Muhammad Darwish. Datum: 18.07.2017. URL: http://edition.cnn.com/2017/07/08/europe/g20-protests/index.html (abgerufen am 26.01.2018).

Der Westen: „Straßenschlachten und meterhohe Feuer – Die Randale in Hamburg hören nicht auf". Quelle: dpa. Datum: 07.07.2017. URL: https://www.derwesten.de/politik/strassenschlachten-und-meterhohe-feuer-die-randale-in-hamburg-hoerennicht-auf-id211170129.html (abgerufen am 26.01. 2018).

Deutsche Welle: „Nach G20: Wissenswertes über Linksaußen". Autor: Jefferson Chase. Datum: 10.07.2017. URL: http://www.dw.com/de/nach-g20-wissenswertes-über-linksaußen/a-39631798 (abgerufen am 26.01.2018).

Deutschlandfunk Kultur: „G20-Krawalle in Hamburg. Maximale Kontrastfolie zum Regierungsprogramm". Autorinnen: Gesa Ufer/Martin Kaul. Datum: 10.07.2017. URL: http://www.deutschlandfunkkultur.de/g20-krawalle-in-hamburg-maximale-kontrastfolie-zum.2156.de.print?dram:article_id=390675 (abgerufen am 26.01. 2018).

die tageszeitung: „G20-Krawalle in Hamburg. Der Aufstand". Autor: Martin Kaul. Datum: 09.07.2017. URL: http://www.taz.de/!5423733/ (abgerufen am 26.01. 2018).

Focus online: „G20-Proteste geraten außer Kontrolle. Die Schanze brennt! Aufnahmen zeigen Anarchie, Gewalt und Plündereien in Hamburg". Autoren: k.A. Datum: 08.07.2017. URL: https://www.focus.de/politik/videos/g20-proteste-geraten-ausser-kontrolle-die-schanze-brennt-aufnahmen-zeigen-anarchie-gewalt-und-pluendereien-in-hamburg_id_7331756.html (abgerufen am 26.01.2017).

Hamburger Abendblatt a: „Im Schanzenviertel herrschte einen Abend lang Anarchie". Autoren: Daniel Herder/Christoph Heinemann/Michael Arning. Datum: 10.07.2017. URL: https://www.abendblatt.de/hamburg/g20/article211192411/Im-Schanzenviertel-herrschte-einen-Abend-lang-Anarchie.html (abgerufen am 26.01.2018).

Hamburger Abendblatt b: „G20 Gipfel in Hamburg. Die Schwarzen und die Linken – wo bleibt die Distanz?".

Autor: Matthias Iken. Datum: 10.07.2017. URL: https://www.abendblatt.de/hamburg/g20/article2111 92103/Hamburg-muss-ein-Weckruf-sein-fuer-die-gesamte-Linke.html (abgerufen am 26.01.2018).

Kölner Stadtanzeiger: „Kommentar zu den G20-Krawallen: Komplettdesaster mit Ansage". Autor: Carsten Fiedler. Datum: 09.07.2018. URL: https://www.ksta.de/politik/kommentar-zu-den-g20-krawallen-komplettdesaster-mit-ansage-27940922 (abgerufen am 26.01.2018).

Merkur: „Nach G20-Krawallen: Bund übernimmt Hälfte der Opfer-Entschädigungen". Autoren: Julian Spies et al. Datum: 15.07.2017. URL: https://www.merkur.de/politik/g20-gipfel-in-hamburg-krawalle-und-grosse-politik-ticker-zum-nachlesen-zr-8464975.html (abgerufen am 26.01.2018).

Neue Osnabrücker Zeitung: „So haben drei Osnabrücker Linke die G20-Krawalle erlebt." Autorin: Louisa Riepe. Datum: 23.07.2017. URL: https://www.noz.de/lokales/osnabrueck/artikel/926883/so-haben-drei-osnabruecker-linke-die-g20-krawalle-erlebt (abgerufen am 26.01.2018).

Neue Zürcher Zeitung: „Das süsse Gift der Anarchie". Autor: Peter Rásonyi. Datum: 08.07.2017. URL: https://www.nzz.ch/international/g20-gipfel/randale-am-g-20-gipfel-das-suesse-gift-der-anarchie-ld.1305011 (abgerufen am 26.01.2018).

Panorama: „G20-Gewalt: Wer sind die Täter?". Autorinnen: Djamila Benkhelouf et al. Datum: 20.07.2017. URL: https://daserste.ndr.de/panorama/archiv/2017/G20-Gewalt-Wer-sind-die-Taeter,gzwanzig246.html (abgerufen am 26.01.2017).

RTLnext: „‚Mein Auto wurde vor meinen Augen angezündet': Das sind die Leidtragenden der G20-Randale". Autor: Peter Klöppel. Datum: 08.07.2017.

URL: https://rtlnext.rtl.de/cms/mein-auto-wurde-vor-meinen-augen-angezuendet-das-sind-die-leidtragenden-der-g20-randale-4119317.html (abgerufen am 26.01.2018).

Rubikon: „Wer ist hier chaotisch?". Autor: Roland Rottenfußer. Datum: 05.09.2017. URL: https://www.rubikon.news/artikel/wer-ist-hier-chaotisch (abgerufen am 26.01.2018).

Spiegel online: „Begriffschaos. Nicht alles, was brennt, ist Anarchie." Autorin: Margarete Stokowski. Datum: 11.07.2017. URL: http://www.spiegel.de/kultur/gesellschaft/g20-gipfel-in-hamburg-nicht-alles-was-brennt-ist-anarchie-kolumne-stokowski-a-1157120.html (abgerufen am 26.01.2018).

Stuttgarter Zeitung: „Krawallnacht bei G20 in Hamburg. Anarchie im Schanzenviertel". Quelle: dpa. Datum: 08.07.2017. URL: https://www.stuttgarter-zeitung.de/inhalt.krawallnacht-in-hamburg-eskalation-im-schanzenviertel.c7745598-0ef6-4e90-9621-439573f11868.html (abgerufen am 26.01.2018).

Südkurier: „Aufräumen und Festnahmen nach G20-Protesten: Vom Festival der Demokratie zu Stunden der Anarchie". Quelle: dpa. Datum: 09.07.2017. URL: https://www.suedkurier.de/nachrichten/politik/Aufraeumen-und-Festnahmen-nach-G20-Protesten-Vom-Festival-der-Demokratie-zu-Stunden-der-Anarchie;art410924,9323080 (abgerufen am 26.01.2018).

Telepolis: „Und wer war noch so im Schwarzen Block in Hamburg?". Autor: Harald Neuber. Datum: 12.07.2017. URL: https://www.heise.de/tp/news/Und-wer-war-noch-so-im-Schwarzen-Block-in-Hamburg-3770308.html (abgerufen am 13.02.2016).

Welt: „Die Nacht, in der im Schanzenviertel die Anarchie ausbrach". Autor: Ulrich Exner. Datum: 08.07.2017. URL: https://www.welt.de/politik/deutschland/article166426442/Die-Nacht-in-der-im-

Schanzenviertel-die-Anarchie-ausbrach.html (abgerufen am 26.01.2018).

Zeit: „Ausschreitungen in Hamburg. Gebrauchsanweisung für den Aufstand". Autor: Frank Drieschner. Datum: 09.07.2017. URL: http://www.zeit.de/ politik/deutschland/2017-07/g20-hamburg-autonome-linke-distanzierung-aufstand?print (abgerufen am 26.01.2017).

ÜBERLEGUNGEN

Andrea Umhauer

(UN)MÖGLICHKEITEN VON GEWALTFREIEM WIDERSTAND.

Historischer Überblick über Widerstandstheorien

Der Begriff des Widerstands erfährt von der Vormoderne bis ins 20. Jahrhundert einen historischen Wandel und verändert sich von einer wiederherstellenden zu einer zerstörerischen bis hin zu einer auf Veränderung abzielenden Praxis.

In der vormodernen Herangehensweise waren zwei Verwendungen des Begriffs dominant. Er wurde entweder pejorativ oder affirmativ verwendet. Im pejorativen Gebrauch war er ein Synonym für Auflösungsbestrebungen gegenüber der politischen Ordnung. In diesem Kontext wird Widerstand jegliche Legitimation abgesprochen und er erscheint als eine destruktive Kraft, denn die vorherrschende Ordnung gilt als unhinterfragbar, der Widerstand somit als Zerstörer der politischen Ordnung. [1] In seinem affirmativen Gebrauch ist Widerstand ein „restaurativer Reaktionsbegriff, der auf die Wiederherstellung einer dem Gemeinwohl dienenden, mit vorpolitischem Recht und Gesetz im Einklang befindlichen Ordnung zielte." [1] Der Widerstand hat damit die Funktion den politischen Organismus, sollte dieser einmal straucheln, zu retten oder zu heilen. [1] Damit wird ihm eine stabilisierende, die herrschende Ordnung unterstützende Funktion, zugewiesen. Er soll die politische Ordnung nicht von Grund auf verändern, sondern vielmehr zu ihrer Wiederherstellung beitragen oder durch kleine Adaptionen ihre Stabilität garantieren. Im Kontext der Vormoderne ist Widerstand auf kleine soziale Gruppen beschränkt. [1]

Auch in der Moderne haftet dem Widerstand eine Bedeutung des illegitimen Aufruhrs an. Die Souveränität gilt als höchste ungebundene Gewalt und damit ist Widerstand völlig inkompatibel. [1] Ein Wandel vollzieht sich erst mit Locke und Rousseau. Sie gestehen Widerstand eine gewisse Legitimität unter der Voraussetzung, dass die Regierungsinstitutionen ihre Funktion nicht mehr ausüben, vertragsbrüchig oder usurpiert werden, zu. [1] Dadurch, dass der Akt der Regierungseinsetzung ein Gesetz ist, dass die Träger*innen der vollziehenden Gewalt die Diener*innen des Volkes sind, welches diese ein- und absetzen kann (18. Kapitel, Mittel, den Usurpationen der Regierungen vorzubeugen [2]), wird Widerstand gegen Regierende Teil einer mündigen Gesellschaft. Wird eine bestehende Regierungsform mit dem Gemeinwohl unvereinbar, kann diese durch die Allgemeinheit verändert werden (18. Kapitel, Mittel, den Usurpationen der Regierungen vorzubeugen [2]) Halten sich die Regierenden nicht mehr an die Regeln, ist dies in Folge auch für die Regierten legitim und Widerstand wird zu einer möglichen Handlungsoption.

Hier wird Widerstand erstmals zu einer Massenbewegung. Es ist die Rede von einer Allgemeinheit, welche in bestimmten Fällen Widerstand leistet oder die Regierenden durch andere Regierende ersetzt. Dadurch bekommt der Widerstandsbegriff fortschrittliche und produktive Nuancen. [1] Die Allgemeinheit kontrolliert die Herrschenden und die Macht der Souveränität ist nicht mehr uneingeschränkt, sondern abhängig von der Bewertung der Regierten.

Geschichtsphilosoph*innen, allen voran Hegel, merken an, dass Rechte und Pflichten als veränderlich gedacht werden müssen. Widerstand ist folglich eingebaut in den Fortschritt des Geschichtsverlaufs und treibt diesen entweder voran oder widersteht gewissen drängenden Kräften des Veränderns. [1]

So sieht Marx beispielsweise Widerstand als Vorstufe zur Revolution und als internationale, geschichtliche Aufgabe des Proletariats.

Zudem kann Widerstand gegenpolig verwendet werden, als Widerstand der kapitalistischen Klasse, den es zu überwinden gilt auf dem Weg zur klassenlosen Gesellschaft. Oder Widerstand als progressive, historisch gebotene Aufgabe. [1] Widerstand geht in beide Richtungen, kann damit auch gegen Versuche der Änderung der Verhältnisse gerichtet sein. „Der Widerstand des Bürgertums gegen das Ancien Régime erscheint dann etwa als progressiv, bürgerlicher Widerstand gegen die Diktatur des Proletariats hingegen als reaktionär." [S. 15, 1]

Vom Widerstand zum Subjekt

Mit der Moderne werden immer mehr Personen als potenziell widerständige Subjekte angesprochen. „Damit wird der Widerstand zu einer Frage der Massenmobilisierung und der Massenorganisation." [S. 15, 1] Er kann strategisch und taktisch eingesetzt werden. Widerstand richtet sich nicht mehr nur gegen eine Person, eine herrschende Schicht, eine Regierungsform (Vormoderne), sondern kann sich gegen die Herrschaftsverhältnisse einer gesamten Gesellschaftsformation richten. [1]
Im 20 Jahrhundert ergeben sich neue Bedeutungskomponenten in der Begriffsgeschichte des Widerstands. Fanon betont den Aspekt der Subjektwerdung durch die gewaltsame Befreiung. Widerständige Praktiken sind damit produktiv und kollektive Gewalt gilt als eine aus der kolonialen Unterdrückungsstruktur entspringende Notwendigkeit zur aktiven Befreiung. [3]
Auch bei Camus ist die Veränderung des Subjekts, wenn es sich in den Widerstand bzw. die Revolte begibt, Teil der Analyse. Erst durch das Revoltieren wird die*der Mensch menschlich bzw. zur*m Menschen. Sie*Er setzt sich zur Wehr, erträgt Ungerechtigkeiten nicht mehr lautlos, sondern fordert ein gehört zu werden, Mensch zu sein und Anspruch und Anerkennung zu erhalten. Diese neue Form ihrer*seiner selbst ist das eigentliche revolutionäre am Widerstand bzw. der Revolte. Die*Der Mensch wird erst über das erfahren der*s eigenen Selbst als revoltierendes Selbst zum Subjekt. „In unserer täglichen Erfahrung spielt die Revolte die gleiche Rolle wie das >Cogito< auf dem Gebiet des Denkens: Sie ist die erste Selbstverständlichkeit. Aber diese Selbstverständlichkeit entreißt

den Einzelnen seiner Einsamkeit. Sie ist ein Gemeinplatz, die den ersten Wert auf allen Menschen gründet. Ich empöre mich, also sind wir." [4] Zusätzlich erfährt sich das nun entstandene Subjekt über die Revolte als Teil einer Gemeinschaft. Die*Der Einzelne kämpft nicht für sich alleine, sondern gegen Ungerechtigkeiten, die ihr*ihm selber oder anderen Menschen wiederfahren. Sie*Er kämpft mit allen Menschen und für alle Menschen, die Ungerechtigkeit oder Gewalt erlebten.

Zudem wird in existenzphilosophischen Ansätzen der subjektive Entscheidungscharakter und der damit einhergehende Zwang zur individuellen Verantwortung hervorgehoben. Menschen sind allein ohne Entschuldigung und ohne Rechtfertigung in ihrer Existenz. Sie sind zur Freiheit verurteilt. Einmal in dieser Welt ist jede*r Einzelne für das eigene Tun und im weitesten Sinne für das Tun aller verantwortlich. [5]

Ein weiterer wichtiger Aspekt des Widerstandsbegriffs im 20. Jahrhundert ist die Erkenntnis, dass Widerstand auch ohne Kollektivsubjekt möglich ist. So sind beispielsweise kulturelle Deutungskämpfe Teil politischer Praxis. Der Staat ist Hegemonie gepanzert mit Zwang. Diese Hegemonie wird in vielen gesellschaftlichen Bereichen ausgefochten. „Das heißt, in der Herrschaftsordnung des integralen Staates verflechten sich Elemente der Zwangsgewalt („politische Gesellschaft") mit Elementen der diskursiv-ideologischen Bedeutungsproduktion durch klassengebundene Intellektuelle und Parteien, die sich in den lebenspraktischen Alltag(-sverstand) einschreiben („zivile Gesellschaft")." [1]

Kulturwissenschaftliche Subjektanalysen gehen von impliziten gesellschaftlichen Wissensordnungen, zentralen Codes und Unterscheidungen, die diese strukturieren und den Raum möglicher Praktiken und Diskurse und Subjektformen abstecken, aus. [6] Damit bekommt Widerstand die Dimension sich neben dem Aufruhr gegen einen Staat als möglichen Zwangsapparat auch auf die Veränderung dominanter herrschaftsproduzierender Diskurse zu richten. Ein Widerstand der auch von einem Individuum ohne Kollektivsubjekt ausgeführt werden kann. Damit kann Widerstand als allgegenwärtige soziale Praxis gesehen werden. „Wo es Macht gibt, gibt es Widerstand. Und doch oder vielmehr gerade deswegen liegt der Widerstand niemals außerhalb der Macht." (Foucault nach Selk [1]). Foucault beschreibt hier Widerstand als viele Punkte innerhalb eines Netzes der Macht. Es gibt verschiedene Arenen des Widerständigen und verschiedene Handlungsfelder. Widerstand muss sich nicht gegen einen Staat als Zentrum richten, sondern die Widerstandspunkte sind quer durch die Gesellschaft gestreut und diese erscheint als von Widerständen durchsetzt. [1] Im ökonomischen Feld ist eine Entpolitisierung und Kommerzialisierung des Widerstandsbegriffs zu beobachten. Widerstandssymbole werden über Kleider und Accessoires zum Teil eines „radical chic" und haben Einzug gefunden in die Kaufhäuser und den modischen Mainstream. Widerstand kann mittlerweile als Teil des täglichen, sozialen Daseins beschrieben werden und gilt als etwas Produktives. So ist zum Beispiel eine Aufgabe des Führungspersonals in Unternehmen das produktive Potenzial von Widerstand freizulegen und eine Atmosphäre zu schaffen, in der Widerstand in Innovation und Kreativität verwandelt wird. Widerstand muss also nicht gebrochen, sondern regiert und gemanagt werden. [1] Passend dazu die*der Arbeitskraftunternehmer*in mit ihrer*seiner wichtigen Eigenschaft der Widerstandsfähigkeit, wie sie*er von Voß und Pongratz beschrieben wird. Es zeigt sich eine Erhöhung von Handlungs- und Gestaltungsräumen, die sich für eine individualisierte Berufstätigkeit und Lebensführung nutzen lassen [7], während sich zugleich neue Anforderungen an das Profil einer*eines Angestellten ergeben. Pongratz definiert diese Veränderungen als eine Entwicklung vom Typ der*des verberuflichten Arbeitsnehmerin*s hin zu dem Typ der*des Arbeitskraftunternehmerin*s, welche*r sich durch eine erweiterte Selbstkontrolle, einem Zwang zur verstärkten Ökonomisierung der eigenen Arbeitsfähigkeiten und -leistungen sowie einer Vertrieblichung der alltäglichen Lebensführung auszeichnet. [7] Ein gelungenes Beispiel wie Widerstand in wirtschaftliche Produktivität übersetzt und betriebswirtschaftlich genutzt werden kann.

Gewalt oder Gewaltfreiheit

Die letzte beschriebene Form von Widerstand ist gewaltfreier Widerstand. Widerstand der sich gegen eine gesamte Lebensweise richtet und deswegen keine Gewalt anwendet oder verwendet. Mittel und Ziele sind nicht unabhängig voneinander, sondern verhalten sich zueinander. Demnach könne Gewalt nicht mit Gewalt abgeschafft werden, wenn die Ziele Gewaltfreiheit und Freiheit von Unterdrückung und Herrschaft lauten.

In einem demokratischen Rechtsstaat darf die einzelne Person nur Gewalt ausüben, wenn der Staat ihr diesen Auftrag erteilt. Alle haben sich im Zivilleben gewaltlos zu verhalten. Die gewaltfreie Aktion ist somit ein legitimes Mittel zivilen Widerstands bzw. werden die Begrifflichkeiten gewaltfreie Aktion und ziviler Widerstand oftmals synonym verwendet, da die gewaltfreie Aktion DAS Mittel des zivilen Widerstands ist. Je nach Fokusgruppe wird der eine oder der andere Begriff präferiert. Zusätzlich gibt es Bestrebungen Gewaltfreiheit durch einen Begriff zu ersetzen, der über eine Negierung, dessen was nicht sein soll hinausgeht. Gewaltfreiheit respektiert die*den Gegner*in als Menschen und zielt darauf ihr*sein Verhalten zu ändern, nicht jedoch sie*ihn zu vernichten. [8] Der Weg für eine gemeinsame Zukunft steht den Konfliktparteien damit offen.

Ziviler Widerstand, meint eine „zivile Form der Auseinandersetzung, die soziale, wirtschaftliche und politische Formen der Macht einsetzt, ohne auf Gewalt oder die Androhung von Gewalt zurückzugreifen". (Nepstad nach Schweitzer [8]) Sie „hat das Ziel, einen Konflikt so zu dramatisieren, dass ein Vorhandensein und die Unzulänglichkeit der herrschenden Konfliktregelungsmechanismen nicht länger ignoriert werden können". (Ebert nach Schweitzer [8]) Dieser Herangehensweise liegt die Theorie zu Grunde, dass Macht auf Zustimmung der Regierten beruht (Gehorsam und Kooperation), wird diese entzogen, bricht die Basis der Macht zusammen.

„[J]ede gewaltfreie Aktion appelliert an die Menschlichkeit und das Mitgefühl des Gegners, und ihre kurzfristigen Erfolge hängen davon ab, daß die Skrupellosigkeit des Gegners gewisse Grenzen kennt." [9] Gewaltfreiheit einer Aktion bedeutet auch, dass die Aktion und dessen Ziel und Zweck gewaltfrei sind, sonst könne sie nicht als gewaltfrei klassifiziert werden. Zweck und Mittel losgelöst voneinander zu betrachten ist in dieser Logik nicht möglich.

Vertreter*innen der gewaltfreien Argumentation stützen sich vor allem auf idealistische und pragmatische Vorteile, die gewaltfreier Widerstand gewährleistet. [8]

- Gewaltfreie Aufstände (mit Ausnahme von Sezessionsbewegungen) sollen fast doppelt so erfolgreich gewesen sein wie bewaffnete.

- Gewaltfreie Kampagnen ermöglichen die Teilnahme von viel mehr Menschen. Es folgt eine Stärkung der Basis des Widerstands und eine Erhöhung der Kosten für den Beibehalt des Status quo durch die Gegner*innen.

- Die Bandbreite möglicher Aktionsformen erhöht

sich.

- Repression fällt bei gewaltlosem Widerstand schneller auf ihre*n Urheber*in zurück

„Gewaltsamen Taktiken haftet die latente Gefahr an, daß sie die gleiche Art von autokratischen und militaristischen Eliten schaffen wie jene, die durch sie gestürzt wurden, so daß die Revolution zwar ein Wechsel in der Ideologie, nicht aber eine genuine Vergrößerung der Freiheit bewirkt. Die Anwendung von Gewalt tendiert dazu, den extremsten und gnadenlosesten Elementen die Führung zu übertragen und ihnen diese Führung auch nach der Revolution zu überlassen. Außerdem schafft sie psychologische und gesellschaftliche Bedingungen, die der Schaffung einer gewaltlosen und freien Gesellschaft am wenigsten zuträglich sind. Demgegenüber tendiert die Anwendung gewaltloser Methoden dazu, die Macht unter den Menschen aufzuteilen und die Gefahren einer nachfolgenden Unordnung und Diktatur auf ein Mindestmaß herabzusetzen. Im Falle von Abrüstungskampagnen in parlamentarischen Demokratien wäre die Anwendung von Gewalt völlig ungerechtfertigt, in den meisten, wenn nicht in allen Stufen der Kampagne taktisch katastrophal und auf lange Sicht selbstzerstörerisch." [9]

Die Formen von gewaltfreiem Widerstand sind vielfältig, so dass verschiedene Einteilungen in Kategorien möglich sind. Während Sharp eine Unterteilung in Protest und Überzeugung, Nicht-Zusammenarbeit und gewaltfreie Intervention, vornimmt, unterscheidet Carter bei der gewaltfreien Aktion zwischen: verfassungsmäßigen Aktionen, symbolischen Aktionen und direkten Aktionen. [9] Verfassungsmäßige Aktion beinhalten alle orthodoxen Methoden zur Propagierung von Ideen und zur Durchsetzung von Reformen. Zum Beispiel Briefe an Zeitungen und Abgeordnete, Plakate, Flugblätter, Radiosendungen, Vorträge etc. Symbolische Aktionen zielen auf den psychologischen Einfluss. Dazu zählen Demonstrationen (mit Liedern und Slogans, Banner), Mahnwachen und Fasten/ Essensverweigerung. Direkte Aktionen probieren ein Set gegensätzlicher Tatsachen darzustellen. Sie ist des Weiteren unterteilt in ökonomische Aktionen, ziviler Ungehorsam und physische Intervention, Aktionen gegen den Staat. Ziviler Ungehorsam sind Streiks, Boykotte oder bewusste und offen Übertretungen eines als ungerechte analysierten Gesetzes. Physische Interventionen beschreiben beispielsweise das Eindringen in Gebäude oder Plätze, deren betreten aus rassischen oder religiösen Gründen oder auf Grund militärischer Sicherheitsvorschriften verboten ist. Aktionen gegen den Staat beinhalten den Entzug des staatlichen Steuereinkommens, Entzug der Mitarbeit in den politischen, rechtlichen und kulturellen Institutionen des Staates und Arbeitsverweigerung für Regierungsinstitutionen, massenhafter ziviler Ungehorsam oder der Generalstreik.

Jede dieser Aktionen gegen den Staat hat das Potenzial eine Regierung zu stürzen, wenn sie von genügend Menschen getragen wird. [9]

Gewaltfreie Aktion gegen eine demokratisch gewählte Regierung stehen vor einer besonderen Ambivalenz. „[D]enn es ist zweifelhaft, ob die extremste Form der direkten Aktion, die den Widerstand gegen den Staat selbst einschließt, überhaupt in Angriff genommen werden kann, solange keine Alternative zu den attackierten Institutionen geschaffen werden können." [9] „Gewaltfreie Aktionen sind eine Methode zur Aufrechterhaltung der Werte, die der Idee der Demokratie zu eigen sind – Werte, die für eine demokratische Wirklichkeit mehr bedeuten als solche Formen wie die Abhaltung allgemeiner Wahlen in Abständen von fünf Jahren." (Carter) Gewaltfreie Aktionen werden somit als Ergänzung zur Demokratie gedacht. Demokratie könne aus der Wechselwirkung von Gesetz und Verfassung und Protest und gewaltfreier Aktion auf der anderen Seite entstehen.

Widerstand vom Individuum zur Gruppe

Um eine kleine aktuelle Auswahl von Widerständigem zu präsentieren und welche Intentionen dahinter stecken wurden per Zufall ausgewählte Handelnde befragt. Dies geschah über eine Aufforderung schriftlich auszuführen, was sie machen und was ihre eigenen Beweggründe sind. Im Vordergrund stand dabei, dass sich alle Befragten als aktiv im Widerstand wahrnehmen. Es wurden ausschließlich Frauen gefragt, da die weibliche Perspektive auf Widerstand und widerständiges Verhalten nach wie vor unterrepräsentiert ist. Die befragten Personen arbeiten in antirassistischen, feministischen oder antikapitalistischen Kontexten. Sie engagieren sich in der alternativen Kunst- und Kultur-Szene und alternativen Wirtschaftssystemen.

KostNix – Umsonstladen in Innsbruck: „Der Kostnix-Aktivismus bedeutet für mich an eine andere - an eine solidarische Welt zu glauben. Als Umsonstladen, der davon lebt, dass Personen bringen, was sie nicht mehr brauchen können und Personen mitnehmen, was sie brauchen können, wird der Kapitalismus an sich in Frage gestellt. Der Wert ist das Brauchen, nicht ein anderer fiktiver Wert, der kapitalistisch vereinnahmt ist. Es wird dadurch gezeigt, dass es gar keine Verschwendung braucht, da es genug Gegenstände schon gibt – es braucht keine Ausbeutung, keine durch den Kapitalismus fetischisierten Herstellungsprozess von Gegenständen, die mit dem Ziel nur eben etwas zu brauchen hergestellt sind. Durch die reine Zu-Verfügung-Stellung ist der Widerstand gewaltlos. Es geht um eine Installation einer von kapitalistischen Verhältnissen produzierten Sache, die ad absurdum geführt wird - ein Laden, mit dem Begriff, der aber eben sich der Marktlogik entzieht und Solidarität in den Mittelpunkt stellt."' (Befragte 1)

Das hier beschriebene Konzept eines Umsonstladen stellt ein Gegenmodell, eine Gegeninstitution, zu einem auf monetären Gewinn ausgerichteten Laden dar. Zugleich werden durch die Existenz des Umsonstladens, wie auch durch seine Betreiber*innen, kapitalistische Modelle grundlegend in Frage gestellt, so wird in der Aussage auf drei Punkte hingewiesen: Der Kapitalismus erzeugt Bedürfnisse, um monetären Gewinn zu steigern, die ohne ihn nicht vorhanden wären. Der Wert einer Ware lässt sich nicht über ihren Geldwert bestimmen und die kapitalistische Produktionsweise führt zu Überproduktion. Einer kapitalistischen Realität wird eine weitere funktionierende, mit der Aussicht, dass die gesamte Welt auf dem Prinzip der Solidarität beruhen könnte, entgegengestellt. Diese alternative Logik hat das Potenzial, wird sie von genügend Menschen praktiziert, die produzierenden Verhältnisse auf den Kopf zu stellen.

Die Ziele des Widerstands sind sowohl Konzerne, welche durch die solidaritätsbasierte Wirtschaft überflüssig gemacht werden sollen, als auch eine intensive Auseinandersetzung mit Deutungen über Produktivität, Nutzen und Effizienz. Eine auf Kapital basierende wirtschaftswissenschaftliche Logik wird hinterfragt und gegen eine neue ersetzt.

Es wird probiert diese innerhalb der bestehenden kapitaldominierten Form zu leben und zu etablieren. An diese Idee knüpfen zwei weitere Aktivistinnen an, welche über die Gründung eines Tauschvereins probieren ein Modell zu schaffen, in dem alle jederzeit ausreichend Ressourcen der angestrebten Währung „Fähigkeiten" besitzen und nicht über einen Zugang zu finanziellen Mitteln ausgeschlossen sind

Tauschverein: „Unsere Motivation, einen Verein zu gründen, bei dem Fähigkeiten ohne finanzielle Gegenleistungen ausgetauscht werden, ist aus unseren eigenen Erfahrungen heraus entstanden: Einerseits habe ich in meinem Umfeld erlebt, dass Menschen gerne Sachen erlernen möchten, sich aber zum Beispiel keine Klavierstunden leisten können oder möchten. Stattdessen haben diese Leute viele andere Fähigkeiten, die sie gerne mit anderen teilen möchten. Andererseits haben wir bei der Vereinsgründung an Flüchtlinge gedacht – vor allem an jene, die noch nicht anerkannt sind – die sich gerne integrieren möchten und/oder unsere Sprache lernen möchten, sich dies aber nicht leisten können. Auch sie haben aber viele Talente, mit denen sie sich in die Gesellschaft einbringen möchten." (Befragte 2 und 3)

Die Idee des Tauschvereins lässt sich an die Idee eines Umsonstladen anlehnen ist aber dennoch grundverschieden. Steht beim Umsonstladen die reine Gabe im Vordergrund, wird hier eine direkte Gegenleistung erwartet. Eine Person darf nur nehmen, wenn sie auch gibt. Mit der internen Logik, dass jede Leistung auf einer Gegenleistung basiert befinden sich die Gründerinnen in Übereinstimmung mit der gegenwärtigen Ökonomie, in welcher eine Ware oder Leistung über ihren monetären Gegenwert erworben wird.

Auch der Tauschverein probiert jedoch eine Gegeninstitution zur Dienstleistungsgesellschaft zu schaffen, in dem sie Dienstleistungen von ihrer kapitalistischen Einstufung und zentrierten Verteilung befreit. Der Wert einer Fähigkeit wird nun über den Tauschverein bestimmt. Zusätzlich werden die jeweiligen Leistungen vom Tausch gegen Geld entkoppelt und damit der Kreis der möglichen Partizipierenden erweitert. Durch seinen Tauschansatz mischt sich der Tauschverein in einen grundlegenden Diskurs darüber wie Gesellschaft organisiert werden kann ein.

Die Möglichkeit Widerstand vor allem auf der Ebene von Deutungen und Diskurse zu praktizieren wird auf der Ebene politischer Kunst thematisiert.

„Politische Kunst zu machen, stellt die Kunst auf eine gewisse Herausforderung, weil nicht etwas um der Kunst Willen an sich passieren kann, sondern immer mit gesellschaftlichen Verhältnissen in Verbindung und Reflexion steht. Kunst kann schwer als mehr als nur einen Diskurs darstellen und ist gezwungen, um klar zu sein, sich auf eine bestimmte Situation zu fokussieren. Das mag ich als Künstlerin gar nicht, aber ich weiß, dass durch die Anhäufung vieler Elemente, vieler Themen alles auch sehr verschwommen und unklar rüber kommen kann. Das ist ein Dilemma. Für mich ist der Fokus dann je nach Projekt - wenn es durch Rahmenbedingungen mehrere Elemente zulässt, finde ich es wichtig, jene zu bedienen, auch wenn es alle Elemente dadurch unklarer macht, was ihnen gegenüber ungerecht sein kann. Aber wenn der Fokus zu sehr gesetzt ist, werden Annahmen, wie etwas zu sein hat, oft relativ schnell reproduziert. Zwischen Fokus und alles/vieles miteinzubeziehen stehen Umsetzbarkeitsgedanken, die zwischen realem Handeln und gesellschaftlichen Utopien hin und her schwingen und durch die zeitliche Begrenzung von Projekten eingeschränkt in der Reflexion sind." (Befragte 4)

Der Fokus wird vor allem auf gesellschaftliche Diskurse gelegt, welche über die eigene Darstellung (mit)gestaltet, hinterfragt und verändert werden sollen. Über das Erzählen einer Geschichte auf eine ganz bestimmte Weise wird dieser Zugang als diskursgestaltende Möglichkeit in den Raum geworfen. Die Künstlerin ermächtigt sich, indem sie mitredet und ihre Sichtweisen zur weiteren Entwicklung anbietet. Zeitgleich ist die Künstlerin in einem Prozess ständiger Selbstkritik und setzt sich intensiv mit dem unüberwindbaren Element der Verkürzung in der eigenen Arbeit auseinander. Dabei kritisiert sie vor allem das Beschränktsein auf ein bestimmtes Thema in der Auseinandersetzung, welches es ihr scheinbar verunmöglicht universelle Kritik zu formulieren. An dieser Stelle sei angemerkt, dass an einem bestimmten Beispiel exemplifizierte Strukturen immer auch auf weitere Anwendungsgebiete verweisen und es somit den Betrachter*innen offen steht künstlerische Werke als Einladung zur Übertragung auf weitere Gebiete zu verstehen.

Allen Beispielen gemeinsam ist, dass sie in Form von Vereinen existieren. Sie finden damit im demokratisch akzeptierten und vorgesehenen Raum für gesellschaftliche Beteiligung statt. Dadurch entsteht die Ambivalenz, dass sie zwar einerseits revolutionär denken, andererseits aber auch einer hohen Absorption ausgesetzt sind. Ihr grundlegend veränderndes Potenzial wird übernommen oder kann übernommen werden, um bestehende Ordnungen zu stabilisieren oder bestimmte Ungereimtheiten hervorzuheben und diese anzupassen, wie beispielsweise in Form der*s Arbeitskraftunternehmerin*s beschrieben worden ist.

Zugleich bieten diese Freiräume jedoch Platz sich auszuprobieren und revolutionäre Energien zu bündeln. Es besteht ein gewisser Freiraum, der gerade groß genug ist, um den gewaltfreien Widerstand nicht existentiell gefährdend für die bestehende Ordnung werden zu lassen oder sich in diesem Freiraum entfaltet, bis genügend Menschen an den Ideen teilhaben, um eine Umordnung der Dinge zu ermöglichen.

Ein Tausch der Regierenden unter Beibehaltung der gesellschaftlichen Struktur wird nirgends fokussiert und die Widerstände sind an dem Ziel orientiert, die gesellschaftliche Ordnung und die gesellschaftlichen Ordnungsverhältnisse und Regierungsform grundlegend zu verändern.

Alle erwähnten Beispiele appellieren an den Humanismus im Menschen. Die Prämisse ist stets, dass Menschen überzeugt werden und ihr Verhalten ändern und so beispielsweise nicht mehr shoppen, sondern schenken.

Ob ihre deklarierten Ziele mit ihrem Konzept erreichbar sind, kann vorerst noch nicht beurteilt werden.

Conclusio

Wie die Analyse gezeigt hat ist gewaltloser Widerstand nicht nur möglich, sondern auch ein verbreitetes Mittel der Wahl vieler aktuell im Widerstand Aktiven. Widerstand kann als Teil eines demokratischen Systems oder euphemistisch gesagt als Teil einer lebendigen Demokratie beschrieben werden. Die Frage die offen bleibt, ist die nach der (Un-)möglichkeit von gewaltfreiem, Herrschaftsstrukturen destabilisierenden Widerstand. Also, wann ist Widerstand gerade auf Grund seiner Gewaltfreiheit nicht mehr als Widerstand, der Machtasymmetrien abwehrt, fassbar? Oder wann wird Widerstand integriert und träge, absorbiert in eigens dafür zur Verfügung gestellten Orten, als Regulativ revolutionärer Energie, zum Fortbestand einer konservativen Ordnung bei?

Literatur

[1] Veith, Selk (2013): Resisto, ergo sum! Anmerkungen zur Begriffsgeschichte von „Widerstand". In: *Peripherie: Leben im Widerstand* 33 (129), S. 8 -- 39.

[2] Rousseau, Jean Jaques: Der Gesellschaftsvertrag. Unter Mitarbeit von H. Denhardt. Hg. v. Heinrich Weinstock. Reclam-Verlag. Stuttgart. Online verfügbar unter http://gutenberg.spiegel.de/buch/der-gesellschaftsvertrag-3814/40.

[3] Fanon, Frantz; Sartre, Jean-Paul (2017): Die Verdammten dieser Erde. Unter Mitarbeit von Traugott König. 16. Auflage. Frankfurt am Main: Suhrkamp (Suhrkamp-Taschenbuch, 668).

[4] Camus, Albert: Der Mensch in der Revolte. 29. Auflage. Rheinbeck bei Hamburg: Rohwolt.

[5] Schönherr-Mann, Hans-Martin (2005): Sartre. Philosophie als Lebensform. München: Beck.

[6] Reckwitz, Andreas (2008): Subjekt. transcript. Bielefeld.

[7] Voß, Günter G. ; Pongratz, Hans J.: Der Arbeitskraftunternehmer. Eine neue Grundform der Ware Arbeitskraft? In: Kölner Zeitschrift für Soziologie und Sozialpsychologie 50 (1998), S. 131–158

[8] Schweitzer, Christine (2013): Was heißt „gewaltfreie Aktion"? Ein Beitrag zur begrifflichen und konzeptionellen Klärung. In: *Sicherheit und Frieden (S+F) / Security and Peace* 31 (3), S. 140–144.

[9] Carter, April (1983): Direkte Aktion. Leitfaden für den gewaltfreien Widerstand. 3. Aufl. Berlin: AHDE-Verl. (Konstruktiv, 1).

Michael Bräustetter & Maximilian Hartung

DISRUPTIVE TECHNOLOGIE & POLITISCHE REVOLUTION

Disruption in den Medien

2015 titelt die FAS „Disruption, Baby, Disruption!" und der Teaser versichert, „Daran können sich Manager besoffen reden"[1]. Disruption, nicht anders als das lateinische rupere, bedeutet zunächst einmal zerreißen, aber auch brechen und zerbrechen. Und von dieser Grundbedeutung aus geht das Wort aktuell vielerlei Wege.

Zunächst einmal den Weg, dem besagte Manager folgen. Es geht um Start-ups, den Gründerspirit und natürlich um alles, was das Silicon-Valley hervorgebracht hat. Also Google, Facebook, Apple und neuerdings auch Airbnb, Netflix und Uber. Diese Unternehmen haben es geschafft, und zwar geradezu aus dem Nichts will man hinzufügen, die etablierten Kategorien zu sprengen. Musik wird gleichbedeutend mit dem iPod, die Kommunikation mit dem iPhone auf ein neues Level gehoben und der Großrechner erst vom Desktop PC, dann vom Laptop und schließlich durch das Tablet ersetzt. Doch der Reihe nach.

---

[1] Vgl. Meck; Weiguny (2015), S. 21.

Disruption, wie der Begriff heute verwendet wird, ist ohne die sogenannten „radikalen Innovationen", in Deutschland gerne auch einmal etwas sperrig „Sprunginnovationen" genannt, in Abgrenzung zur „inkrementellen Innovation", nicht denkbar. Hier kann der iPod noch einmal als Verständnisstütze dienen. Nicht nur war er ein Symbol der oer Jahre wie kaum ein anderes Produkt. Es bedürfte auch eines Durchbruchs im Bereich Forschung und Entwicklung. Die Fraunhofer Gesellschaft zeichnet verantwortlich für diese Vorstufe und den wenig glamourösen Audio-Standard Namens MP3. Ein Format zur qualitativ zunächst weniger überzeugenden, dafür jedoch stark komprimierten Speicherung von Musiktiteln.

Was bis hierher noch kaum spannend und radikal klingen mag, zieht bald schon weite Kreise. Immer mehr Titel in immer besserer Qualität werden im MP3 Format gespeichert, zum Verkauf angeboten und schließlich über iTunes, Amazon oder Spotify gestreamt. Was bis dahin noch eine teure und aufwendig zu produzierende Schallplatte oder CD war, womit die Musikindustrie und namentlich die großen Musiklabels ihr Geschäft machen konnten, ist heute ein Streaming-Angebot, mit pauschalen Berechtigungen für die Nutzer und Gewinnern jenseits der alten Labels. Was die Kurve für verkaufte CDs unterwegs an Umsatz verliert, nimmt sich die anschwellende Kurve der Streamingdienste.

Ähnlich „disruptive" Prozesse ergreifen auch weitere Branchen. Die Taxifahrer werden von Uber eingeholt, die Hotels von Airbnb-Angeboten eingekreist, Kamerahersteller wie Leica vom Digitalchip überholt und der Rollfilm-Riese Kodak, mit einst 150.000 Mitarbeitern, verpasst den Anschluss komplett und meldet 2012 Insolvenz an. Wieder hört man die Manager aus dem Silicon-Valley angesäuselt unken: Disruption, Baby, Disruption!

Auch das Aktuelle Lexikon der SZ kommt an dem Modewort nicht vorbei. Kurz und prägnant heißt es hier:

„Disruptiv sind Veränderungen in der Wirtschaft, die
mehr sind als ein Fortschritt, mehr als nur eine Weiterentwicklung. Die nicht Reform sind, sondern Revolution,
völlig neue Produkte, Geschäftsmodelle, Kundeninteres-
sen. Das geschieht vor allem im Zusammenhang mit der
Digitalisierung. Der klassische Plattenspieler etwa wurde
vom CD-Player abgelöst, eine Weiterentwicklung, nicht
mehr. Der iTunes-Music-Store dagegen, bei dem man
seine Lieblingssongs online nutzen kann, war etwas völlig
Neues, er veränderte die Musikbranche radikal, er wirkt
disruptiv."[1]

Hier ist der Begriff noch einmal im Kontext von Wirtschaft, Markt und digitaler Revolution situiert, jedoch hat
er in den Medien längst auch den Weg in die Politik gefunden. Ron Fournier, Journalist beim Atlantic, schreibt:

„Heute kannst du jeden Song von jedem Album aus-
suchen, ihn überall für weniger als den Preis eines Scho-
koriegels herunterladen und neben tausend anderen Liedern auf deinem jeweiligen Gerät speichern. Das ist
Macht.

Ich frage Sie, wie lange wird es dauern, bis die Amerikaner entdecken, dass sie nicht weniger gut ausgestattet
sind, Politik und Regierungen zu disruptieren. Wie lange
werden wir uns in Washington noch mit einem minder-
wertigen Produkt zufriedengeben. Wann verlangen wir
mehr und besseres von den Demokraten und Republika-
nern – oder erschaffen neue politische Organisationen,
die die Alten usurpieren."[2]

Was als Gefahr für etablierte Firmen und Märkte gilt,
so zumindest der Autor, ist für traditionelle Parteien
gleichfalls gültig. Fournier sichtet dabei sich ausbreitende
grüne Inseln des Populismus, neben den öden Flächen
einer zur Hälfte beendeten Präsidentschafts-Amtszeit.

---

[1] Vgl. Beise (2016), S. 4.
[2] Vgl. Fournier (2014). Eigene Übersetzung.

Wir schreiben das Jahr 2014, das Jahr des Inkrafttretens von Obamacare und der Autor fügt hinzu, dass Amerika noch ein, vielleicht zwei Amtszeiten von einer „Great Disruption"[1] entfernt ist.

Der Begriff Disruption hat nicht zuletzt durch diese ganz unterschiedlichen Beispiele aktuell Hochkonjunktur. Waren es zur Jahrtausendwende noch mickrige sieben Artikel in denen der Begriff fiel, sind es im vorigen Jahr bereits über 1.000. Und man muss hinzufügen, Tendenz steigend. Jedoch seine eigentliche Entdeckung feiert das Wort bereits vor genau 20 Jahren, 1997, als der Harvard-Professor Clayton Christensen in seinem Buch „The Innovator's Dilemma" über disruptive Technologien, radikale Innovationen und zusammenbrechende Märkte nachdenkt.

The Innovator's Dilemma

Das Buch „The Innovator's Dilemma" trägt im deutschen den etwas reißerischen Untertitel „Warum etablierte Unternehmen den Wettbewerb um bahnbrechende Innovationen verlieren" und damit ist eigentlich auch schon das meiste gesagt. Die Betonung, dass es sich um einen Harvard-Professor handelt, auf welchen viele der Artikel durchaus Wert legen, kann kaum über die Einfachheit der Theorie des Disruptionsdenkens hinwegtäuschen.

Spärliche 18 Seiten hat die theoretische Herleitung und schon findet man sich im länglichen Strudel der Beispiele, wovon das Prominenteste der Entwicklung von Speichermedien, also dem disruptiven Weg hin zur 3,5

---

[1] Vgl. Fournier (2014).

Zoll Platte gewidmet ist. Doch ist vielleicht das, also die Einfachheit, auch der Charme der Theorie?

Zunächst stellt Christensen fest, dass gutes Management zum Scheitern führt oder zumindest dazu führen kann. Deshalb auch der Titel, „The Innovator's Dilemma". Man kann natürlich von einem Manager nicht erwarten, dass er ein Unternehmen fahrlässig und schlecht verwaltet und doch kann gutes Handeln, auch in ökonomischen Theorien, üble Folgen zeitigen. Das, so Christensen, liegt daran, dass Unternehmen gar nicht anders können, also Ihre Produkte ständig weiterzuentwickeln. Ganz im Sinne ihrer Kunden und zuletzt auch in einer unbestreitbaren Abhängigkeit von selbigen.

Im Jahre 1902 ist dies die Thomas W. Lawson, der größte je gebaute Schoner und der einzige Siebenmaster überhaupt. Ein Meisterwerk der Schiffsbaukunst, 25 Segel, 14 Knoten, Ladekapazität 11.000 Standardtonnen. Kentern sollte er schließlich im Jahr 1907 und nicht nur der Großteil der damaligen Besatzung stirbt; zu diesem Zeitpunkt geht auch eine ganze Branche unter.

Zugegeben, ein wenig hat es schon gedauert, bis dem ersten funktionsfähigen Dampfschiff von 1783 dieser Streich gelungen war. Denn zunächst fristeten die Dampfschiffe ihr Leben in einer Branchennische, der Binnenschifffahrt. Dieser wenig attraktive Markt war auch für die Kunden der Segelschiffe nicht von Belang und entsprechend waren die großen Segelschiffhersteller und deren Kunden nicht interessiert. In dieser Nische wuchs derweil eine Technologie heran, die bald schon ausgereift sein sollte und zur Jahrhundertwende konnten Dampfschiffe nicht nur die Ozeane befahren, sie waren auch derart kosteneffizient, dass das Segelschiff nur noch den Wind der Geschichte zu spüren bekam.

Was war passiert? Nach Christensen hat man hier ein Paradebeispiel für Disruption. Während die Technik der Segelschiffe auf evolutionäre Weise fortgeführt wird, damit mitten im Markt und mit weiterhin hohen Profithoffnungen, eröffnet sich eine ungeahnte Lücke. Hier reift der Konkurrent heran und bevor der Unternehmer es noch bemerken kann, wird der Neuling übergriffig. Das Dilemma, dem sich die etablierten Unternehmen und Unternehmer ausgesetzt sehen, ist dabei bedingt durch ihre schiere Größe. Um Wachstum zu generieren brauchen sie große Marktpotentiale oder eben die Kaufkraft ihrer Bestandskunden und diese müssen sie entsprechend bedienen. Ein Start-up, und hier weht dann wieder der Geist aus dem Silicon-Valley, auch in der etwas angestaubten Dampfschifffahrtsbranche, ist erst einmal mit einem kleinen Markt zufrieden. Denn einerseits kann dieser Markt wachsen. Andererseits kann man in dieser Nische unbemerkt heranreifen. Obendrauf kommt noch, dass die traditionellen Firmen oft Produkte anbieten, die weit über die Bedürfnisse der Kunden, zumindest die der Konsumenten, hinausgehen und so kann deren Klientel schlussendlich oftmals recht einfach überrumpelt und aufgesogen werden.

Was wir bei Christensen zusammengefasst lernen können ist folgendes:

Erstens, die Kunden beeinflussen Ressourcenallokationsprozesse in großen Unternehmen. Kleine Märkte befriedigen zweitens nicht die Wachstumsbedürfnisse großer Unternehmen. Drittens, die tatsächlichen Anwendungsbereiche einer disruptiven Technologie sind nicht zwingend im Voraus bekannt. Und zuletzt, dass technologische Möglichkeiten nicht zwangsläufig auf Nachfrage am Markt treffen müssen. Also, dass die Leistungskriterien, die disruptive Innovationen für bestehende Märkte unattraktiv machen, oft genau jene sind, die einen ganz bedeutenden Mehrwehrt in einem neu entstehenden Markt darstellen. [1]

---

[1] Vgl. Christensen (2011), S. 126.

Disruption der Kommunikation durch die sozialen Medien

Diese Aspekte sind zentral für den Disruptionsbegriff bei Christensen, doch lassen sie sich, wie bereits erwähnt, auch von der wirtschaftlichen Sphäre in die Sphäre der Politik und in diesem Kontext auch auf die Nutzung sozialer Medien übertragen. So schreibt die Süddeutsche Zeitung im September dieses Jahres in dem Artikel „Willkommen in der neuen Demokratie": „Politiker waren lange fixiert auf die ökonomische Seite der Digitalisierung, auf ihre Rolle für den ‚Standort Deutschland', für Arbeitsplätze und Wachstum. Das hat ihnen die Sicht darauf verstellt, dass auch ihr eigenes Geschäft Disruption unterworfen ist: jener radikalen, ebenso kreativen wie zerstörerischen Umwälzung, die die Digitalisierung schon Musikindustrie, Medien und anderen Branchen beschert hat.

Im politischen Raum sind es die sozialen Netzwerke, allen voran Facebook, von denen die Erschütterungen ausgehen. [...] Aus Sicht der Parteien war Facebook in den vergangenen Jahren höchstens ein Kanal, über den sie ein bisschen Werbung ins Volk streuten und eventuell ein paar Fragen von Bürgern empfingen. Die Medien beschäftigten sich vor allem damit, welche Auswirkungen Facebooks Kontrolle über Nachrichten auf ihr eigenes Geschäftsmodell hat.

Mit dem Aufstieg von Trump und der AfD ist endgültig klar geworden: Praktisch alle Beteiligten haben unterschätzt, wie fundamental sich das Zusammenspiel von

Bürgern, Politikern und anderen Institutionen gerade verändert.

Keine Politik ohne Kommunikation – und keine Kommunikation mehr ohne Facebook und Google. Beide sind die mächtigsten Akteure für den Austausch und den Konsum von Informationen."[1]

Die Besonderheit von Internettechnologien

Aber was macht das Internet und die darauf basierenden Kommunikationstechnologien so innovativ und disruptiv? Dem Medienwissenschaftler Clay Shirky folgend sind es drei Momente, die entscheidend sind für diese von ihm sogenannte „digitale Revolution": Das Internet ist das erste Medium, welches seinem Kommunikationsmuster nach für Gruppen und deren Kommunikation geeignet ist. Dieses „viele zu vielen" Muster unterscheidet es maßgeblich vom „einer zu einem" Muster des Telefons oder dem „einer zu vielen" Muster des Fernsehens, des Radios oder der Zeitungen. In dem Maße, in dem andere Medien immer weiter digitalisiert werden, beispielsweise die Telefonkommunikation über das Internet abgewickelt wird und Zeitungen ebenfalls dorthin wandern, wird das Internet auch zweitens der Übertragungsmodus aller anderen Medien. Und drittens bietet das Internet auf Basis der gleichen technischen Voraussetzungen die einmalige Möglichkeit, nicht nur Konsument, sondern auch Produzent der von ihm transportierten Inhalte zu sein.[2]

---

[1] Vgl. Brühl (2017).
[2] Vgl. Shirky (2009), Miladi (2016), S. 48.

Das Kaskadenmodell der Revolution

Wenngleich nach Clayton Christensen modernen, internetbasierten Kommunikationstechnologien ein disruptiver Effekt auf wirtschaftlicher Ebene zugesprochen werden kann, und nach Clay Shirky ein revolutionärer Effekt auf technologischer Ebene, ergibt sich dadurch noch keine unmittelbare revolutionäre Wirkung auf politischer Ebene. Diese Technologien vermögen es aber, so unsere These, aufgrund ihrer kommunikativen Struktur auf einmalige Weise eine revolutionäre Kaskade in Gang zu setzen. Die Theorie der *revolutionären Kaskade* geht auf eine Arbeit Timur Kurans zurück[1], welche im Anschluss an die osteuropäischen Revolutionen von 1989 die Frage zu beantworten versucht, wie Revolutionen von einem kleinen Kern an Aktivisten zu erfolgreichen Massenprotesten wachsen können. Ziel seines Ansatzes ist es strukturalistische und spieltheoretische Elemente von Revolutionstheorien zu vereinen und so revolutionäre Mobilisierung zu erklären.[2] Wenn eine Revolution gelingen soll, müssen nach Kurans Theorie genügend Menschen auf den *revolutionären Zug* aufspringen.[3] Sobald eine kritischen Masse an Menschen öffentlich dem jeweiligen Regime entgegen tritt, nehmen einzelne Personen das persönliche Risiko sich dieser Bewegung anzuschließen als geringer wahr, als wenn der Protest nur von einer kleinen Anzahl von Regimekritikern geäußert wird. Aber wie

---

[1] Vgl. Kuran (1991).

[2] Vgl. Kuran (1991), S. 15.

[3] Vgl. Kuran (1991), S. 20, „revolutionary bandwagon" im englischen Original.

kann das gelingen? Drei Faktoren spielen in der Theorie der revolutionären Kaskade hierbei eine entscheidenden Rolle: Die persönlichen und öffentlichen Präferenzen von Personen gegenüber dem herrschen politischen Status quo, der *revolutionäre Schwellenwert* der jeweiligen Person sowie die Größe der öffentlichen Opposition in der Gesellschaft selbst.[1]

Die persönliche Präferenz das herrschende Regime abzulehnen oder zu befürworten wird insofern als öffentlich unbekannt angesehen, als es in repressiven Regimen Anreize gibt über seine wahren politischen Absichten Stillschweigen zu bewahren. Öffentliche Präferenzen werden von Kuran dagegen als bekannt angenommen, können aber aufgrund vorherrschender Repressionsstrukturen falsch sein.[2] In Kurans Modell ist es somit wahrscheinlicher, dass eine revolutionäre Bewegung Fahrt aufnimmt, wenn die persönlichen Präferenzen mehrheitlich ablehnend gegenüber dem bestehenden Regime sind, die individuellen Schwellenwerte niedrig genug sind und die öffentliche Opposition groß genug ist. Zwischen diesen Faktoren kommt es hierbei zu sich selbst verstärkenden Effekten: Je größer und wahrnehmbarer die öffentliche Opposition, desto geringer wird die Gefahr für den jeweiligen Dissidenten, für seine Identifikation mit der oppositionellen Bewegung verfolgt zu werden und umso weniger Befürwortern des Regimes muss er gegenüber treten.[3] Wächst die öffentliche Opposition oder die persönliche Identifikation mit der oppositionellen Bewegung, ist in der Theorie Kurans an einem bestimmten Punkt der persönliche revolutionäre Schwellenwert erreicht. Der Punkt, an welchem die erwartbaren negativen Folgen für eine revolutionäre Handlung nicht mehr den

---

[1] Vgl. Kuran (1991), S. 14ff.
[2] Vgl. Kuran (1991), S. 20.
[3] Vgl. Kuran (1991), S. 18, 24.

persönlichen Preis übersteigen, welcher aufgrund der Unterdrückung der eigenen politischen Überzeugungen entsteht. Die betreffende Person wird in diesem Prozess ihre öffentliche Meinung ändern, so zu einer breiteren öffentlichen Opposition beitragen und im äußersten Fall handlungsaktiv werden.[1] Durch die so geänderten Kräfteverhältnisse von individuellen revolutionären Schwellenwerten und öffentlicher Opposition, vermag sich in diesem Fall eine kritischen Masse zu bilden, welche eine revolutionäre Kaskade, vergleichbar mit einem Dominoeffekt, nach sich zieht.

Aber ist es möglich, dass internetbasierte Kommunikationstechnologien für die Auslösung einer solchen revolutionären Kaskade mit verantwortlich sein können? Für diese These, die wir im Folgenden am Bespiel der Jasmin Revolution in Tunesien verdeutlichen wollen, sprechen drei maßgebliche Eigenschaften dieser Technologien: Erstens können Internettechnologien mit höherer Wahrscheinlichkeit als traditionelle Kommunikationskanäle regimekritische Informationen einer breiten Öffentlichkeit zugänglich machen, da aufgrund ihrer technischen Struktur staatliche Zensur, wenn nicht verunmöglicht, so doch erheblich erschwert wird. Sie ermöglichen zweitens die schnelle Organisation von regimekritischen Kräften und Aktionen, unabhängig von etablierten Organisationsformen, wie beispielsweise Parteien oder Gewerkschaften und bergen dabei drittens, etwa im Fall Sozialer Medien, eine motivierende Funktion auf persönlicher Ebene. Die Wahrscheinlichkeit der Partizipation an politischen Handlungen steigt dabei, wenn andere teilnehmende Personen persönlich bekannt sind oder wenn man von nah stehenden Personen zu politischen Handlungen aufgefordert wird.[2]

---

[1] Vgl. Kuran (1991), S. 17f.
[2] Vgl. Lowrance (2016), S. 157f.

In welcher Form diese Eigenschaften internetbasierter Kommunikationstechnologien einen Einfluss auf den Ausgang von Revolutionen haben können, und ob sie es ermöglichen eine revolutionäre Kaskade im Sinne Kurans zu erleichtern, wollen wir am Beispiel der Jasmin Revolution in Tunesien erläutern.

Die Jasmin Revolution – Warum Tunesien?

Die Revolution in Tunesien war nicht nur die erste Revolution des sogenannten Arabischen Frühlings, sie war auch die erste und vielleicht einzige, der ein anhaltender Erfolg beschert war. Der Aufstand begann im Dezember 2010 mit Mohamed Bouazizi, einem arbeitslosen Mann, welcher sich als Obstverkäufer verdingte nachdem er keine Anstellung finden konnte und sich am 17. Dezember aus Protest gegen Misshandlungen der Polizei selbst verbrannte. Die daraus resultierenden Unruhen breiteten sich über das ganze Land aus und erreichten zu Beginn des Januars 2011 auch die Hauptstadt Tunis. Anhaltende Streiks und Massendemonstrationen legten weite Teile des Landes unter der Regierung von Präsident Ben Ali lahm, bis dieser am 14. Januar 2011 fluchtartig das Land verließ und damit eine diktatorische Position aufgab, welche er seit 1987 innehatte.

Unter der Führung von Ben Ali war Tunesien das erste arabische Land, welches 1991 Zugang zum Internet erhielt, getrieben vom Willen der Landesführung dessen Nutzung einerseits für kommerzielle Zwecke zu forcieren und andererseits ausländische Investitionen anzuziehen. Die Nutzung dieser damals neuen Technologie wuchs stetig bis ins Jahr 2009, ein Jahr vor dem Ausbruch der Unruhen. Zu diesem Zeitpunkt hatte Tunesien circa 3,5

Millionen Internetnutzer, was einer Verbreitungsrate von 34% entsprach. Bereits drei Jahre vor diesem Hochpunkt der Internetverbreitung erschienen die ersten tunesischen Blogseiten, deren Zahl nach Schätzungen bis 2010 auf 500 bis 2000 wuchs. Rund ein Fünftel aller tunesischen Bürger verfügte im Dezember 2011 über Zugang zu sozialen Netzwerken, in der Mehrheit zu Facebook.[1]

Die weite Verbreitung von Internettechnologien in Tunesien korrelierte aber nicht mit ebenso großen Internetfreiheiten. Während des Ben Ali Regimes war das tunesische System der Internetzensur eines der repressivsten der ganzen Welt, nach Studien auf einer Augenhöhe mit China und dem Iran. Die tunesischen Gesetze, welche die traditionelle Presse zensierten, wurden zwischen 1997 und 1998 im Namen der nationalen Sicherheit auch auf das Internet und die elektronische Kommunikation übertragen und erweiterten so das „Recht" der Regierung die Verbreitung „falscher" Informationen, die Störung der öffentlichen Ordnung oder die Kritik an Präsident Ben Ali mit Haftstrafen zu ahnden. Maßnahmen um den freien Zugang zum Internet einzuschränken beinhalteten etwa die Abwicklung des gesamten tunesischen Internetverkehrs über einen zentralen Knotenpunkt, welcher von der Tunesischen Internetagentur (ATI) kontrolliert wurde und auf dem mittels Filtertechnik ausländische Medien und regimekritische Internetplattformen gleichermaßen zensiert werden sollten.[2] Online Journalisten und Blogger, welche ihrerseits technische Maßnahmen nutzten um diesen Zensurmechanismen zu entgehen, sahen sich häufig Misshandlungen und Inhaftierungen ausgesetzt.[3]

---

[1] Vgl. Lowrance (2016), S. 158f; Miladi (2016), S. 39.
[2] Vgl. Lowrance (2016), S. 158; Miladi (2016), S. 38.
[3] Vgl. Lowrance (2016), S. 159; Miladi (2016), S. 38.

Trotz dieser Einschränkungen der Internetfreiheit spielten Blogs und andere soziale Medien als Foren für freie Meinungsäußerung eine wichtige Rolle in der tunesischen Zivilgesellschaft. Die Reichweite und Verbreitung dieser Kommunikationsplattformen entspricht zwar nicht dem westlicher Gesellschaften, erreichen aber einen Grad, welcher die Bedeutung internetbasierter Technologien für die Entwicklung von Revolutionen hervortreten lässt.

Die Frühphase der Revolution

Die Selbstverbrennung von Mohamed Bouazizi im Dezember 2010 gilt vielen Beobachtern als offizieller Beginn der tunesischen Revolution, jedoch lassen sich bereits ein Jahr zuvor erste Formen von politischem Aktivismus auf digitaler Ebene, in Form verschiedener Antizensuraktionen, ausmachen. Viele dieser Aktionen wurden von tunesischen Bloggern und freien Journalisten vorangetrieben, um einerseits den Widerstand gegen das Regime auf digitaler Ebene zu verbreitern und andererseits diesen politischen Aktivismus von der digitalen Ebene auch auf die Straße zu bringen. Im Verlauf des Jahres 2010 verdichteten sich diese verschiedenen Antizensuraktionen zu einer gebündelten Kampagne. Wenn auch nicht allen Einzelaktionen ein Erfolg beschert war, so stellte nach Sherry Lowrance die Kampagne im gesamten insofern einen Wendepunkt dar, als sie erstmalig zu einer Politisierung einer breiten Bevölkerungsschicht führte. Einzelne Aktionen umfassten dabei beispielsweise eine von mehr als 10000 Tunesiern unterzeichnete Online Petition gegen Zensur, einen offenen Brief an Präsident Ben Ali, in welchem man sich gegen Zensur aussprach, den Versuch einen Index aller durch das Regime zensierten Blogs und Webseiten zu erstellen sowie eine Anleitung um staatliche Zensur im Internet auf technischer Ebene zu umgehen. Inmitten dieser tunesischen Antizensurkampagne veröffentliche Wikileaks auf ihrer tunesischen Plattform TuniLeaks eine Anzahl amerikanischer Depeschen, welche in offizieller Form die Gerüchte über die Exzesse der herrschen Elite Tunesiens bestätigten. Zwar fiel die Seite binnen weniger Stunden der tunesischen Internetzensur zum Opfer, zu diesem Zeitpunkt hatten sich die Dokumente jedoch schon auf zu viele andere Plattformen ausgebreitet um effektiv zensiert zu werden und wurden bereits von etablierten Medien wie Al Jazzera für ihre Berichterstattung verwendet. Wenn diese Depeschen auch nur bereits vorherrschende Gerüchte bestätigten, so waren sie aufgrund ihrer offiziellen Natur ein wichtiger Anstoß um die öffentliche Meinung schon in dieser Frühphase der Revolution maßgeblich gegen das herrschende Regime zu wenden.[1]

Die wichtigsten und wirkungsvollsten Aktionen der Antizensurkampagne bildeten zudem eine Brücke zwischen digitalem Aktionismus und öffentlichen Protesten auf den Straßen Tunesiens. So versuchten Aktivisten im Mai 2010 eine Demonstration gegen Zensur vor dem Ministerium für Kommunikationstechnologien zu organisieren, jedoch wurden die Hauptorganisatoren bereits im Vorfeld von Sicherheitskräften festgenommen und gezwungen eine öffentliche Bekanntmachung über die Absage der Demonstration zu machen. Als Reaktion auf dieses repressive Vorgehen der Regierung organisierten Freunde der Inhaftierten über einen Internetaufruf eine Zurschaustellung öffentlichen Widerstands, welche anstelle der ursprünglichen Demonstration stattfinden sollte. Um symbolisch gegen die Internetzensur zu protestie-

---

[1] Vgl. Lowrance (2016), S. 168.

ren forderten sie Leute zu einem Protestmarsch am 22. Mai in einer der Hauptstraßen von Tunis auf, bei welchem die Beteiligten ein weißes Hemd tragen sollten. Dem Aufruf, auf diese Weise symbolisch gegen die tunesische Zensur zu protestieren, folgten viele Menschen und so war der Aktion ein wichtiger Doppelerfolg beschert: Zum einen ließ sie sich durch das Regime schwer eindämmen, da das Tragen weißer Hemden einerseits nicht illegal war und da sich andererseits für die Sicherheitskräfte schwer differenzieren ließ, welche Personen nur aus Zufall an diesem Tag ein weißes Hemd trugen und welche es aus einem Akt des Protests heraus taten. Zum anderen ermöglichte es der *Tag in weißen Hemden* Leuten ihre persönlichen Präferenzen öffentlich zur Schau zu stellen und trotzdem im Fall eines Einschreitens der Sicherheitskräfte ein gewisses Maß an Sicherheit zu haben, indem sich überzeugend leugnen ließ absichtlich an dieser Protestaktion teilgenommen zu haben.[1]

Folgt man der Theorie Timur Kurans stützen autoritäre Regime einen gewissen Teil ihrer Macht darauf, es mittels repressiver Maßnahmen zu schaffen, die öffentlichen Präferenzen von Personen von ihren persönlichen Präferenzen abweichen zu lassen. Das Ausmaß der Unzufriedenheit der Bevölkerung mit dem Regime bleibt damit oftmals verzerrt und macht es Aktivisten schwer, die Sympathien für ihre Bewegung abzuschätzen.[2] Aktionen wie der Protestmarsch in weißen Hemden erlauben es das persönliche Risiko des einzelnen zu minimieren, so das Ausmaß der öffentlichen Opposition offen zu legen und dadurch wiederum die revolutionären Schwellenwerte der einzelnen Personen zu senken.

Die Selbstverbrennung von Mohamed Bouazizi im Dezember des gleichen Jahres kann damit wirklich als Aus-

---

[1] Vgl. Lowrance (2016), S. 169f.
[2] Vgl. Kuran (1991), S. 17f.

löser der tunesischen Revolution gelten, schaffte es aber
nur aufgrund des bereits vorgeprägten Klimas, in welchem die öffentliche Opposition schon zu einem gewissen
Maße sichtbar geworden war, eine revolutionäre Kaskade
in Gang zu setzen. Der symbolische Akt der Selbstverbrennung setzte zunächst nur lokal begrenzte Proteste im
Regierungsbezirk Sidi Bouzid in Gang: Friedliche Proteste tagsüber, welche geplant und organisiert waren und
nächtliche Unruhen zumeist in Form von Straßenschlachten und Kämpfen mit der örtlichen Polizei. Während
erstere größtenteils von der lokalen Arbeitergewerkschaft
ausgingen, waren letztere ungeplant und kurzfristig organisiert.[1] Die Bedeutung von Internettechnologien in
dieser Frühphase der Revolution lag vor allem in der
Informationsverbreitung, sowohl über die auslösenden
Vorfälle als auch über die Proteste an sich. Die staatsge-
tragenen Medien ignorierten die Selbstverbrennung und
die daraus resultierenden Aufstände in ihrer Berichterstattung für beinahe zwei Wochen.[2] Freien Internetplattformen kam in dieser Phase die wichtige Rolle zu, die
Proteste nicht auf lokaler Ebene verebben zu lassen.
Nachdem die von Aktivisten und Journalisten auf mobi-
len Endgeräten selbst erstellten Videos von internationalen Medienagenturen wie Al Jazeera oder France24 auf-
gegriffen und für ihre Berichterstattung verwendet wurden, fanden sie über das verbreitete Satellitenfernsehen
den Weg zu einer breiteren Öffentlichkeit sowohl in Tunesien als auch außerhalb. Dieses Zusammenspiel von
neuen und etablierten Medien war auch gerade für letztere von großer Wichtigkeit, da die lokal generierten und
global verbreiteten Aufnahmen die Basis für die eigene
Berichterstattung bilden mussten, nachdem die tunesische Regierung mit verschärften Mitteln gegen Journalis-

---

[1] Vgl. Lowrance (2016), S. 162f.
[2] Vgl. Lowrance (2016), S. 163.

ten internationaler Medien vorging.[1] Internettechnologien waren damit ein bedeutender Faktor die Proteste einerseits und die zunehmende Polizeigewalt andererseits einer breiteren Öffentlichkeit zugänglich zu machen. In Folge dessen ermöglichten sie es in dieser frühen Phase das fragile Gleichgewicht von revolutionären Schwellenwerten und öffentlicher Opposition ins Wanken zu bringen.

Die mittlere Phase der Revolution

In der nachfolgenden mittleren Phase der Revolution, welche das Regime von Präsident Ben Ali stürzte, breiteten sich die Proteste vom eingeschränkten Bereich des Regierungsbezirks Sidi Bouzid auf die umliegenden Bezirke und Städte aus. Es war an diesem Punkt, an dem laut Augenzeugen in vielen Menschen das Bewusstsein wuchs, dass sich diese Proteste zu etwas größerem als nur einer lokalen Unruhe ausweiten konnten. In gleichem Maße wie in vielen Aktivisten dieses Bewusstsein wuchs, steigerte sich aber auch die Aggressivität polizeilicher Maßnahmen, was wiederum die alternativen Medienberichte über polizeiliche Gewalt und Missbrauch befeuerte.[2] Berichte über getötete Aktivisten und Demonstranten erzeugten Schock und Wut in ganz Tunesien, fanden aber in den staatskontrollierten Medien nur kurz und in einer abschätzenden Weise Erwähnung. Die Rolle diese staatlichen Medien zu umgehen und eine freie Berichterstattung zu ermöglichen, fiel auch in dieser Phase der Revo-

---

[1] Vgl. Lowrance (2016), S. 164; Miladi (2016), S. 40ff.
[2] Vgl. Lowrance (2016), S. 164; Miladi (2016), S. 39.

lution zum Großteil Internettechnologien zu.[1] Gegenüber
der Frühphase lässt sich aber zu diesem Zeitpunkt ein
leichter Wandel ausmachen: Zum einen traten mobilisie-
rende Effekte mehr in der Vordergrund und zum anderen
waren die aktiven Nutzer dieser Medien zur Verbreitung
regimekritischer Inhalte nicht mehr nur Aktivisten, sondern eine breite Schicht der Bevölkerung, welche diese
Medien vor dem Ausbruch der Unruhen nur in einem
nicht politischen Sinn nutzten. Im Zuge dieser alternativen Berichterstattung wurden viele tunesische Bürger mit
einem Ausmaß polizeilicher Gewalt konfrontiert, festgehalten in Augenzeugenberichten, Bildern und Videos, das
ihnen bis dahin unbekannt war.[2]

Trotz der Gefährlichkeit der Weiterverbreitung dieser
regimekritischen Inhalte in sozialen Netzwerken, denn
die Verfolgung und Zensur auf der digitalen Ebene waren
keinesfalls ausgesetzt, stieg die Anzahl derer, die sich
dazu ermutigt fühlten, in dieser Phase ständig an.[3] Die
steigende Anzahl selbst machte es für jede nachfolgende
Person, welche die Inhalte weiter verbreitete, leichter,
senkte sie doch die Wahrscheinlichkeit staatlicher Re-
pressionen und auf diese Weise auch – in der Theorie
Kurans gesprochen – die nachfolgenden individuellen
revolutionären Schwellenwerte. Aber nicht nur das ge-
senkte persönliche Risiko machte es leichter regimekritische Informationen weiter zu verbreiten. Augenzeugenberichten folgend war dafür auch oftmals die persönliche
Ebene, auf welcher sich diese Informationen in Netzwerken verbreiteten, verantwortlich: Diese Fotos und Videos
zu teilen war immer noch gefährlich, wenn man aber sah,
dass die eigenen Freunde ein solches Risiko in der Verbreitung regimekritischer Inhalte eingingen, fühlte man

---

[1] Vgl. Miladi (2016), S. 41.
[2] Vgl. Lowrance (2016), S. 165.
[3] Vgl. Lowrance (2016), S. 165.

sich in gewisser Weise dazu verpflichtet, dieses Risiko selbst zu teilen.[1]

Die späte Phase der Revolution

Ihre in einem gewissen Sinn aufklärerische Funktion behielten die sozialen Netzwerke auch in der dritten und letzten Phase der Revolution. In dieser Phase erreichte die Welle des Protests von den umliegenden Regionen ausgehend schließlich die Hauptstadt Tunis. Die Berichte über mehrere durch die Polizei verübte Massaker an Demonstranten in Thala und Kasserine schafften ein Klima, welches eine große Masse von Menschen mobilisierte, nicht nur auf digitaler Ebene, sondern auf den Straßen. Ein Generalstreik in Tunesiens zweitgrößter Stadt, Sfax, an welchem laut Berichten bis zu 100000 Menschen teilnahmen, immerhin ein Neuntel der dort ansässigen Bevölkerung, paralysierte die gesamte Stadt und sendete ein Zeichen des Protests in Rest des Landes.[2] Am Tage eines zweiten, für die Hauptstadt Tunis geplanten Generalstreiks, floh Präsident Ben Ali schließlich nach Saudi Arabien.

Aufklärung und Mobilisierung spielten auch in diesen letzten Tagen der tunesischen Revolution eine große Rolle, aufgrund der Größe der Städte kam den sozialen Medien in dieser Spätphase aber eine zunehmend koordinative Rolle zu: War in den Anfangstagen der Revolution, welche sich vor allem in den kleineren Städten und im ländlichen Bereich abspielte, die direkte Kommunikation noch ein geeignetes Mittel um Informationen schnell zu

---

[1] Vgl. Lowrance (2016), S. 158, 165.
[2] Vgl. Lowrance (2016), S. 165f.

verbreiten und Proteste zu koordinieren, so zwang die
Größe der tunesischen Städte, welche in der Spätphase
im Fokus der Proteste standen, zur Nutzung technischer
Hilfsmittel. Soziale Medien füllten diese Rolle nicht allei-
nig aus, aber im Gegensatz zu Telefontechnik und gedruckten Informationen ermöglichten sie es schnell eine
große Masse an Menschen zu erreichen. Die hohe Anzahl
von Studenten in den Großstädten spielte hierbei eine
nicht zu unterschätzende Rolle, da diese gegenüber der
ländlichen Bevölkerung nicht nur über privilegierte Formen des Internetzugangs verfügte, sondern auch oftmals
über die notwendigen technischen Kenntnisse letzte
Maßnahmen der Zensur zu umgehen.[1]

Zusammenfassend lassen sich in der tunesischen Revolution also drei verschiedene Phasen ausmachen, welche mit unterschiedlichen Nutzungsweisen internetbasierter Kommunikationstechnologien korrelieren: In der
Frühphase der revolutionären Proteste dienten Internettechnologien zum einen der Antizensurkampagne dazu
Aufklärung zu betreiben und das Ausmaß des Widerstands in der Bevölkerung sichtbar zu machen. Zum anderen wurden beginnend mit den Ereignissen im Dezember 2010 diese Technologien hauptsächlich von Aktivisten dazu benutzt, unter Umgehung der staatskontrollierten Medien und mit Hilfe ausländischer Nachrichten-
agenturen, über die Ereignisse in Sidi Bouzid zu berichten. Da sich diese Berichterstattung hauptsächlich an
Rezipienten außerhalb des zu dieser Zeit begrenzten Ge-
bietes der Proteste richtete, waren koordinative und motivierende Funktionen sozialer Netzwerke hier nur von
geringer Bedeutung. Als sich in der mittleren Phase der
Revolution die Proteste gegen das Regime Ben Ali über
die Umgebung von Sidi Bouzid hinaus ausbreiteten,
spielten Internettechnologien weiterhin eine bedeutende

---

[1] Vgl. Lowrance (2016), S. 165; Miladi (2016), S. 40.

Rolle in der Umgehung staatlicher Zensur. Ihre Rolle intensivierte sich in gewisser Weise, da in dieser Phase nicht nur Aktivisten, sondern auch Große Teile der restlichen Bürgerschaft begannen diese Informationen zu teilen und zu verbreiten. In den letzten Wochen der Revolution, welche am 14. Januar 2011 mit der Flucht Ben Alis endete, trat vor allem die koordinierende Funktion von Internettechnologien, insbesondere von sozialen Netzwerken, in den Vordergrund. Die Proteste erreichten in dieser Phase die tunesischen Großstädte, in denen sich soziale Netzwerke gegenüber der direkten Kommunikation als adäquateres Mittel herauskristallisierten, um eine große Masse an Menschen zu mobilisieren. Internettechnologien spielten eine nicht zu unterschätzende Rolle darin, das Ausmaß des Widerstands in der Bevölkerung in die Öffentlichkeit zu bringen und die revolutionären Schwellenwerte zu senken. Aktionen wie der *Tag in weißen Hemden* oder das Teilen regimekritischer Inhalte in sozialen Netzwerken, machten Widerstand in einem gewissen Sinne zu einem geringeren Risiko für den Einzelnen und schafften es – gerade im ersten Fall – eine Brücke zwischen Online Aktivismus und öffentlichem Protest auf der Straße zu schlagen.[1]

Die aus westlicher Perspektive positive Rolle von Internettechnologien in der tunesischen Revolution darf natürlich nicht darüber hinweg täuschen, dass dieselben Technologien auch zu Mitteln der Unterdrückung und Falschinformation werden können. Die Beispiele hierfür sind zahlreich: So betrieb der ägyptische Staat vor den Umbrüchen von 2011 im Auftrag von Hosni Mubarak hunderte von Facebook Seiten um das Image seines Sohnes als natürlichen und jugendlichen Nachfolger seines Vaters zu verbreiten.[2] Und die zu einem Großteil noch

---

[1] Vgl. Lowrance (2016), S. 173.
[2] Vgl. Miladi (2016), S. 41.

unerforschte Rolle des Einsatzes sogenannter Botnetzwerke zur Generierung tausender Falschnachrichten im amerikanischen Wahlkampf von 2016 oder auch während des Brexit Referendums verdeutlicht den immensen Forschungsbedarf, wenn es um die Einflussnahme moderner Internettechnologien auf staatliche Meinungsbildungs- und Transformationsprozesse geht.[1]

Clayton Christensens Theorie der Disruption mag für den wirtschaftlichen Bereich der Innovationsforschung wichtige Einblicke geliefert haben, ihr Anwendungsbereich ist aber entgegen der breiten begrifflichen Verwendung in den Medien zu eng, um einfach auf andere Disziplinen übertragen werden zu können. Ansätze wie das Kaskadenmodell Timur Kurans scheinen besser dazu geeignet zu sein, Impulse für die Erklärung der Bedeutung von Internettechnologien im politischen Prozess zu liefern. 100 Jahre nach der Oktoberrevolution lässt sich auf jeden Fall festhalten, dass Revolutionstheorien diese Technologien nicht außer Acht lassen dürfen, wollen sie Revolutionen auch zukünftig erklärbar machen.

---

[1] Vgl. Persily (2017).

Beise, Marc (2016): Aktuelles Lexikon. Disruption, in: Süddeutsche Zeitung: 22. November 2016 (NR. 270), S. 4.

Brühl, Jannis (2017): Willkommen in der neuen Demokratie. Online im Internet: http://www.sueddeutsche.de/digital/politik-auf-facebook-willkommen-in-der-neuen-demokratie-1.3479531 [Aufgerufen am 25.01.2018].

Christensen, Clayton M. (2011): The Innovator's Dilemma, München: Vahlen.

Fournier, Ron (2014): The Era of Political Disruption. Online im Internet: https://www.theatlantic.com/politics/archive/2014/10/the-era-of-political-disruption/460620/ [Aufgerufen am 25.01.2018].

Kuran, Timur (1991): Now Out of Never: The Element of Surprise in the East European Revolution of 1989, in: World Politics: 44 (1), S. 7-48.

Lowrance, Sherry (2016): Was the Revolution Tweeted? Social Media and the Jasmine Revolution in Tunisia, in: Digest of Middle East Studies: 25 (2), S. 155-176.

Meck, Georg; Weiguny, Bettina (2015): Disruption, Baby, Disruption!, in: Frankfurter Allgemeine Sonntagszeitung: 27. Dezember 2015 (NR. 52), S. 21.

Miladi, Noureddine (2016): Social Media and Social Change, in: Digest of Middle East Studies: 25 (1), S. 36-51.

Persily, Nathaniel (2017): Can Democracy Survive the Internet?, in: Journal of Democracy: 28 (2), S. 63-76.

Shirky, Clay (2009): How Social Media Can Make History. Online im Internet: https://www.ted.com/talks/clay_shirky_how_cellphones_twitter_facebook_can_make_history [Aufgerufen am 28.01.2018].

Markus Penz

DIE ENTSCHLEUNIGUNG DER REVOLUTION

Werden wir heute medial mit dem Begriff „Revolution"
konfrontiert, ist damit meist keine politische Umwälzung
sondern vielmehr technische Innovation gemeint. Umfassende technische Neuerungen haben im Zuge der Industrialisierung aber auch ganz wesentlich jene Revolution
befördert, auf deren 100-jähriges Jubiläum wir heute
zurückblicken. Hier soll das Augenmerk auf eine Reihe
von Innovationen gelegt werden, die den modernen Massenverkehr betreffen, im Speziellen dessen blitzende Iko-
ne, das Automobil. Jedoch ist das Auto auch Symbol einer zerstörerischen und wenig zukunftsträchtigen Wachs-
tumsideologie. Und so soll über diesen Umweg die Frage
behandelt werden, welche Technik für die Etablierung
einer freien, egalitären Gesellschaft geeignet und damit
wirklich *revolutionär* ist. Den Rahmen bilden drei Anek-
doten zu Tod und Verkehr.

Der Verlust der Aureole und der Gewinn der Gemeinschaft (1863)

Wir beginnen in der Urzeit des Automobils vor etwa 150 Jahren, als in Paris gerade die Testfahrt des ersten Fahrzeugs mit Verbrennungsmotor, das „Hippomobile", stattfand. Laut der folgenden Erzählung Baudelaires bedeutete dies aber nicht gerade, dass die Straßen damals sicherer als heute waren. In einem nicht gerade angesehenen Pariser Etablissement trifft ein Gast zufällig einen ihm bekannten aristokratischen Dichter und ist dementsprechend überrascht.

> „Was sehe ich hier, mein Lieber! Sie hier! In einem schlecht beleumundeten Lokal finde ich Sie – den Mann, der Essenzen schlürft, den Mann, der Ambrosia zu sich nimmt! Wirklich! Für mich zum Verwundern!"
>
> „Sie wissen mein Lieber, von der Angst, die mir Pferde und Wagen machen. Eben überquerte ich eilig den Boulevard, und wie ich in diesem bewegten Chaos, wo der Tod von allen Seiten auf einmal im Galopp auf uns zustürmt, eine verkehrte Bewegung mache, löst sich die Aureole von meinem Haupt und fällt in den Schlamm des Asphalts. Ich hatte den Mut nicht sie aufzuheben. Ich habe mir gesagt, dass es minder empfindlich ist, seine Insignien verlieren, als sich die Knochen brechen zu lassen. Und schließlich, habe ich mir gesagt, zu irgend etwas ist Unglück immer gut: Ich kann mich jetzt inkognito bewegen, schlechte Handlungen begehen

und mich gemein machen wie ein gewöhnlicher Sterblicher. So bin ich, wie Sie sehen, hier, ganz wie Sie!" [...][1]

Schon in der Mitte des 19. Jahrhunderts gehören die großen, gerade zur Zeit Baudelaires durch Paris geschlagenen Boulevards offenbar Grossteils dem Verkehr, damals natürlich noch in der Form von Pferden, Kutschen und Fuhrwerken. Der Dichter hat im Schmutz der Straße seine Aureole verloren. Ob es sich dabei um eine besondere Auszeichnung oder einfach die spezielle Aura seiner zuvor noch unbeschmutzten, würdevollen Kleidung handelt sei dahingestellt. Jedenfalls stört ihn dieser Umstand nicht, ganz im Gegenteil, wird er doch nun nicht mehr als Mitglied seines hohen Standes erkannt und kann sich frei in den unteren Gesellschaftsschichten bewegen. Er erhofft sich so vielleicht viel eher dichterische Inspiration, wird er doch mit authentischem Leben konfrontiert, wenn schon nicht *auf* so wenigstens *an* der Straße. Immerhin hatten diese Straßen bis in jene Zeit als Treffpunkt und Spielplatz gedient, als Ort der politischen Handlung, und bewahrten sich so wenigstens zum Teil den Charakter der antiken *Agora*, dem Geburtsort der Demokratie in der griechischen Polis. Und ganz wesentlich war und ist auf der Straße die unerwartete Begegnung mit dem Anderen möglich, sie ist der Ort der kulturellen Vermischung und damit die Grundlage ziviler Urbanität.

---

[1] Charles Baudelaire, *Le Spleen de Paris* (entstanden vor 1867); gefunden in: Walter Benjamin, *Gesammelte Schriften I.2*, p. 651; auch in: Manfred Russo, *Projekt Stadt*, p. 273

Die Straße ist kein Spielplatz (20. Jh.)

Die zweite Anekdote, schon mitten aus dem Zeitalter des Automobils, stammt von Ivan Illich, dem großen Zivilisationskritiker, der die späteren Betrachtungen noch wesentlich beeinflussen wird. Die Konfrontation mit dem Verkehr ist diesmal ungleich drastischer, das gezogene Resümee lässt aber keinen Zweifel über die korrekte Nutzung der Straße des 20. Jahrhunderts aufkommen.

> Ich kenne ein mexikanisches Dorf, durch das täglich höchstens ein Dutzend Autos fahren. Ein Mexikaner spielte auf der neuen geteerten Straße vor seinem Hause Domino – wo er vermutlich seit seiner Jugend gesessen und gespielt hatte. Ein Auto raste durchs Dorf und tötete ihn. Der Reisende, der mir davon berichtete, war tief bewegt und sagte dennoch: „Er hatte sich das selber zuzuschreiben."[1]

Schon wird dem Auto das totale Primat über die Straße zuerkannt. Selbst wenn der Tod des Mannes mit Bedauern aufgenommen wird, besteht doch kein Zweifel an seiner vollen Eigenverantwortlichkeit. Die Straße ist längst kein Treffpunkt oder Spielplatz mehr. Jede sentimentale Opposition gegen ihre einseitige, rein kinetische Nutzung fällt wie ein Stein des Dominospiels im Angesicht der unerbittlichen Logik technischer Dominanz. In gewisser Weise galt das auch schon bei Baudelaire, wenn er von einem „bewegten Chaos, wo der Tod von allen

---

[1] Ivan Illich, *Entschulung der Gesellschaft*

Seiten auf einmal im Galopp auf uns zustürmt" erzählt. Man fragt sich notgedrungen wie der moderne Massenverkehr heute funktionieren kann, wenn er Mitte des 19. Jahrhunderts schon als furchteinflößend und tödlich empfunden wurde.[1] Die Antwort ist natürlich, dass unsere Welt, insbesondere die Stadt, massiv für die parasitäre Existenz des Personenwagens umgebaut und durchorganisiert wurde. Zusätzlich wird jedem Kind eingeschärft, welche Zonen der Stadt es meiden muss oder nur unter größter Vorsicht betreten darf (fast alle). Umgekehrt sind die Bereiche, die als sicher selbst für Kinder gelten, klar gekennzeichnet und umzäunt (fast keine). Die asphaltierte Straße hat einen eindeutigen, auf schnelle, verkapselte Bewegung ausgerichteten Zweck und ihr eigenes technokratisches Gesetz. Jede kommende technische Revolution wird diesen Zustand nur weiter intensivieren. Schnelle, sichere und automatisierte Bewegung benötigt eine neue Stufe der Kontrolle und Steuerung aller Verkehrsteilnehmenden. So gilt für aufklärerische Umstürze als auch für technische Umwälzungen: „Revolution ist Raumänderungsprogramm per se."[2] Die dominante Spezies für welche all diese Änderungen vorgenommen werden, das wahre Subjekt der Stadt, ist dabei eindeutig das Automobil. Und es soll auch in Zukunft in dieser Rolle verbleiben.

---

[1] Walter Benjamin, *Gesammelte Schriften V.1*, p. 474 [J 84 a, 5]
[2] Manfred Russo, *Projekt Stadt*, p. 54

Dem Automobil gehört die Zukunft (1924)

Auch der Architekturtheoretiker Le Corbusier erinnert sich an eine Zeit, als der Straße noch eine andere Nutzung denn als „kinetischer Teppich"[1] zukam. Er lässt sich nach einem ruhigen Pariser Sommer 1924 aber nur einen kurzen Augenblick lang zu sentimentaler Schwelgerei hinreißen, um dann im Rausch der Geschwindigkeit sein Augenmerk ganz klar auf eine großartige Zukunft zu richten, die ganz dem Automobil, dem Fortschritt, gehört.

> Der erste Oktober kam. Kaum graute der Morgen, früh sechs Uhr in den Champs-Elysées: es war toll, alles war da mit einem Schlage. Nach der Leere der rasende Ansprung des Verkehrs. Nun verschärfte sich das erregte Treiben von Tag zu Tag.
>
> Man geht von zu Hause fort, man tritt aus der Tür, und schon ist man ohne Übergang im Rachen des Todes: die Autos rasen vorbei. Versetze mich zwanzig Jahre zurück in meine Studentenzeit: die Straße gehörte uns; man sang, man disputierte auf der Straße... sanft rollte der Pferdeomnibus daher.
>
> Jetzt, am 1. Oktober 1924, auf dem Champs-Elysées wohnt man dem großen Ereignis bei, bei der gigantischen Wiedergeburt dieser neuen Sache, deren Schwung die drei Ferienmonate gebrochen hatte: dem Verkehr. Autos, Autos, schnell, schnell! Man ist erschlagen, die Begeisterung will uns mitreißen, die Freude. Nicht jene Begeisterung, unter

---

[1] Manfred Russo, *Projekt Stadt*, p. 275

den Strahlen der Bogenlampen die blitzenden Ka-
rosserien leuchten zu sehen. Nein, die Freude an
der Kraft. Reine und kindliche Freude, im Mittelpunkt der Kraft und der Macht zu weilen. Man hat
teil an dieser Macht. Man ist ein Glied dieser Gesellschaft, deren Morgen dämmert. Man fasst Vertrauen zu dieser neuen Gesellschaft: sie wird den
großartigen Ausdruck für ihre Kraft finden. Man
glaubt an sie.[1]

Le Corbusier trägt mit Stolz die Aureole des großen
Planers, analog zum Philosophenkönig der platonischen
Stadt. Er verschreibt sich schon fast religiös den kineti-
schen Kräften, macht den Verkehr nicht nur sprichwört-
lich zum zentralen Punkt der Stadt. In der Mitte seiner
perfekt symmetrischen *Cité Contemporaine*, die als Gar-
tenstadt mit optimaler Platznutzung angelegt ist, treffen
sich unterirdisch nicht nur die U-, S-Bahnen und Fern-
verkehrslinien, sondern darüber schneiden sich recht-
winklig zwei Autobahnen, welche die Stadt komplett
durchpflügen, während am Dach ein Flughafen für Luft-
taxis vorgesehen ist.[2] Überträgt man solch ehrgeizige
Konzepte auf eine reale Stadt wie New York, steht an
erster Stelle eine komplette Entflechtung des Verkehrs.
Die Fußgänger sollen sich auf Arkaden und Brücken hoch
über den Straßen und Avenues tummeln um mehr Platz
für Autos zu schaffen, die dann gleichsam in Kanälen als
funkelnde Flut tosend dahinströmen. Diese Dystopie
eines *very modernized Venice*[3] gehört natürlich der Ver-
gangenheit an, allerdings bedient sich die technische
Revolution noch immer einem olympischen Paradigma

---

[1] Le Corbusier, *Städtebau*; auch in: Manfred Russo, *Projekt Stadt*, p.
280
[2] Le Corbusier, *Städtebau*
[3] Manfred Russo, *Projekt Stadt*, p. 322

des schneller, höher, stärker. Das Streben zum Superlativ ist Hauptzweck und sogar Rechtfertigung der modernen Technik und orientiert sich an der Abhängigkeit des Marktes nach ständigem Wachstum. Und der favorisierte Athlet dieses globalen Wettbewerbs ist auch im 21. Jahrhundert noch das Automobil. Zuerst steht es dem Menschen auf der Straße in tödlichem Wettstreit entgegen, ist dessen Antithese in der Nutzung der Stadt, wird dann aber aufgrund seiner energetischen Überlegenheit in den Stand des Subjektes erhoben. Und in dialektischen Zyklen geht es aus jeder Phase der Kritik als noch stärkeres Subjekt hervor, es ist nun effizient, sicher, umweltschonend, sparsam, autonom – und wird durch seine Subjektivierung immer mehr zum Selbstzweck. Die Situationisten erkannten, dass der Personenwagen im hauptsächlichen Wesen kein Transportmittel, sondern die Materialisierung von Glück ist, das der Kapitalismus über die ganze Gesellschaft verbreitet.[1] Und so schreitet die Entwicklung auf persönlicher Ebene weiter bis zur Personifizierung des eigentlichen Fortbewegungsmittels und seinen Eingang in libidinöse Beziehungen: exklusiv-romantische, in denen nicht gern jemandem Anderen das Steuer über das teure Fahrzeug überlassen wird, und beschützend-paternalistische, denn bei der leichtesten Berührung der Maschinenhaut durch Fremde droht sofort Versicherung und Gericht. Hinzu kommt ein industrieller Kult am Auto, vor allem in Deutschland, wo der Erfolg der entsprechenden Sparte mit dem nationalen Gemeinwohl gleichgesetzt wird. Dabei soll nicht unerwähnt bleiben, dass die deutsche Autoindustrie in über

---

[1] Guy Debort, *Situationistische Positionen zum Verkehr*, in *Situationistische Internationale Nr. 3* (1959)

einem Vierteljahrhundert netto keinen einzigen neuen
Arbeitsplatz geschaffen hat.[1]

Will man den Subjektstatus des Autos in der Stadt angreifen heißt das, die transformative Methode Ludwig
Feuerbachs[2] anzuwenden. Das überhöhte Fahrzeug soll
zurück auf den Status eines Prädikates verwiesen werden,
während der aus seiner Maschinenhaut geschälte Mensch
wieder als das eigentliche Subjekt gewürdigt wird. Dies
entspricht dem Wunsch nach einer Reterretorialisierung
des Menschen in der Stadt und einer Deterretorialisie-
rung der Maschine in eine Sphäre der Nützlichkeit. Doch
dieses Subjekt–Prädikat Verhältnis ist zugleich das Verhältnis Herrscher–Knecht, welches uns tief eingeschrie-
ben ist. Die vermeintliche Abschaffung der Sklaverei an
Menschen und die Übertragung der Sklavendienste an
die Maschine hat uns selbst zu Sklaven der Technik werden lassen.[3] Die Zwergenhaftigkeit des eigenen Wirkens
vor der industriellen Macht lässt andere revolutionäre
Tendenzen Grossteils schweigen. Wir fühlen uns als Zau-
berlehrlinge, ohnmächtig im Schatten unserer eigenen
Kreationen, unfähig sie in Zaum zu halten. Die totale
Entfesselung dieser Geister ist die kommende Revolution.

---

[1] I.L.A. Kollektiv, *Auf Kosten Anderer?*, p. 85; nach: Winfried Wolf,
Verkehr – Umwelt – Klima
[2] Ludwig Feuerbach, *Vorläufige Thesen zur Reform der Philosophie*
[3] Ivan Illich, *Tools for Convivality*

Die kommende Revolution (2017)

Der nächste Innovationssprung in Sachen Verkehr steht uns unmittelbar bevor. Die dafür notwendige Technologie befindet sich praktisch schon in Serienreife und wird ständig billiger und leichter verfügbar: elektrische und/oder selbstfahrende Autos und entsprechende Infrastruktur, *ride sharing* Dienste wie Uber und eine Einbettung von kommunizierenden Fahrzeugen in eine *transportation cloud* unter dem *big data* Paradigma.[1] Mobilität soll als Service verstanden werden, es bedarf keines Individualbesitzes von Autos mehr, eine weitaus effizientere und sicherere Nutzung von Verkehrsmitteln ist also möglich. Endlich wird das Auto selbst automatisiert, wird zum echten *Auto-Mobil*. Als Folge können wir uns über totale Enthemmung bei einer immer intensiveren Benutzung von Transportvehikeln in einer panhygienischen Verkehrswelt freuen. Diese Form des Fortschritts stellt sich als präparierte, hellerleuchtete Straße in die Zukunft dar, während die paradigmentreuen Wissenschaften das Navigationsgerät sind, welches uns gemäß ökonomischen Kriterien den effizientesten Weg weist. Dass mögliche Pfade in die Zukunft dagegen noch völlig im Dunklen liegen und wir uns auch in ganz andere Richtungen vorantasten könnten, wird ausgeblendet.

Alternative Pfade könnten aber bedeutsam sein, denn die technischen Möglichkeiten übersteigen schon längst die Kapazität zu deren gesellschaftlicher Kontrolle, da

---

[1] *Where is transportation going?*, in *Europhysics News* 48/3 (2017)

solche Fähigkeiten nicht zeitgleich und in gleichem Maße entwickelt wurden. Das kommunistische Manifest konstatierte bereits, dass die bürgerliche Gesellschaft, obwohl sie so gewaltige Produktions- und Verkehrsmittel heraufbeschworen hat, diese Gewalten nicht zu beherrschen imstande ist.[1] Man erhoffte sich in einer kommunistischen Gesellschaft die vollkommene und nützliche Entfaltung des industriellen Potenzials unter der strengen Kontrolle eines befreiten Proletariats. Doch in der gigantischen Zusammenballung der Maschinenmacht schlummert eine ungeheure, zerstörerische Kraft, egal ob von einer kapitalistischen oder kommunistischen Gesellschaft erschaffen, die danach drängt freigelassen zu werden. Und die einzige adäquate Arena zur vollen Kraftentfaltung bietet der Krieg als ein „Sklavenaufstand der Technik". „L'autombobile c'est la guerre."[2]

In erschreckender Klarheit wurde im politisch rechten Spektrum (Alt-right) das dazu passende Programm zur Technikentfesselung als „Dark Enlightenment"[3] entworfen. Es handelt sich um eine neo-reaktionäre, anti-demokratische Bewegung auf dem Weg zu einer autoritären Meritokratie, die den Staat als Aktienunternehmen im Besitz einer Elite begreift, die sich durch den Anspruch auf eine positivistische Wahrheit ermächtigt. Die Strömung beruft sich wesentlich auf die moderne Aristokratie des Silicon Valley wie Peter Thiel (Gründer von PayPal, Geldgeber des *Seasteading Institute*, das die Schaffung eines Offshore-Staates anstrebt) und Patri Friedman (ehemals Google, Gründer des *Seasteading Institute* und Enkel von Milton Friedman). Von ersterem

---

[1] Marx und Engels, *Das kommunistische Manifest*
[2] Walter Benjamin, *Gesammelte Schriften III*, p. 238
[3] Texte von Curtis Yarvin und Nick Land unter: http://www.thedarkenlightenment.com

stammt der richtungsweisende Ausspruch: „I no longer believe that freedom and democracy are compatible." Denn Demokratie wird primär als Vektor hin zu einer expansiven und ineffektiven Staatsbürokratie gesehen und wäre damit jedem materiellen Fortschritt entgegen gerichtet. „Democracy *consumes* progress." Das demokratische Werkzeug der *Stimme* ist demnach auch nicht das geeignete Mittel für einen neo-reaktionären *Exit* (als eine weitere Revolution) hin zu einem effizienten Management der konsumatorisch kontrollierten Massen. Die breit aufgestellte und tief institutionalisierte Gegnerschaft, die sich laut „Dark Enlightenment" einem naiven, universellen Humanismus als „mystery cult of power" verschrieben hat, wird durch ihre Ausnutzung dialektischer Argumente als in sich widersprüchlich wahrgenommen und sei durch die propagierte Unterstützung der Schwachen mit der Entropie liiert.

Die linke Strömung des Akzelerationismus[1] dagegen will die technologische Entfesselung als emanzipatorisches Programm verstehen. Neuere soziale Bewegungen werden mit einem abfälligen Lächeln bedacht, sie verschwenden „sehr viel Energie auf basisdemokratische Prozesse und affektive Selbstaufwertung" und fördern dabei oft nur „Varianten eines neo-primitivistischen Lokalismus zu Tage, so als könne man sich der abstrakten Gewalt des globalisierten Kapitals mit der fadenscheinigen und flüchtigen ‚Authentizität' der unmittelbaren Gemeinschaft widersetzen." Gerade die dem Kapitalismus innewohnende Beschleunigung soll zu dessen Untergang führen, nicht allein wegen der schon von Marx diagnostizierten ihm eigenen Krisenhaftigkeit, sondern indem die Linke massiv die vorhandenen technologischen Werk-

---

[1] Nick Srnicek und Alex Williams, *Beschleunigungsmanifest für eine akzelerationistische Politik*

zeuge im Sinne einer emanzipatorischen Politik einsetzt. Ihr Vorteil liegt in einem erweiterten Horizont, jenseits der engen kapitalistischen Parameter des Fortschritts, deren Sprengung ungeahntes Potenzial freisetzen soll. Dafür wird durchaus das zentrale Kommando einer Avantgarde sowie die Bestrebung hin zu sozio-technischer Hegemonie als notwendig erachtet. Dass eine solche „prometheische Politik der größtmöglichen Beherrschung der Gesellschaft und ihrer Umwelt" durch den Einsatz von konzentrierter, energieintensiver Technik natürlich wieder anfällig für jedweden Machtmissbrauch ist, wird als notwendiges Risiko in Kauf genommen. So klingt all dies eher nach einem gemeinschaftlichen Totfeiern der Erde, als nach einer ernsthaften Revolutionsidee. Der ungehemmte Einsatz moderner Technologie und damit eine fortgesetzte Konzentration von Energie werden anstatt einer universell befreiten Gesellschaft mit nicht zu vernachlässigender Wahrscheinlichkeit nur einen weiteren Regimewechsel befördern. Vom Dollar zum Bitcoin, von der Bohrinsel zum Solarkraftwerk, von der parlamentarischen Demokratie zur Öko-Diktatur, doch an Ungleichheit und Ausbeutung wird nicht gerüttelt. Die rettende Alternative ist vielleicht nur mehr als radikale Abkehr von solchem Fortschrittsdenken vorstellbar.

Kalter Entzug (2050)

„Das [schon bei Le Corbusier stark anklingende und in der ‚kommenden Revolution' intensivierte] Primat der Bewegungskräfte ist in der Politik am stärksten wirksam und wird zum zentralen Merkmal der Moderne, weil es die vermeintlich schnelle Bewegung zur Utopie hin ermöglicht."[1] So steigert sich die erhabene Energetisierung der Straße bis hin zur totalen Verausgabung, bis zum Infarkt, vor dem uns auch eine Maschinenhaut nicht mehr bewahren kann. Zur Erholung verschreibt uns das 21. Jahrhundert dann eine entspannte Fahrt im selbstfahrenden Elektro-Auto. Doch solche Phasen der Entspannung sind irreführend, denn wir befinden uns schon inmitten multipler Krisen, und diese werden ständig weiter beschleunigt und eskaliert. Es handelt sich um eine Energiekrise, Verteilungskrise, Machtkrise, die gerade aus der ungeheuren Konzentration von Macht und Energie folgt. Fortschritt der bisher beschrieben Form bedingt, dass stets nur wenige an den Schalthebeln der Energie- und Finanzströme sitzen, was unausweichlich fatale Ungleichheit erzeugt. Das beginnt wenn sich jemand hinter das Steuer eines Autos setzt und endet im Kontrollraum eines Atomkraftwerks.

Energie frisst Zeit. Ihre Herstellung, Verwaltung und Verteilung schluckt beträchtliche intellektuelle und personelle Ressourcen, weshalb die wahrgenommene Zeitersparnis durch schnelle Fortbewegungsmittel ab einer

---

[1] Manfred Russo, *Projekt Stadt*, p. 278

gewissen kritischen Geschwindigkeit gesamtgesellschaftlich gesehen pure Illusion ist. Ein Auto erreicht in Deutschland nur eine durchschnittliche Geschwindigkeit von etwa 33 km/h[1], rechnet man die Kosten für ein durchschnittliches Auto hinzu, zu deren Deckung man immerhin Arbeitszeit zu einem durchschnittlichen Lohn aufwenden muss, beträgt die effektive Geschwindigkeit nur mehr an die 20 km/h.[2] Dabei sind die externalisierten Kosten von Umweltverschmutzung, Unfällen etc. noch gar nicht eingerechnet.[3] Da die Durchschnittsgeschwindigkeit in der Stadt natürlich noch einmal wesentlich niedriger liegt, vermindert sich die effektive Geschwindigkeit auf jene von Fahrrädern. Zusätzlich bedeutet höhere Geschwindigkeit eine überproportionale Zunahme von Energie- und Platzbedarf, es gibt also für jeden Kontext eine gesellschaftlich sinnvolle Maximalgeschwindigkeit und diese wird für den Personentransport in den meisten Fällen etwa bei Fahrradgeschwindigkeit liegen.[4]

Energienutzung ist stets Entropieproduktion, die Umwandlung strukturierter, nutzbarer Energieformen in Wärme. Und stete Entropiezunahme entspricht Verschmutzung in allgemeinster Form, den Verlust von Struktur. Das heißt Energienutzung bedeutet immer zu verbrauchen, zu zerstören, zu töten.[5] Es gibt keine saubere Form von Energieverbrauch, nur unterschiedliche

---

[1] Wikipedia zu „Räumliche Mobilität"

[2] Als Kosten für das Auto wurden 40 Cent/km (ADAC Daten für VW Golf VII) angenommen, für den Durchschnittslohn 20 EUR/h.

[3] Dies würde nochmal 10-15 Cent/km bedeuten. Quellen: TU Dresden, *Externe Autokosten in der EU-27 – Überblick über existierende Studien* (2011) und Bundesamt für Statistik BFS (Schweiz), *Kosten und Finanzierung des Verkehrs* (2013)

[4] Ivan Illich, *Energie und Gerechtigkeit*

[5] Jeremy Rifkin, *Entropy: A New World View*, p. 35

Grade der damit verbundenen Zerstörung. Das einzige was das Raumschiff Erde vor dem Wärmetod rettet ist die konstante Zufuhr von strukturierter Energie aus Richtung Sonne. Umgekehrt beschleunigt hohe Energienutzung den Lauf der Zeit und mit jedem verbrauchten Joule gehen uns Handlungsmöglichkeiten verloren.

Dabei sind wir süchtig nach Energie, es ist die ultimative Droge der Zivilisation. Und wenn wir den (Roh-)Stoff zuhause nicht bekommen, suchen wir ihn rücksichtslos mit vollstem Selbstverständnis auf fremden Kontinenten. Die Abhängigkeit wird durch kulturelle Hegemoniebestrebungen im Namen der Entwicklungshilfe auf sämtliche Erdteile exportiert. Dies löst einen Epistemizid[1] aus, dem die letzten noch vorhandenen alternativen Technikkonzeptionen zum Opfer fallen. Als Junkies sind wir so nicht mehr allein und die neue globale Suchtgemeinschaft arbeitet munter an der kollektiven Selbstvernichtung.[2] Es handelt sich um eine beispiellose Kolonisation der gesamten Biosphäre, in einer Zeit in der sich plötzlich zwei Drittel der Menschheit im Übergang von der Agrar- zur Industriegesellschaft befinden und es mehr Autos in Deutschland als auf dem gesamten afrikanischen Kontinent gibt. Die in unseren Breiten normale, energieintensive „imperiale Lebensweise" ist jedoch unmöglich für den weltweiten Export geeignet. Im Jahr 2050 würde der globale Energieverbrauch im Falle einer solchen historischen Entwicklung der gesamten Produktion von Biomasse auf der Erde entsprechen.[3] Diese Gleichung würde bedeuten, dass die Menschheit sich mit der Gesamtheit

---

[1] Boaventura de Sousa Santos, *Una epistemología del sur*

[2] Ivan Illich, *Energie und Gerechtigkeit*

[3] I.L.A. Kollektiv, *Auf Kosten Anderer?* und Haberl et al., *A Sociometabolic Transition towards Sustainability? Challenges for Another Great Transformation*, in: *Sustainable Development* 19 (2011)

der restlichen Biosphäre aufwiegen ließe, dass wir uns den Planeten also endlich vollkommen untertan gemacht hätten. Auch eine grüne, nachhaltige oder öko-effiziente Ökonomie wird daran nichts ändern, wenn sie im Energierausch dennoch weiter auf Wachstum setzt. Durch den sogenannten Rebound-Effekt kann effizientere Technologie sogar zu erhöhtem Energieverbrauch anregen, da deren Einsatz ja billiger und damit reizvoller wird. Ein ähnliches Beispiel liefert der CO_2 Handel, welcher den rechnerischen Eindruck erweckt, man könne Umweltschäden, einparametrig als Tonnen CO_2 Äquivalent gleichgesetzt und direkt in Dollar umtauschbar, durch entsprechende technologische Maßnahmen vollständig kompensieren. Wieder liegt eine Subjekt–Prädikat Transformation vor: anstatt das Wirtschaftssystem anzupassen, wird die Natur passend neu definiert.[1] Nur wenn der „soziale Metabolismus", als gesamtgesellschaftlicher Stoffwechsel an Energie und Ressourcen, sich wesentlich verlangsamt, *clean* wird, kann globaler Wohlstand (abseits der heutigen westlichen Norm) überhaupt angedacht werden.

---

[1] Haus Bartleby (Hg.), *Das Kapitalismustribunal*

Epimetheische Technik (21.-? Jh.)

Der Vorbreschen des Prometheus, der den Menschen die Technik brachte, sich jedoch dann an die zahlreichen daraus resultierenden Institutionen der Verwaltung der neuerlangten Macht gefesselt fand, steht dem Verhalten seines als töricht porträtierten Bruder Epimetheus (*der danach Denkende*) gegenüber. Dieser ließ sich auf das Göttergeschenk Pandora ein und brachte somit industrielle Kriegsführung, neo-koloniale Ausbeutung, Wirtschaftskrisen und Umweltverpestung als Strafe für den ungehemmten Einsatz der technologischen Beute über uns. Jedoch enthält die berühmte Büchse immer noch die Hoffnung und einem reuevollen *Nach-Denken* über Nutzen und Gefahr zivilisatorischer Errungenschaften steht nichts im Wege, es kann sogar die Geburt einer neuen epimetheischen Technik[1] bedeuten, die aus ihren Fehlern lernt und sich selbst beschränkt.

Dabei wäre die erste und wichtigste Lektion jene, dass Technik und Wissenschaft niemals neutral sind. Genauso wenig ist jeder Fortschritt immer erstrebenswert. Erst die Verfügbarkeit des immer *Besseren*, des sich selbst substituierenden Superlativs auf den die gesamte Wirtschaft im Wachstumstaumel ausgerichtet ist, erzeugt die Nachfrage nach den Früchten dieses zweifelhaften Fortschritts. Solche Entwicklungen werden sauber geplant und folgen einer trivialen Kurve. Sie sind durch die Aussicht auf Macht, Profit und Ansehen getrieben und beanspruchen

---

[1] Ivan Illich, *Entschulung der Gesellschaft*

eine enorme Kapazität an menschlichem Intellekt und energetischen Reserven. Dem gegenüber stehen Entwicklungen auf der Suche nach dem *Guten*, die auf energetisch niederer Ebene agieren, aus der Pluralität und der kreativen Unordnung entstehen, und gerade deswegen direkt an authentische menschliche Bedürfnisse andocken. Die dazu passende Technik vermeidet zu hohe Energiekonzentration und die Überschreitung anderer Schranken, ab welchen der Grenznutzen unter den zu erwartenden öko-sozialen Mehrschaden fällt. Entweder ist sie zu solcher Eskalation intrinsisch gar nicht fähig oder sie wird durch politische Kontrolle daran gehindert. Solche Werkzeuge erweitern den menschlichen Horizont ohne den Menschen zu verdrängen. Bei ihnen fließen Entwicklung und Anwendung, Erlernen und Benutzen nahtlos ineinander über. Sie helfen einer Gemeinschaft dabei, sich zu stabilisieren und politisch zu verwalten, anstatt dazu zu dienen, die Gesellschaft stabil zu lenken und zu verwalten. Eine solche Form der Technik reiht sich gleichberechtigt in unser Leben ein, ohne sich zum Meister über unsere Existenz aufzuschwingen oder uns autoritären Respekt einzuflößen, daher heißt sie bei Ivan Illich *konvival*.[1] Konvivale Technik ermöglicht quasi die beschleunigte Bewegung auf eine entschleunigte Zukunft hin.

---

[1] Ivan Illich, *Tools for Convivality*

Michael Löhr

REVOLUTION ALS MEDIALER SPRUNG.
MARSHALL MCLUHAN REVISITED

1. Visionär und Prophet

Wer ihn heute lese, schreibt Thomas Assheuer in seinem Artikel aus dem Jahr 2011 anlässlich des einhundertsten Geburtstages von Marshall McLuhan, käme aus dem Staunen nicht mehr heraus.[1] Mag er aus einem tiefen Katholizismus heraus noch so sehr die Moderne verteufelt und auf ihre Überwindung gehofft haben, so war er doch ein Hellseher und Magier, der bis heute die entscheidenden Denkanstöße dafür geliefert hat, etwas zu verstehen, das nicht verstanden werden kann, und zwar die Gegenwart, und die ist elektronisch und digital. Selbst diejenigen, die ihn nicht kennen, leben heute in einer Welt, die er vor mehr als 50 Jahren vorausgesehen hat. Jahrgang 1911, schrieb er bereits über das Internet, wo andere noch kein Telefon hatten, und verkündete das globale Dorf, als der Eiserne Vorhang noch keine Risse zeigte. Wer ernsthaft versucht, die sogenannte Facebook-

---

[1] Assheuer, Thomas: Der Magier, in: Die Zeit 30/2011 vom 21.7.2011. http://www.zeit.de/2011/30/Medientheoretiker-McLuhan (abgerufen am 8.1.2018).

Revolution zu verstehen, kommt an McLuhan nicht vorbei, wird mit ihr doch die Vision des globalen Dorfes erstmals gelebte Wirklichkeit. Als Erster erkennt er in den medialen Entwicklungen des 20. Jahrhunderts etwas so revolutionär Neues, das mit der Erfindung des Buchdrucks vergleichbar ist. Touchscreens, Smartphones und iPads beweisen nicht nur jeden Tag, dass Medien nie neutral sind, sondern auch, dass der Inhalt der Nutzer ist. Facebook, Twitter und WhatsApp sind eiskalte Medien, in denen der Nutzer endgültig zum eigentlichen Inhalt geworden ist. Eiskalt wie eine Gefriertruhe, laufen sie in ihnen so heiß, bis sie schließlich glühen.[1]

---

[1] Vgl. Kornberger, Frank: Die Erschaffung des Touchscreen-Menschen, in: Spiegel-Online vom 21.7.2011. http://www.spiegel.de/kultur/gesellschaft/medien-visionaer-mcluhan-die-erschaffung-des-touchscreen-menschen-a-775541.html (abgerufen am 8.1.2018). Im zweiten Kapitel des ersten Teiles von ‚Understanding Media' erklärt Marshall McLuhan den Unterschied zwischen kalten und heißen Medien wie folgt: Heiße Medien wie etwa Fotografie, Kinofilm, Hörfunk und vor allem das phonetische Alphabet sind intensiv und detailreich, liefern demnach viele unterschiedliche Daten und sprechen in erster Linie einen einzigen Sinn an, so dass vom Publikum nur eine geringe Beteiligung oder Vervollständigung verlangt wird, wohingegen kalte Medien, wie etwa die gesprochene Sprache, Comics, Karikatur, Telefon, Fernsehen, E-Mail und Internet in sehr hohem Maße persönliche Beteiligung und Vervollständigung erfordern. Bei allen Schwierigkeiten, die bei einer solchen Klassifizierung offensichtlich sind, kann man festhalten, dass heiße Medien ausschließen, kalte hingegen einschließen. Wie eine Vorlesung weniger Beteiligung zulässt als ein Seminar und ein Buch weniger als ein Gespräch, so lässt jedes heiße Medium weniger Beteiligung zu als ein kaltes. Heiße Medien sind kennzeichnend für das typographisch-maschinelle Zeitalter und unterbinden sinnliche Eigenaktivität, wirken hypnotisierend und führen zur Distanzierung und zum sozialen Unbeteiligtsein, während die für das elektronische Zeitalter konstitutiven kühlen Medien eine multisensorische Replik nach sich ziehen, zur eigenen Aktivität auffordern und in einen Zustand emotionaler Einbindung und Gesamtbeteiligung führen. Kalte Medien tragen sozusagen das Potential in sich, die Spaltung der Vorstellungs-, Gefühls- und

Als der kanadische Literaturwissenschaftler Herbert Marshall McLuhan 1964 sein Buch ‚Understanding Media. The Extensions of Man' veröffentlichte, dauerte es nur wenige Monate, bis es den Status einer revolutionären Schrift gewann und seinen Autor zum Schlüssel-Propheten der Epoche machte.[1] Bereits 1965 feierte ihn die New York Times als den wichtigsten Denker seit Newton, Darwin, Freud, Einstein und Pawlow. Nicht wenige Hüter der damaligen literarischen Ordnung glaubten nach ein paar Wochen des Erscheinens von ‚Understanding Media' die Vorzeichen ihres eigenen Untergangs zu lesen. Von vielen wurde McLuhan wissenschaftlicher Mystizismus und naiver Technikglaube vorgeworfen. Wie ein mittelalterlicher Alchimist mixe er aus wunderlichen Einfällen, Wortspielen und dunklen Andeutungen seine Lehre.[2] Auch harte ideologische Ablehnung schlägt ihm entgegen. So bezeichnet Hans-Magnus Enzensberger 1970 McLuhan in seiner sozialistischen und emanzipatorischen Medienkritik als Marktschreier, Bauchredner und Propheten der apolitischen Avantgarde. Unfähig sei er zu jeder Theoriebildung und bringe sein Material nicht auf den Begriff, sondern auf den allgemeinen Nenner einer reaktionären Heilslehre. Ihre Verhei-

---

Sinneswelt des gebildeten alphabetisierten westlichen Menschen des 20. Jahrhunderts wieder rückgängig zu machen.

[1] Im Folgenden wird aus der 1994 im Verlag der Kunst Dresden erschienenen Übersetzung der Originalausgabe aus dem Jahr 1964 zitiert. Im Text selbst wird der englische Originaltitel verwendet, in den Fußnoten hingegen der deutsche, wobei der Einfachheit halber auf die Wiederholung des Namen des Autors verzichtet wird. McLuhan, Marshall: Die magischen Kanäle. Understandig Media, Dresden, Basel 1994. Zur Rezeption von ‚Understanding Media' siehe Lapham, Lewis: Das ewige Jetzt. Marshall McLuhan und die Vergnügen der Barbarei, in: Lettre International 28, S. 58–61.

[2] Zurück ins Dorf, in: Der Spiegel 46/1968 vom 11.11.1968. http://www.spiegel.de/spiegel/print/d-45878735.html (abgerufen am 8.1.2018).

ßung sei die Erlösung der Menschheit durch die Technologie des Fernsehens. Dass das Medium die Botschaft sei, ist nichts weiter als provozierende Idiotie. Zwar bescheinigt er ihm, dass er von der Produktivkraft der neuen Medien „im kleinen Finger mehr verspürt als alle ideologischen Kommissionen der KPdSU in ihren endlosen Beschlüssen und Richtlinien."[1] Aber letzten Endes bleibe er doch ein Evangelist der neuen Medien, sofern er folgende heilsgeschichtliche Annahmen, die mit ihrer Nutzung und Verbreitung einhergingen, teile: „Weltweite Kommunikation und Vernetzung, direkte elektronische Demokratie, gleichberechtigter Zugang zu jeder Art von Information, Abbau von Hierarchien, nachhaltige Nutzung von Ressourcen, kurzum, Homöostase und Harmonie."[2] In ihrer Erinnerungslosigkeit würden die digitalen Evangelisten an die nukleare Euphorie der Nachkriegszeit erinnern, als man in der friedlichen Nutzung der Kernenergie die Antwort auf alle Energieprobleme sah.

Seine Anhänger hingegen feierten McLuhan als „Orakel des elektrischen Weltalters" oder als „Poeten der Technologie".[3] Jahrelang pilgerte er von Talk-Show zu Talk-Show, um Begriffe wie globales Dorf oder Informa-

---

[1] Enzensberger, Hans-Magnus: Baukasten einer Theorie der Medien, in: Glotz, Peter (Hg.): Baukasten zu einer Theorie der Medien. Kritische Diskurse zur Pressefreiheit, München 1997, S. 121. Martin Baltes weist darauf hin, dass bei dieser Veröffentlichung einige der polemischen Passagen aus der Kursbuch-Veröffentlichung des Textes von Enzensberger aus dem Jahr 1970 allerdings gestrichen wurden (Enzensberger, Hans-Magnus: Baukasten einer Theorie der Medien, in: Kursbuch 20/1970. Dazu Baltes, Martin: Das Medium ist die Botschaft, in: Telepolis vom 21.7.2011. https://www.heise.de/tp/features/Das-Medium-ist-die-Botschaft-3390574.html (abgerufen am 8.1.2018).

[2] So Enzensberger in seinem Essay ‚Das digitale Evangelium', in: Der Spiegel 2/2000 vom 10.1.2000. http://www.spiegel.de/spiegel/print/d-15376078.html (abgerufen am 8.1.2018).

[3] Zitiert aus ‚Zurück ins Dorf', a.a.O.

tionszeitalter noch in den letzten Winkel Nordamerikas zu tragen. Bitterernst war es ihm nämlich mit seiner Botschaft, die alte Schriftkultur werde untergehen und durch die neuen elektronischen Medien abgelöst. Inmitten neuer technischer Möglichkeiten und neuer Ausdrucksformen, das heißt, von Raketen und Satelliten, von Computern und Fernsehen, oder auch von Werbung und Comics prophezeit McLuhan der Menschheit die Ankunft einer längst vergangenen Gesellschaftsform, und zwar die zu dörflicher Erlebnisdichte und zum distanzlosen Miteinander verschmolzene Stammesgesellschaft. Die vor allem durch das Fernsehen erzwungene totale Nachbarschaft unter den Menschen erneuere gleichsam eine längst vergangene Epoche: die Stammeskultur des Steinzeitmenschen. Wie vormals als Nahrungssammler trete der Mensch heute als Informationssammler auf: „In dieser Rolle ist der elektronische Mensch nicht weniger Nomade als seine steinzeitlichen Ahnen."[1] Der posthistorische Mensch des elektrischen Zeitalters wird dem prähistorischen Menschen vorzeitlicher nicht-literaler Stammeskulturen insofern ähnlich, als die neuen Medien wieder ein Höchstmaß der sinnlichen Beteiligung der Gesamtperson verlangen. Nach McLuhan befinden wir uns in einer Entscheidungsschlacht zwischen Sehen und Hören, zwischen schriftlicher und mündlicher Organisation des Daseins, und wir müssen die Medien vor allem deshalb verstehen lernen, weil sie die Kriege in uns wie die um uns herum verursachen. Wir sind in derselben Situation wie Eingeborene, die durch das Alphabetentum aus ihrer Stammesgemeinschaft herausgerissen werden, nur dass wir eben durch Radio, Fernsehen, Computer und Internet aus der mechanischen Welt geschleudert werden.[2]

---

[1] Die magischen Kanäle, a.a.O., S. 430.
[2] Ebd., S. 34ff.

Synästhesie, Taktilität, Gleichzeitigkeit und Ganzheit-
lichkeit lösen Visualität, Folgerichtigkeit, Linearität und
Uniformität ab. Das Nomadische, Organische und Dialo-
gische tritt an die Stelle von bürokratischer Hierarchie
und Spezialistentum, das heißt, an die Stelle des Bürgerlichen, Ordnenden und Zerteilenden. Fordismus und Tay-
lorismus lernen entweder sich im Rhythmus von Busch-
trommeln, Jazz und Rock'n'Roll zu bewegen oder sie
werden untergehen. Entsprechend heißt es in der Einleitung zu ‚Understandig Media‘: „Nach dreitausendjähri-
ger, durch Techniken des Zerlegens und der Mechanisierung bedingter Explosion erlebt die westliche Welt eine
Implosion.“[1] Nach Jahrtausenden der Explosion des Spe-
zialistentums durch die technischen Ausweitungen unseres Körpers wirkt die Welt nun in einer gegenläufigen
Entwicklung komprimierend. Diese Implosion führte
dazu, dass sich Schwarze, Hippies und andere Gruppen
nun nicht mehr im Sinne begrenzter Einbeziehung aus-
grenzen lassen. Vielmehr verlange die elektrische Geschwindigkeit, dass alle politischen und sozialen Funktionen so koordiniert werden, dass die gegenseitige Verantwortung des Menschen als Mensch emergiert. Jenseits
partieller und spezialisierter Standpunkte zwinge die
elektrische Implosion zu Engagement und aktiver Beteiligung. Findet das maschinelle Zeitalter in der persönlichen Ansicht die natürliche Ausdrucksform, so treten wir
mit dem elektrischen Zeitalter in ein Zeitalter ein, das das
Bedürfnis nach einem persönlichen Standpunkt gar nicht
mehr aufkommen lässt. Der Paradigmenwechsel, der
stattfindet, ist der vom Redaktionsstuhl zum Sofa des
Psychiaters. Liegt man erst einmal auf diesem, beginnt
man Ergebnisse vernünftig und nicht mehr persönlich zu
deuten. Diese horizontale Auflehnung gegen vertikale
Deutungsmuster und Zwänge lässt einen neuen Glauben

---

[1] Ebd., S. 15.

entstehen, und zwar den einer „Harmonie aller Kreaturen".[1]

Zur Erinnerung: Im Juni 1960 kam mit der 7070-Serie der erste transistorbasierte speicherprogrammierbare Rechner der Firma IBM auf den Markt. Juri Gagarin umrundet 1961 als erster Mensch im All die Erde und verstärkt den bereits bestehenden Sputnik-Schock. 1962 wird die nukleare Panzerfaust ‚Little Feller' als Antwort auf Mauerbau, Zar-Bombe und Kuba-Krise getestet. Mit ‚Der stumme Frühling' der Biologin Rachel Carson erscheint das erste Kultbuch einer zukünftigen weltweiten Umweltschutzbewegung. Kennedy verspricht, einen Mann auf den Mond zu schicken, was dann auch am 20. Juli 1969 geschah, und weitet den Vietnam-Krieg aus, während seine Frau Jackie die Fernsehzuschauer durch die Privaträume des Weißen Hauses führt. Im selben Jahr bringt AT&T den ersten kommerziellen Satelliten in Position, der Live-Signale über den Atlantik schickt. Andy Warhol verkündet, dass in Zukunft jeder 15 Minuten berühmt sein wird. Bürgerrechts- und Studentenbewegung, Minirock, Bikini, LSD, Comics, die Beatles und die Stones, die Pille und die Kommune bringen das elitäre konservative Weltbild zum Taumeln, was ein immer größerer Teil der Haushalte mittlerweile in Farbe mitverfolgen kann. Das betrifft natürlich auch die Ermordung der Kennedys und Martin Luther Kings wie die Bomben auf Vietnam. Erstmals wurde ein Krieg durch das Fernsehen zum ‚living room war'. Täglich brechen nun Schockbilder den heiligen häuslichen Raum auf und unterminieren die Heimatfront, da Krieg noch kein Entertainment war. Wer jetzt nicht in den Medien war, war nirgends mehr, so dass die Welt auf die Thesen Marshall McLuhans einfach Kurs nehmen musste.

---

[1] Ebd., S. 18.

Als er 1967 als Gastprofessor nach New York geht, ist er schließlich on top: auf dem Cover von ‚Newsweek‘, als Karikatur im ‚New Yorker‘ und im ‚Playboy‘-Interview. Für ihn sind die Entwicklungen in der zweiten Hälfte des 20. Jahrhunderts, die Rassenunruhen, die Proteste gegen den Vietnamkrieg, die Pop-Kultur und Hippie-Bewegung schlichtweg die logische Konsequenz einer medialen Zäsur, die sich mit dem Coming-of-Age der ersten mit dem Fernsehen aufgewachsenen Generation nicht mehr ignorieren lässt. Er ist der Erste, der das sagt, und alle wollen es hören. „Wir waren begeistert“, erinnerte sich der amerikanische Soziologe Neil Postman, der McLuhan als Student in New York hörte: „Wir hatten das Gefühl, unser ganzes Leben auf so ein Ereignis und so einen Menschen gewartet zu haben.“[1] Andererseits taten ihn viele als Scharlatan und Spinner ab. Oft nicht deshalb, weil seine Ideen ihrer Zeit so weit voraus gewesen wären, sondern weil er sie einfach dem Publikum nicht begreiflich machen konnte. Er scherte sich weder um klassische Inhalte noch um Beweisführung oder Logik, sondern streute pausenlos und wahllos geistige Brosamen unter seine Zuhörer. Ein bisschen hier, ein bisschen dort, und dazwischen gleich noch einen Witz und eine Anekdote. Schon in den 50er-Jahren sollen sich die Studenten McLuhans, so sein Biograph Philip Marchand, über ihn beklagt haben: Stünde Shakespeare und Milton auf dem Programm, rede er über Batman und Johnny Ray. Dabei fehlt es McLuhan nicht an Ernst, er will einfach nur die Gegen-

---

[1] So der amerikanische Soziologe Neil Postman in seinem Vorwort zur McLuhan-Biographie von Philip Marchand aus dem Jahr 1999. Zit. nach der Rezension der Biographie im Deutschlandfunk von Guido Eckert unter dem Titel ‚Marshall McLuhan‘ vom 23.12.1999. http://www.deutschlandfunk.de/marshall-mcluhan.700.de.html?dram:article_id=79649 (abgerufen am 8.1.2018).

wart erforschen, und die ist von Werbung, Comics und elektronischen Medien geprägt.[1]

Auch auf Verlangen gab es bei McLuhan keine Beweise, keine Herleitungen, keine Zitate. Stattdessen eine unablässige Brillanzkanonade, ein Feuerwerk aus Thesen, Aussichten, Vermutungen, und Versen, denn McLuhan war auch ein leidenschaftlicher Anhänger humoriger Einzeiler. Die Schattenseite seiner einsamen Brillanz war es jedoch, unfähig gewesen zu sein, eine Sache gründlich zu Ende zu führen. McLuhan war pausenlos mit mindestens vier, fünf Projekten gleichzeitig beschäftigt, wobei das nicht nur Bücher, sondern auch ein Musical oder eine Unternehmensberatung sein konnten. Auch auf Prüfungen bereitete McLuhan seine Studenten in keiner Weise vor. Haus- und Examensarbeiten las er nur auf der Suche nach inspirierenden Ideen. Für jeden Geistesblitz gab es einen Punkt. Andererseits bewertete er eine gut recherchierte und genau belegte Arbeit, die im Wesentlichen eine systematische Widergabe der gängigen Literatur zu einem Thema war, mit null Punkten, also durchgefallen. Was er brauchte, waren vor allem Stichwortgeber. Kaum war er mit jemandem im Gespräch, riss er es an sich und ließ es für den Lauf des Tages nicht mehr los. Dieser monologische Redestrom verärgerte noch die letzten Freunde und vertrieb regelmäßig seine Mitarbeiter.[2]

---

[1] Vgl. Martin Baltes, a.a.O.
[2] So Guido Eckert, a.a.O.

2. Die Auflösung der Geschichte im Mosaik des Fernsehens

Marshall McLuhan war ein spekulatives Genie. Er konnte im Konjunktiv denken, er sprühte vor Witz und Selbstironie und war ein brillanter Rhetoriker. Hippie-Intellektuelle wie Timothy Leary feierten ihn als Superhirn, andere als den „originellsten Denker außerhalb eines Irrenhauses".[1] Er verband das Charisma eines antiken Haruspex mit der unerschütterlichen Überzeugungskraft eines Besessenen, urteilte der Schriftsteller und Journalist Tom Wolfe. Woody Allen gab ihm eine Rolle in seinem Film ‚Der Stadtneurotiker' und Andy Warhol und Robert Rauschenberg erhoben ihn in den Rang einer Pop-Ikone, und das obwohl er als gläubiger Katholik seine ganze Laufbahn über nur an römisch-katholischen Institutionen lehrte.[2]

Insgeheim war der Avantgardist des Medienzeitalters wohl kein Freund der Moderne. In antizivilisatorischem Übermut lobte er Anfang 20 Franco und Hitler, und fand, sie seien auf dem richtigen Weg zwischen der Gier des Kapitalismus und der Entmännlichung durch den Sozialismus.[3] Sein Übertritt zum Katholizismus im Jahr 1937 lässt ihn zunächst auch entsprechend über Homosexuelle und Feministinnen denken. Die Moderne insgesamt erscheint als trostloses Ergebnis einer auf dem phoneti-

---

[1] Zit. nach Assheuer, Thomas: Der Magier, in: Die Zeit 30/2011 vom 21.7.2011.   http://www.zeit.de/2011/30/Medientheoretiker-McLuhan (abgerufen am 8.1.2018).

[2] Dazu Lewis Lapham, a.a.O.

[3] Siehe dazu auch im Folgenden Assheuer, a.a.O.

schen Alphabet beruhenden Schriftkultur, die nicht nur in eine zersplitterte anonyme Gesellschaft führt, sondern auch das Mysterium des Lebens abschafft. Letztlich züchte sie nur zur ganzheitlichen Wahrnehmung unfähige, mechanische Menschen, also Menschen ohne Tiefe und ohne Grund. Nicht umsonst seien die westlichen Industrieprogramme immer so militant und die Militärprogramme immer so industriell gewesen, ginge es doch im Prinzip nur um die Aufsplitterung jeder Art von Erfahrung in gleichförmige wiederholbare Einheiten mit dem Ziel, zum Zwecke sozialer Kontrolle und der Ausweitung politischer Macht schneller und effizienter handeln zu können.[1] Das große Danaer-Geschenk, das der westliche Mensch von Schrift und Buchdruck mitbekommen habe, sei die Macht zu agieren, ohne zu reagieren oder sich zu engagieren. Gerade diese Art der Spezialisierung durch Loslösung hat für McLuhan zur westlichen Dominanz und Leistung geführt: „Ohne diese Trennung des Handelns vom Fühlen und Empfinden sind die Menschen gehemmt und unentschlossen. Der Buchdruck lehrte die Menschen sagen: ‚Zum Teufel mit den verdammten Torpedos, Volldampf voraus!‘"[2]

Insofern betrachtete McLuhan sogar die Reformation als großes Verhängnis, weil die Schrift nicht nur das Fließband, den Serienwagen und das amerikanische Reihenhaus hervorbringt, sondern eben durch eine explosive spezialisierte Ausweitung von Körperfunktionen letztlich den Zentralismus, den Nationalismus wie den Imperialismus. Es ist die unerhörte Ausweitung der physischen Macht durch die typografisch bedingte Ausweitung des menschlichen Körpers, die in die potentielle Selbstvernichtung des Menschen geführt hat und damit in die größte Form der Absurdität, die es bislang in der Ge-

---

[1] Die magischen Kanäle, a.a.O., S. 135.
[2] Ebd., S. 274.

schichte der Menschheit gab. „Alle mechanischen Aspekte unserer Welt scheinen auf eine Selbstvernichtung hinzuweisen", heißt es lapidar in ‚Understanding Media'.[1] Als politisches Mittel bedeute der moderne Krieg die Existenz und das Ende einer Gesellschaft unter Ausschluss einer anderen, so dass Rüstung eine Tatsache sei, die sich von selbst erübrigen werde.[2] Zwei Jahrhunderte mechanischer Umwelt hätten nahezu alle menschliche Motivation abgeschliffen und verkümmern lassen und eine Gier nach Gewalt als kompensatorische Rückkoppelung erweckt, schreibt er in seinem 1968 erschienenen Buch ‚Krieg und Frieden im globalen Dorf', das er zusammen mit dem Graphiker Quentin Fiore publizierte.[3] All das ändere sich jetzt. Die Welt des elektronischen Kreislaufs, der mittlerweile die normale soziale Umgebung darstelle, veranlasse völlig entgegengesetzte Reaktionen. Ist der Tastsinn im mechanischen Zeitalter anästhesiert worden, so führe die elektronische Umwelt zu einer neuen Macht des Taktilen, als einem integrierenden Sinn, der alle anderen Sinne miteinander in Beziehung setze. Marihuana und LSD seien letztlich Mittel, die alte mechanische Welt abzulehnen. Durch die Unmittelbarkeit der Beteiligung an der Erfahrung anderer, die durch die neue elektronische Umwelt gegeben ist, steigt die Tragweite menschlicher Anteilnahme und das an Dienstvorschriften gebundene bürokratische Spezialistentum werde hinweg gefegt.[4]

Freiheit in der westlichen Welt hat immer die Gestalt des Explosiven, heißt es an einer Schlüsselstelle von ‚Un-

---

[1] Ebd., S. 390.

[2] Ebd., S. 519.

[3] Vgl. McLuhan, Marshall/Fiore, Quentin: Krieg und Frieden im globalen Dorf, hrsg. von Karlheinz Barck u. Martin Treml, Berlin 2011, S. 76ff.

[4] Die magischen Kanäle, a.a.O., S. 386.

derstanding Media'.[1] Sie hätte immer den Charakter des Teilenden und Vereinzelnden. Individualismus, Atomismus, Bürokratismus, Zentralismus, Nationalismus, Rassismus, Paternalismus und Imperialismus sind nur die verschiedenen Seiten ein und dergleichen Medaille. Übertragene Autorität sei hier immer linear, visuell und hierarchisch. Eine pyramidal aufgebaute Befehlsgewalt könne aber von der Technik der Elektrizität keine Unterstützung mehr erwarten. Jeder Zentrum-Peripherie-Struktur sei sie entgegengesetzt, weil in einer elektronischen Struktur ein Dialog nur zwischen Zentren, das heißt, zwischen Gleichberechtigten möglich sei. Eine geradezu revolutionäre Logik ist demzufolge dem Zeitalter der Elektrizität zu eigen.[2] Anstatt selber automatisiert zu werden, was die Tendenz des mechanischen Zeitalters war, wird der Einzelne jetzt wieder unmittelbar mit einbezogen, so dass sich alle psychischen und sozialen Konsequenzen, die sich aus der alten Technologie ergaben, umkehren werden. Das Militärisch-Mechanische weicht dem Unstetigen, Miterlebten, Spontanen und Improvisierten. Ob das die Filme Chaplins sind, der Jazz oder die Dramen Brechts und Becketts, sie alle sind McLuhan zufolge Vorzeichen und Symptome einer anstehenden Revolution. Zwar habe der hochalphabetisierte westliche Mensch den Zustand der Rassenintegration immer idealisiert, seine alphabetische Kultur jedoch hat eine Gleichstellung der Rassen immer vereitelt.[3] Die mechanisch-industrielle Technik biete letztlich nur Konzepte optischer Gleichförmigkeit im Sinne von Einheitlichkeit und Gleichschaltung. Das Zeitalter der Elektrizität hingegen wird Einmaliges und Verschiedenartiges überhaupt erst ermöglichen. Alle pyramidenförmigen Betriebsstrukturen wie Übertra-

---

[1] Ebd., S. 414f.
[2] Ebd., S. 423.
[3] Ebd., S. 478f.

gungsformen von Autorität werden zusammenbrechen und mosaikhaften, organischen, dialogischen und gestalterischen Wechselbeziehungen weichen. Denn elektrische Medien haben grundsätzlich die Tendenz, „alle gesellschaftlichen Einrichtungen in organische gegenseitige Abhängigkeit zur bringen".[1] Selbst das Mosaik des Fernsehbildes verlange noch gemeinsame Ergänzung und Besprechung.

Der mit dem Fernsehbild verbundene Sprung ins gesamtpersönliche Erleben, kann für McLuhan nur mit dem Unterschied zwischen dem visuellen und dem mosaikförmigen Raum erklärt werden: „Die visuelle Betonung der Stetigkeit, Gleichförmigkeit und des logischen Zusammenhangs, die auf das Alphabetentum zurückgeht, stellt uns den Problemen der großen technischen Mittel gegenüber, mit welchen Stetigkeit und Linearität durch Teilung und Wiederholung erreicht werden. Die Alte Welt fand das technische Mittel dazu im Baustein für Mauern und Straßen. Der reproduzierbare, einheitliche Ziegelstein, dieser wesentliche Baustoff für alle Straßen und Mauern, Städte und Reiche, ist eine Erweiterung des Gesichtssinns, zu der es über die Buchstaben kam. *Diese Ziegelsteinform ist keine Mosaikform*, und die Mosaikform ist auch keine visuelle Gestalt. Man kann das Mosaik *sehen*, wie man den Tanz sehen kann, aber er ist nicht visuell strukturiert und ist auch keine Erweiterung des Sehvermögens. Denn das Mosaik ist nicht einheitlich, stetig und wiederholend. Es ist unstetig, asymmetrisch und nicht linear, wie das dem Tastsinn ansprechende Fernsehbild. Für den Tastsinn ist alles plötzlich, konträr, ursprünglich, selten, fremd."[2] Die nichtvisuellen Mosaikstrukturen des Fernsehbildes lassen wie jene der modernen Malerei á la Cézanne oder Serault oder wie dieje-

---

[1] Ebd., S. 375.
[2] Ebd., S. 503.

nigen der modernen Physik und elektrischen Information
kaum eine Distanzierung zu. Es verhält sich für McLuhan
wie bei der bildsymbolischen Kunst. Sie verwende die
Augen wie wir die Hände beim Versuch, ein ganzheitli-
ches Bild zu formen, das aus vielen Phasen, Momenten
und Aspekten besteht. Deshalb ist die Form des Bildsym-
bols nicht die einer visuellen Darstellung oder eine Spezialisierung davon. Vielmehr ist die Tastsinnempfindung
abrupt, total und synästhetisch, aber keinesfalls speziali-
siert. Weil das Fernsehbild noch weitgehender als das
Bildsymbol eine Ausweitung des Tastsinns bedeute, kann
er an gleicher Stelle sagen: „Vom Mosaikbild des Fernsehens durchdrungen, tritt das Fernsehkind der Welt in
einem Geist entgegen, der gegen das Alphabetentum
gerichtet ist."[1]

Insofern werden Fernsehen und Computer zum LSD
der Geschäftswelt, das ihre Einstellungen und Ziele
schließlich so transformiert, dass keines der Ziele des 20.
Jahrhunderts überdauern wird können.[2] Hauptquelle des
Reichtums im Zeitalter der Elektrizität wird nichts anderes sein, als Menschen durch ausgesuchte Information
miteinander in Beziehung zu bringen. Auto und Fließband sind nur der letzte Ausdruck der Technik Guten-
bergs, das heißt, von einheitlichen und wiederholbaren
Verfahren, die auf alle Aspekte des Lebens und der Arbeit
Anwendung finden. Die jahrhundertealte typografische
Konditionierung mit ihrem Schema linearer Gleichförmigkeit und Wiederholbarkeit des Aufgeteilten führte
letztlich in eine genormte Zivilisation. Aber durch Computer und Fernsehen werden alle mit ihr verbundenen
Postulate über Gleichförmigkeit, Normung und Kon-
sumwerte in Frage gestellt.[3] Das Zauberwort heißt Rück-

---

[1] Ebd., S. 504.
[2] Ders.: Krieg und Frieden im globalen Dorf, a.a.O., S. 83.
[3] Die magischen Kanäle, a.a.O., S. 337ff.

koppelung. Rückkoppelung bedeute das Ende der Linearität, weil sie Informationsschlingen und Kreise anlegt, wo vorher nur der Fluss in eine Richtung oder die mechanische Abfolge möglich war.[1] Durch sie werden Maschinen, Betriebe und Fabriken in die industrielle Gesamtstruktur von Stoffen und Dienstleistungen einbezogen, was Fragen der Arbeitsbeschaffung, Sicherheit, Erziehung und Politik berührt. Dadurch dass alle Aspekte der Erzeugung, des Verbrauchs und der Organisation mit Kommunikation identisch werden, werden Formen instantaner gegenseitiger Abhängigkeit geschaffen, die die ganze Organisation der Gesellschaft revolutionieren. Denn die Elektrizität zwinge uns, die mechanische Entwicklung von hinten nach vorne abrollen zu lassen, kehrt sie diese doch ins Gegenteil. Hängt die Mechanisierung von der Aufgliederung eines Prozesses in gleichartige aber beziehungslose Teilchen ab, so vereinigt die Elektrizität die Bruchstücke wieder zu einem Ganzen.[2] Das Resultat ist, dass Energie und Produktion einer Vereinigung mit Wissen und Information entgegengehen. Marketing und Konsum werden eins mit Wissenschaft und Informationsverarbeitung. Die jahrhundertelange mechanische Explosion, die in eine immer stärkere Spezialisierung führte, wird von einer elektrischen Implosion abgelöst, die die alte Dichotomie von Kultur und Technik, von Kunst und Handel und von Arbeit und Freizeit beendet. Bedeutete im mechanischen Zeitalter Freizeit die Abwesenheit von Arbeit oder bloßes Müßigsein, gilt im Zeitalter der Elektrizität das Gegenteil. Weil das Zeitalter der Information den Einsatz aller Fähigkeiten gleichzeitig verlange, entdecken wir, dass wir genau dann frei sind,

---

[1] Ebd., S. 533.
[2] Ebd., S. 530.

wenn wir am intensivsten ‚dabei‘, also mit einbezogen sind, so wie es Künstler aller Zeiten gewesen seien.[1]

Weder McLuhans Konservatismus noch sein unordentliches, weltfremdes und zerstreutes Erscheinungsbild änderten etwas daran, dass diese und viele andere orakelhafte Thesen und Aphorismen nicht nur den Weg nach Woodstock fanden, sondern ihn zu einem der am meisten zitierten Autoren des 20. Jahrhundert machten. Mit seinem Tod am Sylvesterabend 1980 fand der Hype um ‚Understanding Media‘ allerdings ein jähes Ende. Wie Sergeant Pepper oder Go-Go-Stiefel landete es auf dem Dachboden der Zeitgeschichte als die gescheiterten Hoffnungen eines durch Nixon und Vietnam in Misskredit gebrachten Jahrzehnts. Grund dafür war auch die schwere Verständlichkeit des Buches selbst. Ungeachtet seines widersprüchlichen Titels verstanden damals nur wenige, was McLuhan eigentlich sagen wollte. Die Eigenschaften seiner Epistemologie entsprechen dabei genau den Eigenschaften, die er den elektronischen Medien zuschreibt: mosaikhaft, ungeradlinig, repetitiv, diskontinuierlich, intuitiv und assoziativ und eher auf Analogien als auf logischer Folgerichtigkeit aufbauend.[2] Ständig führt er einen epistemischen Kampf gegen Linearität, Kontinuität und Uniformität. Den eiskalten Mechanismus des Seriellen und Gleichförmigen an seiner Quelle zu sabotieren, ist die große epistemische Aufgabe. Ist die westliche einheitliche Gestaltung von Raum und Zeit wie die Macht zur Distanzierung und Objektivität aufs engste mit dem Alphabetentum verbunden, so die Mosaikform elektronischer Medien aufs engste mit ihrer Auflösung zugunsten

---

[1] Ebd., S. 521ff.
[2] Zur Epistemologie McLuhans und seinem Kampf gegen Linearität siehe vor allem Lapham, a.a.O., S. 58, und Balthes, a.a.O.

einer totalen synästhetischen Einbeziehung des Individuums.[1]

Der Westen habe schlichtweg Vernunft mit Schriftkundigsein und Rationalität mit einer einzigen Technik verwechselt.[2] Die Chiffre ‚Gutenberg-Galaxis‘ steht deshalb für die westliche sich gegenseitig stützende Dominanz von Visualität, Linearität, Kontinuität, Uniformität, Folgerichtigkeit, Zerlegbarkeit, Gleichförmigkeit, Spezialisierung, Bürokratisierung, Atomisierung und Zentralisierung. Soziologisch gesehen bringt die typografische Ausweitung des Menschen seit der Renaissance den Nationalismus, die Industrialisierung, Massenmärkte und das Alphabetentum mit sich.[3] Kennzeichnend für sie ist eine sequenziell-atomistische-konsequentialistische Logik, die als Maßstab von Wahrnehmung, Handlung und Rationalität dient und so zu einer Vorherrschaft des mechanisch-instrumentellen Denkens und entsprechender sozioökonomischer Organisationsformen führt.[4] Während einerseits das moderne Individuum und das aufklärerische, ganz im Dienste der Wissenschaft stehende gelehrte Desinteresse geboren wurde, wird es andererseits möglich, gigantische militärische und kommerzielle Verbände aufzubauen, die anfangen, alle tradierten sozioökonomischen Strukturen explosionsartig aufzubrechen. Es ist für McLuhan das „Prinzip der Erweiterung durch Homogenisierung“, das den Schlüssel zum Ver-

---

[1] Die magischen Kanäle, a.a.O., S. 504.

[2] Ebd., S. 33f.

[3] Ebd., S. 264ff. Auf McLuhans Buch ‚The Gutenberg-Galaxy: The Making of Typographic Man‘, das erstmals 1962 veröffentlicht wurde, kann in diesem Rahmen nicht eingegangen werden.

[4] Siehe dazu Schultz, Oliver Lerone: Marshall McLuhan – Medien als Infrastrukturen und Archetypen, in: A. Lagaay/D. Lauer (Hg.), Medientheorien. Eine philosophische Einführung, Frankfurt/M. 2004, S. 42f.

ständnis der Macht des Westens bietet.[1] Die offene Gesellschaft ist für ihn nur offen kraft eines einheitlichen, auf dem Buchdruck beruhenden Bildungssystems, das eine unbegrenzte Ausdehnung jeder beliebigen Gruppe überhaupt erst möglich macht. Damit einher gehen Trennungs- und Explosionsprozesse von sozialen Funktionen, die Quantifizierungs- und Atomisierungsprozesse nach sich ziehen, die ihrerseits in eine individuelle und gleichzeitig quantitativ-neutrale Auffassung von Macht und Gesellschaft münden. Ein politisches Denken wie das Machiavellis ist ohne die Gleichförmigkeit und Wiederholbarkeit des Buchdrucks nicht zu verstehen, trennt es doch nicht nur Gott und die Natur vom Menschen, sondern diesen auch vom anderen, so dass sich ein quantitativ-physikalischer Begriff von Gesellschaft und Politik dadurch überhaupt erst entwickeln kann.[2] Sofern also die neue ‚Lernmaschine' Buch gleichzeitig zur sozialen Spaltung und Vereinheitlichung beiträgt, ermöglicht es eine ungeheure Vergrößerung der Macht, Energie und Agression, die untrennbar mit dem neuzeitlich-modernen Nationalismus verbunden ist.

Folgen als logisch aufzufassen in der alles erfassenden Technik des Alphabets, ist der zivilisatorische Sündenfall, der durch die spielerische Erfindung nicht-linearer Logiken rückgängig gemacht werden muss.[3] Immer wieder muss die Linearität des gedruckten Wortes aufgebrochen werden, um Begriffe wie Raum, Zeit, Geschichte, Vernunft und Subjekt als Konstrukte westlicher Kulturtechnologien zu entlarven, die sich der Schrift und damit einer mechanisch-linearen Produktionsweise verdanken, das heißt, einer Kultur, die den Raum erst schuf, den sie

---

[1] Die magischen Kanäle, a.a.O., S. 267f.
[2] Ebd., S. 270.
[3] Ebd., S. 135.

zentral und quantitativ zu steuern versuchte.[1] Entsprechend folgen bei McLuhan Inhalte nicht den Überschriften und Schlüsselbegriffe werden erst am Ende des Buches deutlich oder oft nur in einem Nebensatz klar. Die lineare analytische Argumentation wird zugunsten einer Mosaik-Struktur des Denkens aufgehoben. Anscheinend ohne jede Rücksicht auf Logik und Stringenz springt er von der medientheoretischen These zu James Joyce und Plinius dem Älteren und wieder zurück und zieht sich damit den Unmut der Wissenschaftswelt zu. Gerade diese unkonventionelle Form findet ihre Entsprechung in seiner These vom Untergang des von Literalität und ihren Implikationen beherrschten Gutenberg-Zeitalters.

Viel Kritik brachte McLuhan auch sein hypertropher Medienbegriff ein.[2] Nahezu allen Gegenständen der menschlichen Realität werden mediale Eigenschaften zugesprochen. Ob Sprache, phonetisches Alphabet, Geld, Comics, Telefon, Radio, Fernsehen und Computer oder Töpferscheibe, Steigbügel, Rad, Auto, Eisenbahn oder Flugzeug, ein Medium ist schlichtweg jede Technologie, mittels derer der Mensch mit der Welt in Beziehung tritt. McLuhan stellt sich also nicht die Frage nach dem Inhalt eines Mediums und wie dieser Inhalt auf Mensch und Gesellschaft wirken könnte, vielmehr geht es ihm um das Medium selbst. Darum, wie die Medialität selbst den Menschen und damit auch die Gesellschaft verändert. So schreibt er: „Das Rad (...) bedeutete eine Beschleunigung des Fußes, nicht der Hand. Diese Beschleunigung der Füße machte Straßen notwendig, genauso wie mit der

---

[1] So Martin Baltes, a.a.O.

[2] Vgl. Agethen, Matthias: Gutenberg Galaxis oder ‚posthistorische‘ Menschen im ‚elektrischen Zeitalter‘? Über die Thesen Marshall McLuhans, in: Texturen Online. Zeitschrift für den Literaturbetrieb. https://www.texturen-online.net/campus/campustexte/mcluhan/ (abgerufen am 14.1.2018).

Ausweitung unseres Hinterteils in Form von Stühlen Tische notwendig wurden. Das Rad ist ein ablativus absolutus der Füße, wie der Stuhl ein ablativus absolutus des Hinterns ist. Aber wenn solche Ablative eindringen, ändern sie die Syntax der Gesellschaft. Es gibt kein ceteris paribus in der Welt der Medien und der Technik. Jede Ausweitung und Beschleunigung bewirkt sofort eine Neugestaltung der Gesamtsituation."[1] Jede Ausweitung und Beschleunigung des menschlichen Körpers, ob nun der Hand, des Fußes oder des Auges berühren letztlich die gesamte psychische und soziale Ordnung der Gesellschaft. Der Mensch wird zum Effekt des Mediums, unter dessen Hypnose er steht.[2] Waren vor McLuhan die Medien lediglich die Effekte anderer sozialer und sinnlicher Strukturen, so werden umgekehrt diese nun zu Effekten der Medien. Für ihn gleichen wir sozusagen Fischen, die versuchen über das Wasser, das sie umgibt, nachzudenken.

Für McLuhan ist Menschheitsgeschichte Mediengeschichte. Nicht Gott, der Weltgeist oder das Kapital, geschweige denn Klassen sind der Motor der Geschichte, sondern Medien. Sie determinieren die soziale Wirklichkeit, indem sie die räumliche wie zeitliche Wahrnehmung steuern. Nichts sei zersetzender für die marxistische Dialektik als der Gedanke, „dass sprachliche Medien die gesellschaftliche Entwicklung genauso formen wie die Produktionsmittel".[3] Sie und nicht das Eigentum an den Produktionsmitteln markieren sowohl die Voraussetzungen als auch die Grenzen gesellschaftlicher Veränderung. Entscheidend ist die Wechselwirkung der Wahrnehmung

---

[1] Die magischen Kanäle, a.a.O., S. 282.

[2] Krameritsch, Jakob: Geschichte(n) im Netzwerk. Hypertext und dessen Potenziale für die Produktion, Repräsentation und Rezeption der historischen Erzählung, Münster 2007, S. 49f.

[3] Die magischen Kanäle, a.a.O., S. 86. Dazu auch Kornberger, a.a.O.

der Wirklichkeit und ihre Konstruktion durch die Medien. Wobei die Medien mehr sind als einfach nur Zeitung, Radio, Fernsehen oder Internet: In ihrer Gesamtheit sind sie als Ausweitungen unserer Körperorgane und unseres Zentralnervensystems zu verstehen.[1] Das Rad erweitert den Fuß wie das Radio das Ohr erweitert, wobei jede Ausweitung das ganze soziale und psychische Gefüge der Gesellschaft verändert, sofern beschleunigte Füße im Form von Rädern Straßen, Fahrräder, Automobile und schließlich Flugzeuge nach sich ziehen. Darüber hinaus sind Medien als Amputationen zu verstehen, weil sie dem Prinzip des Loslösens von getrennten Teilen des menschlichen Körpers entsprechen: aus der Hand wird der Hammer oder aus dem Fuß eben das Rad.[2] Medien ersetzen folglich körpereigene Organe in ihrer Funktion, so dass der Mensch die Welt nur noch durch sie wahrnimmt.

Wurde in den Jahrhunderten der Mechanisierung der Körper in den Raum ausgeweitet, weitet das Jahrhundert der Elektrizität unser zentrales Nervensystem zu einem weltumspannenden Netz aus und hebt damit Raum und Zeit auf. Der Hammer war die Erweiterung der Hand, das Rad die Erweiterung der Füße und der Buchdruck die Erweiterung des Auges. Sie haben uns über 3000 Jahre hinweg ins Zeitalter der Elektrizität geführt, die McLuhan als maximalmögliche Erweiterung des menschlichen Organismus, als weltumspannende Ausweitung unseres Nervensystems begreift. Hat der Mensch mit dem Alphabetentum die Fähigkeit erlangt, die Welt aus der Beobachterperspektive wahrzunehmen und unbeteiligt zu handeln, so wird im elektrischen Zeitalter unser Gehirn so sehr ausgeweitet, dass wir die Auswirkungen unserer Handlungen nun wieder tief miterleben müssen. Haben

---

[1] Die magischen Kanäle, a.a.O., S. 15ff.
[2] Ebd., S. 377.

wir im Zuge von Alphabetisierung, Mechanisierung und Automatisierung gelernt, mit vollkommener Objektivität zu handeln, so muss im elektrischen Zeitalter diese Einstellung des Nichtbeteiligtseins komplett aufgegeben werden. Elektrisch zusammengezogen wird die Welt wieder zum Dorf.[1] Daher ist es unmöglich, die erhabene und distanzierte Rolle des alphabetischen westlichen Menschen weiterzuspielen. Vielmehr sind wir heute mit der ganzen Menschheit verflochten und diese findet sich in uns vereinigt. Das Streben unserer Zeit nach Ganzheit, Einfühlungsvermögen und Erlebnistiefe ist von daher eine natürliche Begleiterscheinung der Technik der Elektrizität.

Soziale Kämpfe und Spannungen sind nach McLuhan immer Ausdruck der Spannungen, die durch die Kraft und Struktur eines neuen Mediums evoziert werden. Die orale Kultur früher Gesellschaften ist geprägt von Gleichzeitigkeit, Stammestrommel und mündlicher Überlieferung. Sie erfährt historisch die Trennung von Körper und Kommunikation durch die Alphabetisierung des Abendlandes. Und so entsteht eine visuelle Kultur ungleichzeitiger linearer Kommunikation, die eine rational-aufgeklärte und arbeitsteilige Moderne, Kapitalismus, Nationalismus und Imperialismus erst möglich macht. Eine Aufsplitterung des Lebens in Minuten und Stunden war schließlich nur in einer alphabetischen Gesellschaft denkbar. Die mechanische Herrschaft der Uhr und die Betonung des Visuellen sind dabei untrennbar mit dem phonetischen Alphabet verbunden. Die Uhr und das Alphabet zerhacken nach McLuhan die Welt in lauter visuelle Abschnitte, so dass die profane moderne Welt nur noch vom Gesichtssinn beherrscht werde: „Das Visuelle profaniert die Welt und schafft den ‚areligiösen Menschen

---

[1] Ebd., S. 17f.

moderner Gesellschaften'."[1] Unter dem Eindruck der Instantangeschwindigkeit elektronischer Medien und der damit verbundenen Aufhebung von Zeit und Raum findet der profanierte Mensch allerdings wieder zurück zu einer umfassenden mythischen Lebensweise. Denn unser inneres Leben wirft seine mechanischen Schablonen zugunsten von bildsymbolischen Bewusstseinsformen ab und ersetzt den abstrakten Gesichtspunkt durch die Synopsis des Facettenauges.[2]

Insgesamt teilt McLuhan die Menschheits- bzw. Mediengeschichte in vier Phasen ein: Auf orale Stammeskulturen folgen literale Manuskript-Kulturen, auf diese die Gutenberg-Galaxis und das mechanische Zeitalter, das schließlich durch das elektrische abgelöst wird. Besonders wichtig dabei sind die jeweiligen medialen Zäsuren, also die jeweiligen Übergänge von der einen Epoche zur nächsten auf Grund einer einschneidenden Medien-Innovation, sofern jedes neue Medium einen Umsturz in den Strukturen von Wahrnehmung, Gesellschaft und Kultur bedeutet. Die ganze westliche Kultur, von der Philosophie der Antike über die Ideen der Aufklärung bis in die heutige informationstechnologische Zeit, sind als Medieneffekte zu verstehen, und demnach als Ausdrucksformen der technologischen Bedingungen ihrer Zeit. Die marxsche Figur von der Determiniertheit aller gesellschaftlichen Verhältnisse durch ökonomische Produktivkräfte wird sozusagen im Hegelschen Sinne aufgehoben in der Denkfigur, dass das Medium allein die Botschaft sei. Dachte man vormals, dass der Inhalt die Botschaft sei, so wird im Zeitalter der Elektrizität klar, dass das Medium die Botschaft ist, dass also der Inhalt eines Mediums immer ein anderes Medium ist.[3] Unabhängig von

---

[1] Ebd., S, 240.
[2] Ebd., S. 236.
[3] Ebd., S. 22.

ihren Inhalten bewirken neue Technologien neue Strukturen des Wahrnehmens, Fühlens und Denkens. Zunächst formt der Mensch neue Technologien und dann formen diese den Menschen.

McLuhan führt dazu vor allem elektrisches Licht als Beispiel an: Das elektrische Licht ist ein Medium ohne Botschaft bzw. Inhalt, es ist reine Information.[1] Ob das elektrische Licht nun einen Supermarkt beleuchtet oder bei einem gehirnchirurgischen Eingriff gebraucht wird, ist vollkommen gleichgültig. Das Entscheidende ist, dass die Erfindung des elektrischen Lichts eine einschneidende Erfindung in der Geschichte der Menschheit war und nahezu alle Bereiche des menschlichen Lebens und die menschliche Wahrnehmung verändert hat. Wichtig ist, das Ausmaß und die Form zu erkennen, wie elektrisches Licht das menschliche Zusammenleben organisiert und steuert. Fokussiert man sich auf den vermeintlichen Inhalt, wird man vielmehr blind gegenüber der Wesensart jedes Mediums. Bei elektrischem Licht wie bei Strom ist dabei die beschleunigende und dezentralisierende Wirkung entscheidend. Wie bei Radio, Telefon oder Fernsehen werden die Faktoren Raum und Zeit aufgehoben. Der Unterschied von Tag und Nacht oder von Innen und Außen wird unerheblich. In fast schon religiösem Enthusiasmus heißt es in ‚Understanding Media‘, dass die Botschaft des elektrischen Lichts die vollkommene Veränderung sei, ist es doch als reine Information bar jeden Inhalts, die sein Verwandlungsvermögen schmälern würde. Es habe schlichtweg die Kraft, jede Raum- und Zeitordnung und jede Arbeits- und Gesellschaftsordnung umzuwandeln, und liefere genau deshalb den epistemischen Schlüssel zum Begreifen der Art von Kraft, die in sämtlichen Medien stecken würde.[2]

---

[1] Ebd.
[2] Ebd., S. 90.

Ein weiteres Beispiel ist das der Maschine. Die Maschine als Medium hat das Leben der Menschen verändert. Waren können viel schneller und effizienter hergestellt werden. Ob die Maschine nun Cornflakes oder Cadillacs herstellt, ist dabei völlig gleichgültig.[1] Die Veränderung für den Menschen ist das Entscheidende, nicht der jeweilige Inhalt. Ganz im Gegenteil lenke die Beschäftigung mit Medieninhalten und deren Analyse nur vom Wesentlichen, also von der je spezifischen Medialität ab: „Im Gegensatz zum bloßen Werkzeug ist die Maschine eine Ausweitung oder ein Nach-außen-Bringen eines Vorgangs. Das Werkzeug weitet die Faust, die Nägel, die Zähne oder den Arm. Das Rad weitet den Fuß in eine Dreh- oder Ablaufbewegung. Der Buchdruck als die erste vollständige Mechanisierung einer Handarbeit zerlegt die Bewegung der Hand in eine Reihe von einzelnen Schritten, die wie die Drehung des Rades wiederholbar sind. Aus dieser analytischen Abfolge ergab sich das Fließbandprinzip, aber das Fließband ist jetzt im Zeitalter der Elektrizität überholt, weil Synchronisierung nichts mehr Aufeinanderfolgendes ist.“[2] Es ist das Ende des mechanischen Prinzips der Zerlegung in Reihen gekommen und damit das Ende der Wiederholbarkeit als der wesentliche Kern des mechanischen Prinzips, das unsere Welt beherrscht.[3] Dieses verkörpert sich vor allem in der Typografie, brachte doch das Prinzip der beweglichen Typen erst die Möglichkeit mit sich, jede beliebige Handarbeit durch den Prozess der Zerlegung in kleinste Abschnitte zu mechanisieren.

Aber in dem Augenblick, in dem das Aufeinanderfolgen der Gleichzeitigkeit weicht, befinden wir uns nach

---

[1] Ebd., S. 22.
[2] Ebd., S. 235.
[3] Ebd., S. 246.

McLuhan in der Welt der Struktur und Gestalt.[1] Da die Botschaft jeden Mediums oder Technik die Veränderung des Maßstabs, Tempos oder Schemas ist, die es der Situation des Menschen bringt, geht es vor allem um die Betrachtung der damit verbundenen neuen psychischen und sozialen Organisationsmuster und -formen. So wird die klassische teleologische Geschichtsphilosophie à la Kant und Hegel von ihm auf das zentralperspektivische Bild und das mechanisch-lineare Druckverfahren zurückgeführt. Die damit verbundene explosive Ausweitung des Sehsinns gegenüber dem Hörsinn hat nicht nur die Ausweitung des politischen Territoriums zur Folge, sondern organisiert die Zeit im Hinblick auf die Zukunft. Die durch das Primat des Sehens ermöglichte Distanz zu den Dingen öffnet sozusagen erst den Raum in die Zukunft. Deshalb wird Zeit zur Linie, zum Weg oder Vektor, der psychisch und sozial die Macht der Distanzierung und Objektivität mit sich bringt.[2] Zeit wird zur Form und Funktion des perspektivisch wahrgenommenen Raums, wohingegen die elektronischen Medien wieder zur Erfahrung des Gleichzeitigen im Ungleichzeitigen führen. „Die wichtigsten Faktoren des Einflusses von Medien auf bestehende Gesellschaftsformen," schreibt McLuhan, „sind Beschleunigung und Aufteilung. Heute ist die Beschleunigung fast total und macht so dem Raum als Hauptfaktor der sozialen Ordnung ein Ende."[3] Da im Zeitalter völliger Vernetzung jeder Punkt mit einem anderen verbunden ist und nahezu instantan erreicht werden kann, ist das Resultat die totale Einbezogenheit in eine allum-

---

[1] Ebd., S. 30.

[2] Stephan Günzel, Zeit: Philosophisches Scheinproblem und räumliche Figuration, in: Oehlschläger, C./Perrone, L. (Hg.): Figurationen des Temporalen. Poetische, philosophische und mediale Reflexionen über Zeit, Göttingen 2013, S. 72ff.

[3] Die magischen Kanäle, a.a.O., S. 149.

fassende Jetztzeit.[1] Die perspektivischen Fernziele der traditionellen Zivilisation werden dadurch nicht nur weltfremd, sondern sogar irrelevant und inhaltslos, wollen doch die Menschen wieder eine tiefe Eingebundenheit in die Gesellschaft, in der sie jetzt leben, anstatt eine Spezialistenarbeit für die Zukunft. Wenn einem die ganze Welt gleichzeitig vor Augen geführt wird, wenn Freud und Leid der gesamten Menschheit immer und überall präsent sind, dann leben wir in einem ewigen Jetzt, in dem nichts mehr die logische Konsequenz von etwas anderem ist.[2]

In diesem Sinne ist McLuhan kein Materialist mehr, sondern technologischer Strukturalist. Die Botschaft ist stets der Möglichkeitshorizont einer neuen Technologie, durch die der Mensch zum Geschöpf der selbsterschaffenen Maschine wird. Das gilt für die Eisenbahn genauso wie für die Glühbirne, für den Buchdruck oder den Computer. Sein Interesse gilt nicht einzelnen Medien, sondern den großen historischen Brüchen und dem Verhältnis von Schlüsseltechnologien und gesellschaftlichen Ordnungen. Vor allem die Diktate zweier technologischer Umwälzungen werden untersucht, die letztlich zum Sturz fest gefügter politischer und ästhetischer Ordnungen geführt haben: erstens die Erfindung der beweglichen Lettern um die Mitte des 15. Jahrhunderts, die die Menschen dazu brachte, folgerichtig entlang der Ordnung gedruckter Texte zu denken, und zweitens die seit dem späten 19. Jahrhundert einsetzende Elektrifizierung der Welt. Der Inhalt folgt hier jeweils der Form, weil die revolutionären Technologien neue Formen des Denkens und Fühlens nach sich ziehen. Was einzig und allein zählt, ist, die Funktion der Form als Form unabhängig vom Inhalt zu erkennen und zu untersuchen.[3]

---

[1] Ebd., S. 505.
[2] So Lapham, a.a.O., S. 61.
[3] Die magischen Kanäle, a.a.O., S. 406.

So führten Rad und Straße nach McLuhan zum Zentralismus, „weil sie in einem Grade beschleunigen, wie es Schiffe nicht können. Aber wenn die Beschleunigung über ein gewisses Maß hinausgeht, wenn sie vom Auto oder Flugzeug getragen wird, führt sie inmitten früher zentralistischer Gebilde zur Dezentralisierung. Das ist der Ausgangspunkt des Städtechaos unserer Zeit. Wenn das Rad über eine gewisse Intensität der Bewegung hinaus entwickelt wird, führt es zur Dezentralisierung. Alle elektrischen Formen, ganz gleich welcher Art, haben eine dezentralisierende Wirkung und sprengen die älteren mechanischen Formen wie ein Dudelsack ein Sinfoniekonzert."[1] Wie den prähistorischen Kulturen entspricht daher die Implosion dem elektronischen Zeitalter. Denn alle primitiven Kulturen sind implosiv wie das gesprochene Wort. So ist es durch die Luftfahrt möglich, jedes Land in einem Punkt zu berühren. Die implosive Geschwindigkeit des Flugzeugs entspricht einem Mosaikprinzip gleichzeitigen Kontaktes oder Wechselspiels. Und dasselbe Prinzip des implosiven Mosaiks ist bezeichnend für elektrische Informationsbewegung jeder Art. Grundfunktionen der Medien sind immer Speichern und Beschleunigen, wobei Speichern immer Beschleunigen bedeutet.[2] Insgesamt gilt es, zu erkennen, inwieweit die Form der Speicherung und Verfügbarmachung von Informationen Kultur und Gesellschaft grundlegend verändert.

---

[1] Ebd., S. 284.
[2] Ebd., S. 244.

3. Kritik und kurze Ausblicke in eine leider heillose elektronische Zukunft

Auch Marshall McLuhan bewegt sich, wie Enzensberger richtig erkannte, auf dem Boden eschatologischer Weltentwürfe. In seiner großen Erzählung sind Medien das alles bewegende Zentrum der Geschichte und vor allem die elektronischen führen zum Heil. Sein performativer techno-eschatologischer Ansatz scheint in einem Mediendeterminismus zu münden, der dem Medium Allmacht zuschreibt und dem Einzelnen pure Ohnmacht.[1] Am Ende de der Geschichte stehen Fernsehen und Computer, die die fragmentierten Individuen wieder zu sozial engagierten, mitfühlenden und politisch aktiven Wesen im Sinne des klassischen Humanismus werden lassen. Die elektrische Implosion soll den gebildeten, gespaltenen westlichen Menschen zu einer komplexen Persönlichkeit mit ausgeprägter Tiefenstruktur so umformen, dass er „sich gefühlsmäßig seiner gegenseitigen Abhängigkeit von der ganzen übrigen menschlichen Gesellschaft bewußt wird.“[2] Das getrennte, gebildete und visuelle Individuum ist in einer elektronisch genormten Gesellschaft schlichtweg nicht mehr möglich. In einer zyklisch verlaufenden und medial gesteuerten Heilsgeschichte findet der Mensch schließlich wieder zum Gleichgewicht der Sinne, was unweigerlich den ewigen Frieden nach sich ziehen muss.

---

[1] So Krameritsch, a.a.O., S. 43ff. Eine umfassende Kritik an der Medientheorie McLuhan kann in diesem Rahmen leider nicht geleistet werden. Einen guten Überblick bietet Matthias Agethen, a.a.O.

[2] Die magischen Kanäle, a.a.O., S. 88.

Man sollte McLuhan verzeihen, dass er so naive heilsgeschichtliche Erwartungen mit dem Fernsehen und dem Computer verbunden hat. Was hochaktuell bleibt, ist sein aufklärerischer Versuch, die Medien als solche, die Konflikte, aus denen sie entstehen, wie die großen Konflikte, zu welchen sie Anlass geben, zu verstehen, um diese Konflikte durch zunehmende Autonomie des Menschen zu verringern, wie er sagt.[1] Seine Frage, wie das Werkzeug seinen Erfinder umzuarbeiten droht, ist drängender denn je. Wie sich unser Denk- und Wahrnehmungsapparat vor dem Hintergrund eines zunehmenden Kontrollverlustes über das Speichern und Verarbeiten von Informationen entwickelt, ist die entscheidende Frage. Denn mehr denn je wird klar, was Information für eine ungeheure Macht und Waffe bedeutet. Auch dass sie nicht, wie McLuhan hoffte, zu einer „Einheit der Familie der Menschheit" und zu einer „Konkretisierung menschlicher Brüderlichkeit" führt, zeichnet sich immer deutlicher ab.[2]

Folgt man den Gedanken Frank Schirrmachers, erleben wir einen epochalen Selbstversuch, das menschliche Hirn an die Maschinen anzupassen. Die digitale Revolution kann seiner Auffassung nach nicht nur mit der Erfindung des Buchdrucks verglichen werden, sondern geht weit über ihn hinaus. Es sei ein atemberaubender Vorgang, der selbst die Antreiber dieser Revolution immer wieder aufs Neue überrasche, sofern sich das Kräfteverhältnis zwischen Mensch und Maschine dramatisch umzukehren scheint. Das menschliche Denken wandere nach außen und ordnet sich in unvorstellbarem Ausmaß der Autorität der Maschinen unter. Die Welt der Inhalte wird zunehmend in Mathematik verwandelt und der Mensch gleich mit. Dass Algorithmen über Freundschafts- und Partnerwahl entscheiden oder unser Kon-

---

[1] Ebd., S. 89.
[2] Ebd., S. 519.

sumverhalten steuern ist eine Sache. Eine andere ist, dass eine unvorstellbare Menge persönlicher Daten von Netzbetreibern zum Zwecke der Verhaltensberechnung gespeichert werden, was die Gefahr erhöht, sich und andere nur noch nach vorgegeben Mustern zu beurteilen. Damit lege sich ein nahezu unsichtbares Netz des Determinismus über die Handlungen der Menschen. Der Mensch schrumpft zunehmend auf eine statistische Datenmenge, die bei genügender Dichte nicht nur Rückschlüsse über sein bisheriges, sondern auch über sein zukünftiges Verhalten ermöglicht.[1]

Immer fehlerloser erkennen Algorithmen heute bereits unsere Wünsche und Gefühle, unsere Gedanken, Stimmungen und Gesichter. Aber nicht nur das. Da es um Technologien geht, die unmittelbar an unser Hirn und unser Denken andocken, geht es nicht mehr um die Frage, wie stark der Computer zum Servomechanismus des Menschen, sondern ob der Mensch zum Servomechanismus des Computers geworden ist. Überlegt man sich, dass allein auf Youtube mittlerweile 500 Stunden Videomaterial pro Minute hochgeladen werden und seit 2015 7 Milliarden Videos, liegt der Verdacht nahe, dass vieles nur noch geschieht, damit es digital geschieht. Mensch und Maschine sind dabei zu verschmelzen. „Der Vermenschlichung der Maschine entspricht die Computerisierung des Menschen", schreibt Schirrmacher.[2] Seine Berechenbarkeit ist keine Dystopie mehr, sondern bereits Wirklichkeit. Durch unendliche Rückkoppelungen zwischen altem und endlos neuem Datenmaterial wird menschliches Verhalten zwangsläufig vorhergesagt wer-

---

[1] Schirrmacher, Frank: Payback. Warum wir im Informationszeitalter gezwungen sind zu tun, was wir nicht wollen, und wie wir die Kontrolle über unser Denken zurückgewinnen, München 2009, S. 7, 50, 80f. und 102ff.
[2] Ebd., S. 91.

den können. Völlige Selbsttransparenz, totale Überwachung, der Abschied von philosophischen Konstrukten wie Selbstbestimmung, freier Wille, Vernunft, Wahrheit und Authentizität sind die unweigerlichen Folgen. Auch Individualität wird zu einer Funktion des Codes in einer Welt, die immer stärker von sich selbst replizierenden Codes gemanagt wird.[1] Nicht nur sind heute Regierungen und Konzerne pausenlos damit beschäftigt, die Gedanken ganzer Nationen zu screenen, sondern auch im Zentrum politik-ökonomischer Macht Maschinen zu installieren, die definieren, was richtig und falsch ist. Im Herzen der Macht sei ein Monster entstanden, das sich nicht nur wie Mary Shelleys ‚Frankenstein‘ menschlicher Kontrolle entzogen habe, sondern auch einer unbarmherzigen Ideologie folge, und zwar der Doktrin des rationalen Selbstinteresses.[2] Von Anfang an war der Geist in der Maschine der ‚Homo oeconomicus‘. Zu Recht sagt Michel Foucault, dass der ‚Homo oeconomicus‘ nicht nur ein wirtschaftliches, sondern auch auch ein politisches Wesen sei, das den großen Vorteil habe, eminent regierbar zu sein.[3] Erst der zeitkonsistente Nutzenmaximierer machte es möglich, jedes menschliche Verhalten in Formeln zu bringen, um schließlich Börsen und große Teile des politischen und sozialen Lebens zu steuern. Der Trick war genial, wurde doch nicht mehr danach gefragt, wie der Mensch tickt, sondern wie er ticken müsste, damit die mathematischen Modelle funktionieren. Erst waren es Entscheidungen beim Militär, dann in den Märkten und nun zunehmend im öffentlichen und privaten Leben.

---

[1] Schirrmacher, Frank: Ego. Das Spiel des Lebens, München 2013, S. 43.
[2] Ebd., S. 48f.
[3] Foucault, Michael: Die Geburt der Biopolitik, Frankfurt/M. S. 307ff. Zit. nach Schirrmacher (2013), a.a.O., S. 30.

Nach Schirrmacher waren es die Wissenschaftler und Ökonomen der RAND-Corporation, die vor dem Hintergrund des Kalten Krieges nach Möglichkeiten suchten, militärisches und ökonomisches Denken im Rahmen der Spieltheorie zu simulieren, und menschliches Verhalten in mathematische Modelle zu gießen, um es zu automatisieren.[1] Ob Börsenalgorithmen oder all unsere smarten Geräte, der Geist in der Maschine ist immer der ökonomische Agent, der seinen Vorteil maximieren möchte. Performativ wird so die Wirklichkeit geschaffen, die eigentlich nur modelliert werden sollte. Nicht nur ist es weder unvernünftig noch moralisch fragwürdig, so zu handeln, wie die Theorie es vorschrieb: Aus einer puren Behauptung wurde quasi ein Naturgesetz. Dass der ‚Homo oeconomicus‘ im Grunde genommen ein Soziopath ist, störte nicht, half er doch, ein absurdes Wettrüsten zu gewinnen. Dass Hedgefonds-Manager, Investmentbanker und Politiker immer noch einer Logik folgen, die in den dunkelsten Stunden menschlicher Paranoia geboren wurde, ist der eigentliche Skandal. Nach wie vor bestimmt der Krieg die Logik, und nicht die Logik den Krieg. Dieser Logik den Boden zu entziehen, fühlte sich Marshall McLuhan zutiefst verpflichtet. Unmittelbar vor der Subprime-Explosion im Jahr 2008 wurde Joseph Gregory, der Chef von Lehman Brothers gefragt, warum er Männer einstelle, die vom klassischen Bankgeschäft nichts verstünden. Er antwortete: Es sei nichts Individuelles, es ist die Macht der Maschine.[2] Und dass Alan Greenspan dem Kongressabgeordneten Henry Waxman gesteht, einen Fehler in dem Modell gefunden zu haben, das definiert, wie die Welt funktioniere, ist ein weiteres starkes Indiz dafür, dass im Inneren der Finanzkrisen der letzten Jahre ein grundlegender Konflikt schwelt, in dem

---

[1] Ebd., S. 28ff.
[2] Ebd., S. 38.

es um die Implementierung der neoklassischen Doktrin in die politischen Ordnungen vor allem des Westens geht. Wenn Schirrmacher Recht hat, dann ist es im Kern eine Art Superdarwinismus, in dem neoklassische Ökonomie, Darwinismus und Computertechnologie zu einer Einheit verschmelzen.[1] Algorithmen sind die Gene einer Maschine, die das Handeln der Menschen im Überlebenskampf auf entgrenzten Märkten bestimmen, und diese werden ihrerseits durch automatisierte Finanzmärkte gesteuert, auf denen Algorithmen ums Überleben bzw. um den größtmöglichen Vorteil kämpfen. Insofern befinden wir uns mittendrin in einem Prozess, in dem Leben zu Software und Software zu Leben wird. Wer die Algorithmen schreibt, schreibt letztlich den neuen Menschen, so dass im Informationskapitalismus der Mensch zur Summe seiner Algorithmen wird. Marshall McLuhan nochmal zu lesen, ist in jedem Fall ein guter Anfang, sich gegen die eigene Programmierbarkeit zur Wehr zu setzen.

---

[1] Schirrmacher führt dieses Denken auf den Bestseller ‚Das egoistische Gen‘ des britischen Biologen Richard Dawkins aus dem Jahr 1976 zurück. Hier wurde die Spieltheorie dafür herangezogen, das darwinistische Modell des Überlebens zu erklären, wonach Lebewesen nur die Überlebensmaschinen zum Zwecke des Fortbestehens egoistischer Gene sind, wobei stillschweigend vorausgesetzt wird, dass die Selbstorganisation von Märkten der Selbstorganisation von Lebewesen entspricht. Insofern sei die Evolution ein gigantischer biologischer Computer, in der Gene das menschliche Verhalten indirekt wie ein Software-Programmierer kontrollieren. Ebd., S. 136ff. und 140ff.

Hans-Martin Schönherr-Mann

WAS HEISST FRIEDLICHE REVOLUTION?

Was heißt Revolution? Heidegger würde die Frage verstehen als: Was heißt uns Revolution? Damit impliziert er 1952 – im Hinblick auf das Denken – die performative Dimension der Sprache: Wie man das Wort Revolution versteht, so stellt sich dementsprechend eine Aufgabe, die man auszuführen hat. Diese kann rein wissenschaftlich sein, aber auch praktisch politisch.

Wittgenstein war das bereits klar, als Heidegger sich gerade in politische Peinlichkeiten verstrickte: „Philosophen sprechen sehr häufig davon, die Bedeutung von Wörtern zu untersuchen, zu analysieren. Aber lasst uns nicht vergessen, dass ein Wort keine Bedeutung hat, die ihm gleichsam von einer von uns unabhängigen Macht gegeben wurde, so dass man eine Art wissenschaftlicher Untersuchung anstellen könnte, um herauszufinden, was das Wort *wirklich* bedeutet. Ein Wort hat die Bedeutung, die jemand ihm gegeben hat."[1] Wenn man das noch etwas weiterdenkt, dann heißt das, dass sich die Bedeutung im Diskurs bzw. beim Sprechen oder im Sprachspiel generiert.

---

[1] Ludwig Wittgenstein, Das Blaue Buch (1933/34), Werkausgabe Bd. 5, Frankfurt/M. 1980, 52

1. Von der politischen zur sozialen Revolution

Man könnte daher meinen, diese Bemerkung Wittgensteins wäre banal. Aber so lange sich Zeitgenossen wie Hans Joas darauf berufen, dass sie Botschaften aus der Transzendenz bekommen, so lange wird auch die Auffassung vertreten, dass Worte eine andere Bedeutung haben als jene, wie sie gebraucht werden.

In der Philosophie freilich wird Wittgensteins Konzeption schon lange befolgt. Wer kümmert sich noch um die wahre Bedeutung, die freilich allein von einem transzendenten Gott gegeben sein kann? Es geht dagegen in der Philosophie doch zumeist nur darum, wie ein anderer Philosoph ein bestimmtes Wort verwendet. Einem transzendenten Gott welcher Couleur auch immer trauen Philosophen gemeinhin nicht über den Weg, just weil ihm von seinen Vertretern sprachliche Hegemonie attestiert wird, die jedoch an der Heterogenität der Sprachspiele zerschellt. Wie bemerkt doch Jean-François Lyotard: „Das Prinzip eines absoluten Sieges einer Diskursart über die anderen ist sinnleer."[1]

Derjenige, der die Verwendungsweise des Wortes Revolution in den letzten Jahrhunderten am nachhaltigsten bestimmte, war Marx, der im Anschluss an den deutschen Idealismus einen hegemonialen Diskurs zu eröffnen versuchte mit in der Tat erstaunlichen Erfolgen. Denn er stärkt die performative Dimension eines Wortes, indem er es kognitiv massiv aufgeladen hat, durchdachter und umfänglicher als alle seine Mitdenker.

---

[1] Jean-François Lyotard, Der Widerstreit (1983: Le Différend), München 1987, 230

Der Ruf „es lebe die Revolution" macht natürlich noch nicht aus dem begleitenden Akt, einen entsprechenden. Es gibt auch Grenzen der Performanz. Aber Marx metonymisiert den bis dahin gängigen politischen Begriff von Revolution in einen sozialen, indem er die Französische – eigentlich die Vollendung der politischen – in eine soziale umschreibt. Die soziale Revolution ist schwieriger, aber nachhaltiger als die politische. Wenn der König durch einen Aufstand gestürzt wird und durch einen neuen ersetzt – gleichgültig wie man ihn danach nennt – lässt sich das als politisch bezeichnen. Eine solche Revolution kann über Nacht passieren und genauso schnell wieder verschwinden. Die soziale Revolution greift dagegen in die ökonomischen Verhältnisse ein und versucht sie zu verändern. Sie kommt gerade nicht über Nacht, sondern soll sich in den sozialen und ökonomischen Strukturen abzeichnen. Dem kann man sogar wissenschaftlich nachgehen: so gibt die soziale Revolution der Soziologie so viel zu denken, dass sie sich als Wissenschaft etablierte.

Insofern war der Einwand Hannah Arendts ein wenig anachronistisch, wenn sie 1963 in ihrem Buch *Über die Revolution* drei weltgeschichtliche Ereignisse als Revolutionen anerkennt und der Französischen wie der Russischen attestiert, beide seien an der sozialen Frage gescheitert. Die einzige geglückte sei die amerikanische gewesen, bei der die soziale Frage keine Rolle spielte.

Arendt unterscheidet dabei zwischen einem Freiheitsbewusstsein, das sich seiner selbst längst versichert hat, und der unkontrollierten Auflehnung gegen Unterdrückung, wenn sie schreibt: „Dabei darf man natürlich nie vergessen, dass diese Sehnsucht nach Freiheit einzig um ihrer selbst willen, bzw. um der reinen ‚Lust willen, die die Fähigkeit zu sprechen, zu handeln, zu atmen', begleitet (Tocqueville), nur in denen aufsteigen kann, die in gewissem Sinne bereits frei sind, weil sie keinem Herrn unterstellt sind. Dass diese Sehnsucht nach öffentlicher oder politischer Freiheit nur zu leicht mit dem so viel wilderen, leidenschaftlichen Hass der Unterdrückten für ihre Unterdrücker verwechselt werden kann, liegt auf der Hand. Dieser Hass ist uralt, (. .)."[1] Damit wirft Arendt die Frage der Gewalt in der Revolution auf.

2. Politik als Gewalt oder als Kommunikation

Umgekehrt könnte man im Anschluss daran, die Frage stellen: Gibt es eine gewaltfreie Revolution? Oder basiert die Revolution notwendig auf Gewalt? Ist Gewalt ein entscheidendes Element der Revolution? Oder könnte man sich auch eine Revolution vorstellen, bei der Gewalt höchstens eine Nebenrolle einnimmt. Arendt gehört zu den ersten nach den Orgien der Gewalt im 19. und 20. Jahrhundert, die Politik nicht auf Gewalt stützt, sondern auf Kommunikation, bei der die Gewalt gerade zurückgedrängt wird, von der man sich politisch nichts mehr erhoffen kann. Damit leitet Arendt eine Wende der politischen Philosophie ein, die bisher viel zu wenig beachtet wurde.

Aber wie sollte sie sich auch gegen die Übermacht des von Marx implantierten Revolutionsbegriffs durchsetzen? Oder gegen ein Politikverständnis von Max Weber oder Carl Schmitt, das Politik grundsätzlich auf Krieg und Gewalt stützt? Als ein patriarchalisches Demokratieverständnis einer gelenkten Demokratie herrschte, der es primär um Regierbarkeit ging. Arendt war selbst keineswegs Pazifistin: Gegen die Nazis helfen nur alliierte Panzer. Aber die Nazis machten ja auch keine Politik, son-

---

[1] Hannah Arendt, Über die Revolution, München 1963, 160

dern überzogen Deutschland und Europa mit Gewalt. Trotzdem stieß weder ihre Analyse von Revolutionen noch ihre Bestimmung der Politik als Kommunikation auf besondere Resonanz.

Man kann nicht behaupten, dass Marx diese Gewaltorientierung dem Denken des 20. Jahrhunderts eingegeben hätte. Wesentliche Vorreiter waren Robespierre und Saint-Just, aber auch Rousseau, der den Militarismus lobt. Von den „Staatsoberhäuptern", „die des Krieges nie satt werden können,"[1] so Kant noch vor Napoleon, ist man ja sowieso nichts anderes gewöhnt. Das seltsame an der Angelegenheit ist, dass man die Gewalt mit dem Fortschritt verbunden hat und nicht dem repressiven Staat überließ. Nun, die Revolutionäre lernten vom Staat, war Aufständen der Armen vor der Französischen Revolution selten mehr als ein schnell vorübergehender Erfolg beschieden. Zur Idee der Revolution avanciert, die Gewalt in den Dienst des Fortschritts zu stellen, die Guillotine in den Dienst der Moral. Schließlich machen es die Herrscher auch nicht anders, jedenfalls hinsichtlich der Moral und die Religionen hinsichtlich des Fortschritts, der in ihrem Sinn ja Mission bedeutet. Insofern haben die Revolutionäre von beiden gelernt, besonders von den Religionen: Der Bosheit, dem Egoismus, der Sünde und dem Verbrechen kann man wie das Recht nur mit Gewalt begegnen. Die Rede von der Liebe dabei verdankt sich purer Heuchelei.

Ja, wenn man diese Gewalt richtig einsetzt, dann kann man dergleichen Unsittlichkeiten sogar ausrotten. Davon träumte die Inquisition genauso wie Marx, der die soziale Revolution zwar nicht entdeckte, aber theoretisch so unterfütterte, dass sie zum Leitmodell des 20. Jahrhunderts avancierte über alle politischen Gräben hinweg. Die Fra-

---

[1] Immanuel Kant, Zum ewigen Frieden (1795), Akademie Textausgabe (AA) Bd. 8, Berlin 1968, 343

ge, die sich den Sozialisten und Radikalen vor 1848 stellte, hieß, wann nützt denn eine Revolution den Armen angesichts des immens wachsenden Pauperismus und des beginnenden industriellen Arbeiterelends, von dem Friedrich Engels aus England berichtete. Die Französische Revolution erfüllte mit dem Terror solche Hoffnungen gerade nicht, so dass viele unter den Radikalen auch auf den preußischen König hofften, der im Stil eines aufgeklärten Monarchen die Gesellschaft in die richtige Richtung lenken sollte.

3. Revolution aus Zufall oder Notwendigkeit

Einerseits beendete 1848 alle derartigen Hoffnungen auf eine politische Revolution oder auf eine politische Reform. Andererseits wurde Marx in den Jahren zuvor schon klar, dass es mit einer politischen Revolution nicht getan war, dass es vielmehr einer sozialen bedurfte, die nachhaltig, also unverrückbar die Produktions- und Eigentumsverhältnisse verändern sollte. Nach dem Scheitern der 1848er Revolution erwartete Marx die baldige Ankunft der großen sozialen Revolution. Als diese nicht kam, intensivierte er seine bereits zuvor aufgenommen ökonomischen Studien, um seine Erwartungen und Einschätzungen wirtschaftswissenschaftlich zu untermauern. Die politische Revolution konnte durch bestimmte Ereignisse ausbrechen, die sich häufig dem Zufall verdankten, während die soziale Revolution der ökonomischen Entwicklung entspringt und insofern eine gewisse Notwendigkeit besitzt. Das war für Revolutionäre psychologisch natürlich erfreulich, würden ihre Tätigkeiten und Opfer jedenfalls belohnt werden. Andererseits mussten sie auf die revolutionären Bedingungen warten, konnten sie nicht einfach einen Aufstand im Stil von François Noël Babeuf organisieren.

Doch damit war die Gewalt in vielfacher Hinsicht legitimiert. Da die Revolution mit Sicherheit bevorsteht, lässt sich die Gewalt gar nicht vermeiden, sind die Revolutionäre letztlich nicht verantwortlich für die Gewalt, ja nicht mal die herrschende Klasse, da die Produktionsverhältnisse ein System darstellen, dem alle Zeitgenossen unabänderlich ausgeliefert sind. Vor allem aber wird die Gewalt durch den Fortschritt legitimiert, den sie bewirkt, indem sie die Widerstände des herrschenden Systems und des Staates überwindet, die ihrerseits mit Gewalt auf die Revolution reagieren. Dabei nützt ihnen letztlich nicht, dass auch sie nicht Herr der Produktionsverhältnisse sind. Ihre Siege werden sich in Niederlagen verkehren. Wie schreibt Marx doch in *Der Bürgerkrieg in Frankreich*: „Das Paris der Arbeiter, mit seiner Kommune, wird ewig gefeiert werden als der ruhmvolle Vorbote einer neuen Gesellschaft. Seine Märtyrer sind eingeschreint in dem großen Herzen der Arbeiterklasse. Seine Vertilger hat die Geschichte schon jetzt an jenen Schandpfahl genagelt, von dem zu erlösen alle Gebete ihrer Pfaffen ohnmächtig sind."[1] Mit Heldenverehrung schafft man sich Märtyrer, legitimiert man indirekt die Gewalt.

Abgesehen davon, dass Marx seit den fünfziger Jahren auf diverse Kriege hoffte, die die Revolution beschleunigen sollten, unterstellt er, dass die soziale Revolution mit weniger Gewalt auskommt als die politische, da ihr ja die ökonomischen Bedingungen den Weg bereiten, was die herrschenden Klassen bereits im Vorfeld schwächt. Wie will man sich lange gegen ominöse 99% zur Wehr setzen. Da man selbst unter günstigen Umständen aber bestenfalls 30% auf seiner Seite hat, platzen solche Träume

---

[1] Karl Marx, Der Bürgerkrieg in Frankreich (1871), Marx Engels Werke (MEW), Bd. 17, Berlin 1971, 362

einer Revolution ohne Gewalt regelmäßig, was ja nicht so schlimm ist, da die Gewalt vielfältig legitimiert erscheint.

4. Die gewaltlose Revolution

Wenn sich die soziale Revolution der Entwicklung der Produktivkräfte verdankt, die die Produktionsverhältnisse sprengen, dann wirkt sie als ein Fremdgeschehen, das die Betroffenen nicht kontrollieren können. Die Revolution folgt der Ökonomie, erweist sich die Gewalt als unvermeidbares kulturelles Phänomen. Umgekehrt entspricht das weiten Teilen im Denken des 19. Jahrhunderts, wenn sich die diversen Entwicklungen nur durch Gewalt steuern lassen sollen. Warum sich Gewalt aber kontrollieren lässt, das bleibt dabei schlicht fragwürdig. Die Revolutionskriege des 19. wie des 20. Jahrhunderts sprechen eine andere Sprache. Der Einsatz von Gewalt eskaliert und die dabei Agierenden präsentieren sich eher als Getriebene, denn als Kontrolleure dessen, was sie ausgelöst haben.

Walter Benjamin bringt in seinem Text aus dem Jahr 1921 *Zur Kritik der Gewalt* die Tragweite dieser Entwicklung auf den Begriff. Vor dem Hintergrund der vergleichsweise wenig gewalttätigen Oktoberrevolution, bei der es nur wenige Tote gab, dem darauf aber ausbrechenden russischen Bürgerkrieg mit seinen jahrelangen Grausamkeiten, vergleicht er die revolutionäre Gewalt mit der göttlichen des Alten Testamentes. Beide greifen quasi von außen in das politische Geschehen ein und unterliegen damit nicht dem sittlichen Urteil, das Gewalt erst zu einem ethischen Problem macht. Gott interveniert quasi aus einer transzendenten Position heraus, die Sittlichkeit überhaupt erst konstituiert. Die von der ökonomischen

Entwicklung angetriebene Revolution greift ähnlich aus einer vor allem ethischen Urteil liegenden Position in die Welt ein und schafft damit überhaupt erst sittliche Bedingungen, die Urteile ermöglichen wie Gestaltungsperspektiven eröffnen. So gelangt Benjamin zur überraschenden Interpretation: „Während die erste Form der Arbeitseinstellung <politischer Generalstreik> Gewalt ist, da sie nur eine äußerliche Modifikation der Arbeitsbedingungen veranlasst, so ist die zweite <proletarische Generalstreik> als ein reines Mittel gewaltlos."[1] Wenn sich das Proletariat erhebt, dann ist die dabei ausgeübte Gewalt eigentlich gar keine, weil sie sich einer unabänderlichen Entwicklung verdankt, die man ethisch nicht verurteilen kann. Man könnte das gegen die Intentionen von Marx und Benjamin auch im Sinne lesen, dass das Proletariat aus der Not heraus getrieben wird, Gewalt anzuwenden, die insofern gewaltlos ist, weil sie sich einem Naturverhältnis verdankt: Der Löwe, der die Antilope frisst, wendet keine Gewalt an, die sich moralisch beurteilen ließe. Oder der Gott greift ein und das was passiert gilt dann als Gottesurteil, dem man im Gegensatz zu einem Gerichtsurteil nicht widersprechen kann.

Carl Schmitt hat den Aufsatz von Benjamin gelesen und entwickelt daraus sein Konzept des Ausnahmezustands. Zwar möchte er diesen als an den Rechtszustand rückgekoppelt festhalten. Nichtsdestotrotz entspricht die Ausnahme ja doch keiner rechtlichen Regel. Der Ausnahmezustand, den man denn rechtlich nicht regeln kann, tritt damit auch aus dem ethischen Urteil heraus, erweist sich als quasi sittlich neutral. Man kann den Souverän, der den Ausnahmezustand ausruft, nicht ethisch beurteilen, erweist sich seine Gewalt als eine reine, ethisch und rechtlich betrachtet gewaltfreie Gewalt. Carl

---

[1] Walter Benjamin: Zur Kritik der Gewalt (1921) und andere Aufsätze, Frankfurt/M. 1965, 51

Schmitt schließt an Benjamin an, wenn er schreibt: „Der Ausnahmezustand hat für die Jurisprudenz eine analoge Bedeutung wie das Wunder für die Theologie."[1] Der Eingriff Gottes unterscheidet genauso zwischen Freund und Feind, wie der Souverän im Ausnahmezustand dergleichen festlegt. Man kann ein Wunder nicht als Wunder, also nicht als Eingriff oder Zeichen Gottes anerkennen. Dem Wunder als Wunder muss man sich genauso fügen wie dem Souverän, der den sich Weigernden ansonsten vernichten kann, ohne damit Gewalt auszuüben, ohne damit sich einem ethischen Urteil auszusetzen. Wer den Ausnahmezustand ausruft, hebt sich auch aus der sittlichen Ordnung heraus und erkennt Kritik an seinem Verhalten nicht an. Alle Kritiker sind Feinde, die man heute gerne als Terroristen bezeichnet.

5. Verantwortung als Ende der Notwendigkeit

Die Revolution als unvermeidbar zu entwerfen, führt vor diesem Hintergrund zu einer Exkulpierung der Agierenden. Sie sind für die Gewalt, die sie anwenden, gar nicht verantwortlich, wird diese ihnen vielmehr von außen auferlegt. So würden es viele gerne sehen und ähneln auf diese Weise indes eher *Eichmann in Jerusalem* bzw. dem Untertan, der sich darauf beruft, nur Befehle und Vorschriften zu befolgen. Max Weber wollte sich im Revolutionswinter 1918/19 damit nicht zufrieden geben. Er verlangt vom politischen Führer: „Ehre des politischen Führers, also: des leitenden Staatsmannes, ist dagegen gerade die ausschließliche *Eigen*verantwortung für das, was

---

[1] Carl Schmitt, Politische Theologie – Vier Kapitel zur Lehre von der Souveränität, (1922), 8. Aufl. Berlin 2004, 43

er tut, die er nicht ablehnen oder abwälzen kann und
darf."[1] Insofern hält er die sowjetischen Führer für verantwortungslos, weil sie Russland einem Experiment
unterziehen, dessen Folgen nicht absehbar und insofern
auch nicht verantwortbar sind. Dass sich der Politiker in
einem historischen Geschehen befindet, das ihn treibt
und das er nicht kontrolliert, ein solches Verständnis
würde Weber für politische verantwortungslos halten.
Natürlich erkennt er auch dergleichen Phänomene. Aber
Politik ist, wenn sich der Politiker dem nicht hingibt,
sondern selbstverständlich auch unter Einsatz von Gewalt dem zu widerstehen versucht. Die Untertanen dagegen müssen gehorchen und sind für das, was sie ausfüh-
ren, nicht verantwortlich, hätte sich Eichmann als Untertan durchaus auf Weber berufen können.

Sartre wird im Angesicht des Nazi-Terrors die Verantwortung auf alle Beteiligen ausdehnen, der sich niemand denn auch entziehen kann. Dann kann sich der
Untertan nicht mehr auf den Befehl berufen. Dieses Verständnis hat sich bis heute weit verbreitet, wird aber von
Marxisten regelmäßig kritisiert, die die Zeitgenossen den
Produktionsverhältnissen als materiellen Bedingungen
nun mal ausgeliefert sehen. Trotzdem brauchen sie natürlich die Anhänger, die die kommunistische Politik
unterfüttern, indem sie sich regelmäßig der Parteidiszip-
lin unterwerfen sollen. So wird Maurice Merleau-Ponty
1947 die Moskauer Schauprozesse in den dreißiger Jahren in dem Sinn verstehen, dass jede Opposition gegen
die Führung Stalins die Sowjetunion faktisch schwächte,
wiewohl sich die Massivität dieses Risikos erst 1941, also
Jahre später zeigen wird. So bemerkt er, „dass die marxistischen Angeklagten, die im Prinzip der historischen
Verantwortung mit der Anklage übereinstimmten, sich zu

---

[1] Max Weber, Politik als Beruf (1919), Gesammelte politische Schriften, 3. Aufl. Tübingen 1971, 524

Anklägern ihrer selbst machten, und dass wir, wollen wir ihre subjektive Redlichkeit entdecken, nicht allein die Anklageschrift durchzugehen haben, sondern auch ihre eigenen Erklärungen."[1]

Sartre versucht in jenen Jahren sich den Problemen der Gewalt ethisch zu nähern und gibt das Projekt nach ca. 1000 Seiten auf. Er wird später die revolutionäre Gewalt der kolonialen Befreiungskriege verteidigen. Das Thema Verantwortung kehrt dagegen in der *Kritik der dialektischen Vernunft* als ein Problem auf, dass Handeln, das dem Handelnden zugeschrieben wird, das er zu verantworten hat, ihn ständig dem Dilemma des Scheiterns aussetzt. Gerade Revolutionäre, die die Welt strukturell zu verändern versuchen, stehen vor dem Dilemma, dass sie fast nie das erreichen, was sie anstreben. Sartre schreibt: „Die menschlichen Ziele stecken durch ihre Realisierung ein Gegen-Finalitätsfeld ab."[2] Diese Tragik lässt sich vor allem dann nicht mehr beiseiteschieben, wenn man den historischen Prozess nicht als einen determinierten betrachten kann, wie es die Geschichte in den letzten zweihundert Jahren eindringlich vorführt, wie man es aber auch aus theoretischen Erwägungen abzuleiten vermag.

Umso mehr geistern heute apokalyptische Zusammenbruchtheorien durch die intellektuelle Welt. Wenn der Kapitalismus dazu alleine nicht mehr ausreicht, wenn vor allem das Proletariat nicht mehr als Hoffnungsträger einer humaneren Welt erscheint, dann greift man auf andere aktuelle Probleme zurück, die Klimaveränderung, die Demographie, die Migration, um Menschen zu bestimmten Handlungen zu drängen, die sich so einfach gar

---

[1] Maurice Merleau-Ponty, Humanismus und Terror 1 (1947), 2. Aufl. Frankfurt/M. 1968, 87

[2] Jean-Paul Sartre, Kritik der dialektischen Vernunft (1960), Reinbek 1967, 174

nicht verantworten lassen, vor dem Hintergrund einer historischen Dynamik aber nicht nur als gerechtfertigt, ja sogar als dringend geboten propagiert werden. Wie drohte doch jüngst Paul Mason, wiewohl er nicht konkretisieren kann, an wen die Aufforderung denn genau ergeht: „Entweder wir beseitigen die Marktwirtschaft geordnet, oder sie wird in abrupten Schüben ungeordnet zusammenbrechen.“[1] Aus der rechten Ecke und mit dem Habitus des kynischen Interventionisten fordert Peter Sloterdijk recht diffus auf, wer auch immer müsse sein Leben ändern, sonst gehe die Welt unter.

6. Revolution oder Involution

Camus hat viel früher begriffen, dass das gewaltgestützte Handlungsmodell des 19. Jahrhunderts gescheitert ist – und zwar im Angesicht der schlimmsten Gewaltexzesse der Geschichte. So legt Camus seinem Protagonisten Tarrou in seinem Roman *Die Pest* die Worte in den Mund: „Mit der Zeit habe ich einfach erkannt, dass selbst diejenigen, die besser sind als anderen, es heute nicht mehr vermeiden können, zu töten oder töten zu lassen, weil das in der Logik liegt, in der sie leben, und dass wir in dieser Welt keine Bewegung machen können, ohne dabei Gefahr zu laufen, den Tod zu bringen. (. . .) Darum habe ich beschlossen, alles abzulehnen, was von nah oder fern, aus guten oder schlechten Gründen, töten oder rechtfertigt, dass getötet wird.“ [2] Der revoltierende Mensch wird sich nach Camus anders als der Revolutio-

---

[1] Paul Mason, Postkapitalismus – Grundrisse einer kommenden Ökonomie, Berlin 2016, 332
[2] Albert Camus, Die Pest (1947), Reinbek 1950, 149

när einer historischen, ökonomischen oder ökologischen Logik nicht unterwerfen. Vielleicht wird er auch Gewalt anwenden. Aber er wird davon schwerlich viel erwarten.

Wie drohend manche Gefahren auch sein mögen, die soziale Revolution kann mit Gewalt keine Lösung bringen. Man könnte daher beinahe folgern: Es gibt keine gewaltsame Revolution, die die Verhältnisse humaner gestalten könnte. Ja, nicht nur das, diese Idee, wie sie Marx entworfen hat, ist eine große Illusion, die sich als soziale Revolution weder in der Russischen noch in der Französischen realisierte. Es gibt höchstens politische Revolutionen, die wenig verändern, allemal nicht die Ziele der Revolutionäre erfüllen, die aber genauso leicht in Gewalt und langjährigen Bürgerkrieg abgleiten können: man denke an Syrien.

Wahrscheinlich waren sogar die verschiedenen Umwälzungen, die mit der Auflösung der Sowjetunion in den davon betroffenen Ländern einhergingen, ironischerweise Revolutionen im Sinn von Marx, die sogar weitgehend gewaltfrei abliefen: Denn die Wirtschaften der Warschauer Pakt-Staaten waren so marode, dass sie das System nicht mehr aufrechterhalten konnten, so dass es nur eines vergleichsweise milden Anstoßes bedurfte. Es fand also eine soziale Revolution statt, nämlich eine Veränderung in den Produktionsverhältnissen, an der sogar auch ein großer Teil der Bevölkerung ein großes Interesse hatte. Widerstand dagegen blieb denn auch weitgehend aus, so dass es zu keinen Bürgerkriegen und wenigen Gewaltexzessen kam: Eigentlich Marx' Vorstellung einer sozialen Revolution!

So ist die Idee der Revolution als einer sozialen Umwälzung schlicht gescheitert. Man kann sich eigentlich nicht mehr auf den revolutionären Weg begeben. Ein solches Ansinnen erscheint schlicht als absurd. Wer sich heute gegen ungerechte Verhältnisse auflehnt, wer dagegen revoltiert oder wer sich auch nur bei bestimmten

Angelegenheiten um Veränderungen bemüht, der muss sich in der Tat auf einen langen Marsch begeben, auf dem Gewalt eigentlich gar kein Mittel sein kann, auf dem es vielmehr um Kommunikation geht, also um Politik im Sinne von Hannah Arendt. Was er dabei erreichen wird, ist unabsehbar, manchmal aber chancenreicher als jene unabsehbare soziale Revolution, die es nicht gibt.

Die Bürgerin wird dabei viel Geduld brauchen, die Kommunikation muss zu einem großen Teil ihren Zweck in sich selbst haben, also zum eigenen Reifungsprozess genauso beitragen wie Spaß machen. Es könnte sich viele Jahrzehnte später erweisen, dass das gar nicht so aussichtslos war. Aber dem Kommunismus zu dienen, war allemal sinnloser, hatte das etwas von einer politischen Frömmigkeit.

Dagegen hat die seit den sechziger Jahren entstehende Zivilgesellschaft die westliche Welt nachhaltiger verändert als die revolutionären Bewegungen. Die Bürgerrechtsbewegung in den USA, die Frauenbewegung, die Umwelt- und Friedensbewegungen, die Schwulenbewegung verhalfen auf friedliche Weise einem neuen Ethos zum Durchbruch: Sie haben primär den Wert der Nichtdiskriminierung, die Tugend der Verantwortung, die individuelle Lebensgestaltung, die demokratische Partizipation, die Hilfe für Schwache und Vertriebene durchgesetzt, so dass die Untertanenethik nachhaltig geschwächt wurde: Ethik ist wichtiger als Ökonomie. Vor diesem Hintergrund unterscheidet sich die Zivilgesellschaft von allen diskriminierenden Bewegungen auf Seiten der Rechten oder von religiösen Fundamentalisten, während an der Zivilgesellschaft natürlich viele kirchlich organisierte und religiös motivierte Bürgerinnen beteiligt sind.

Diese zivilgesellschaftlichen Entwicklungen bezeichne ich daher auch mit dem Begriff der Involution, freilich in einer anderen Verwendungsweise als dieses Wort mal in der politikphilosophischen Debatte auftauchte. Nämlich

Johannes Agnoli schreibt 1967: „'Involution' bildet den korrekten Gegenbegriff zu Evolution. Der Terminus hat sich in der politischen Sprache der romanischen Länder eingebürgert und bezeichnet sehr genau den komplexen politischen, gesellschaftlichen und ideologischen Prozess der Rückbildung demokratischer Staaten, Parteien, Theorien in vor- oder antidemokratische Formen."[1]

Nein, unter Involution verstehe ich jene politischen und sozialen Bewegungen, die sich um Teilhabe bemühen und zwar gemeinhin dort, wo sich Leute betroffen fühlen, sich aber vom jeweiligen Diskurs ausgeschlossen sehen. Sie wollen jedoch just daran teilnehmen, beanspruchen einen Anteil, den sie für gerechtfertigt halten, ohne dass sie dabei die bisher Beteiligten ausschließen, denen es also nicht um Diskriminierung geht. Sie wollen involviert werden, wie es andere eben schon sind. Sicherlich gibt es in den von mir oben angeführten Gruppen auch Leute, die aggressiv am liebsten alleine bestimmen, in welche Richtung die Politik gelenkt werden soll. Nur sie haben nicht die Macht das durchzusetzen, eine Macht die auch nicht absehbar ist. Gewalt spielt dabei zumeist nur eine kleine Nebenrolle, weil Gewalt keine Politik ist, weil man mit Gewalt nichts Konstruktives durchzusetzen vermag, weil man stattdessen kommunizieren muss, um friedlich die Welt durchaus ein Stück weit zu verändern. Das ist dann eben auch keine friedliche Revolution, sondern Involution.

Die friedliche Revolution bleibt ein historischer Zufall. Ob das auch ein Glücksfall ist, das lässt sich aus vielen verschiedenen Perspektiven beurteilen.

---

[1] Johannes Agnoli, Die Transformation der Demokratie (1967) und andere verwandte Schriften, 2. Aufl. Hamburg 2004, 16, Fußnote 5

Autorennotizen

Mario Beilhack (geboren 1970 in Ludwigsburg) studierte Politik, Französische Literatur und Theaterwissenschaft in München und Paris. Seit 2000 ist er Mitherausgeber der „edition fatal". Er arbeitete 2003 – 2010 als künstlerisch-wissenschaftlicher Mitarbeiter im Bereich TV Journalismus der HFF München. Zudem war er zwischen 2005 und 2011 Lehrbeauftragter am Geschwister-Scholl-Institut für Politische Wissenschaft der LMU München. Seit 2009 arbeitet Mario Beilhack zusammen mit Frauke Ihnen als freier Produzent, Autor und Dramaturg.

Michael Bräustetter studierte Politikwissenschaft, Philosophie und Soziologie an der Ludwig-Maximilians-Universität München. Er promoviert an der Ludwig-Maximilians-Universität mit einer Arbeit zur Möglichkeit Kritischen Denkens im Werk von Michel Foucault und Jacques Derrida.

Maximilian Hartung studierte Politikwissenschaft, Philosophie und Soziologie an der Ludwig-Maximilians-Universität in München. Seine Dissertation schrieb er zum Thema: Revolution? Revolte? Widerstand! Wandel und wie er gedacht werden kann im Werk von Michel Foucault und Gilles Deleuzes.

Anil K. Jain studierte an der LMU München Politikwissenschaften, Psychologie und Soziologie und promovierte bei Ulrich Beck zum Thema »Politik in der (Post-) Moderne«. Er arbeitet nicht nur als Wissenschaftler, sondern ist auch als Publizist und Künstler aktiv. Mit Mario Beilhack gründetet er die »edition fatal«.

Manuel Knoll, Dr. phil. habil., Professor für Philosophie an der Istanbul Şehir University, Mitglied von Instituto „Lucio Anneo Séneca" (Universidad Carlos III de Madrid), Mitherausgeber von *Widerspruch. Münchner Zeitschrift für Philosophie*. Forschungsschwerpunkte: Politische Philosophie und Ethik, insbesondere antike und zeitgenössische Gerechtigkeitstheorien, Sozialphilosophie und Kritische Theorie, klassische griechische Philosophie. Publikationen u.a.: *Studienbuch „Antike griechische Philosophie"*, Berlin/Boston 2017; *Platons ‚Nomoi'. Die politische Herrschaft von Vernunft und Gesetz*, hg. mit Francisco L. Lisi, Baden-Baden 2017; *Michael Walzer. Sphären der Gerechtigkeit. Ein kooperativer Kommentar* (Vorwort von Walzer), hg. mit Michael Spieker, Stuttgart 2014; *Nietzsche as Political Philosopher*, hg. mit Barry Stocker, Berlin/Boston 2017/2014; *Aristokratische oder demokratische Gerechtigkeit? Die politische Philosophie des Aristoteles und Martha Nussbaums egalitaristische Rezeption*, München 2009; *Theodor W. Adorno. Ethik als erste Philosophie*, München 2002.
Email: manuelknoll@sehir.edu.tr
Homepage: www.manuelknoll.eu

Dominic Lehmann, studierte Sinologie, Rechtswissenschaften und Betriebswirtschaftslehre an der Ludwig-Maximilians-Universität München. Nach einem mehrjährigen Aufenthalt in China kehrte er nach München zurück, um über den geistesgeschichtlichen Austausch zwischen China und Europa zu promovieren.

Michael Löhr, geb. 1969 in München, Studium der Politischen Wissenschaft, Philosophie, Neueren und Neuesten Geschichte und Volkswirtschaft an der Ludwig-Maximilians-Universität in München. 2003 Promotion über „Die Geschichte des Selbst". Von 2000 bis 2010 Lehrbeauftragter und Tutor für politische Philosophie am Geschwister Scholl Institut der LMU. Arbeitet für den

C.H.Beck-Verlag, die Ulysses und Nachmann GmbH. Zahlreiche Veröffentlichungen zu philosophischen, politiktheoretischen und ästhetischen Themen v.a. im Rahmen des philosophischen Salons von Prof. Schönherr-Mann, zuletzt: „Die Revolution der Zivilisation. Ein Versuch über Gewalt mit Norbert Elias und Steven Pinker", in: Schönherr-Mann/Jain/Beilhack (Hg.), Vergesst nicht...die Revolution!, München 2017.

Daniel Mirbeth widmet sich neben elektroakustischer Klangerzeugung der Produktion politikwissenschaftlicher Texte. Letzteres kreist gegenwärtig um Fragen der politischen Ästhetik wie der ästhetisierten Politik. Zuletzt erschien von ihm der Aufsatz "Suspendierung des Rechts – Kontinuität der Herrschaft. Das Wesen des Ausnahmezustandes und der Doppelcharakter des Gesetzes."

Markus Penz, absolvierte theoretische Physik und Mathematik an der Universität Innsbruck und forscht derzeit am Max-Planck-Institut für Struktur und Dynamik der Materie in Hamburg. Beginnend mit den internationalen Studierendenprotesten 2009 engagiert er sich in verschiedenen aktivistischen Bewegungen, vor allem in den Bereichen Bildung, digitales Recht, globaler Wandel und politischer Anarchismus. In Innsbruck ist er seit dessen Gründung im Netzwerk „Transition Tirol" tätig.

Hans-Martin Schönherr-Mann ist Professor für Politische Philosophie am Geschwister-Scholl-Inst. der Ludwig-Maximilians-Univ. München, seit 2004 regelmäßiger Gastprof. an der Fak. für Bildungswiss. der Univ. Innsbruck; Bücher: *Involution oder Revolution*, BoD 2017; *Das Blau des Sprachspiels – Wittgenstein und die politische Philosophie*, BoD 2017; *Gewalt, Macht, individueller Widerstand – Staatsverständnisse im Existentialismus*, Nomos, Baden-Baden 2015; *Albert Camus als politischer Philosoph*, IUP 2015; *Was ist politische Philosophie*,

Campus 2012; *Die Macht der Verantwortung*, Alber 2010; *Der Übermensch als Lebenskünstlerin – Nietzsche, Foucault und die Ethik*, MSB 2009
Webseite: //schönherr-mann.de/

Peter Seyferth, Dr. phil., hat nie Philosophie studiert (sondern Politikwissenschaft, Soziologie und Kommunikationswissenschaft). Dennoch nennt er sich politischer Philosoph und lehrt, forscht und publiziert auch in diesem Gebiet. Seine Schwerpunkte sind Utopie, Anarchismus, Anthropologie und nichtstaatliche Demokratie. Das letzte von ihm herausgegebene Buch heißt *Den Staat zerschlagen! Anarchistische Staatsverständnisse* (Nomos: 2015). Nach Anstellungen und Lehraufträgen an der LMU München und der TU München arbeitet er derzeit an der FernUniversität Hagen.

Valentina von Tulechov, Dr. phil., schloss 2018 ihre Dissertation mit dem Titel *„Michael Walzers Plädoyer für Pluralismus und Universalismus. Eine Reflexion auf den Europarat"* am Geschwister-Scholl-Institut der Ludwig-Maximilians-Universität München ab.

Andrea Umhauer, studierte Pädagogik mit dem Schwerpunkt Kritische Geschlechter- und Sozialforschung an der Universität Innsbruck und schloss mit einer Arbeit über die Bildungsproteste in Österreich ab. Seit 2015 ist sie wissenschaftliche Mitarbeiterin am dortigen Lehr- und Forschungsbereich „Generationenverhältnisse und Bildungsforschung". Als Flötistin des Künstler*innenkollektivs StreetNoise Orchestra bringt sie Innsbrucks Straßen zum Tanzen.